KB189230

붓다 순례

현대적으로 새롭게 해석한 인간 붓다의 위대한 발자취

글. 자현

사진. 하지권

불광출판사

우리가 미처 몰랐던,
새로운 붓다를 만나다

불교 관련 서적 중 가장 많은 수를 차지하는 것은 붓다의 생애를 다룬 책이다. 여기에 각 불교 개론 책에도 붓다의 생애가 들어 있다는 점을 고려하면, 붓다의 전기(傳記)는 시쳇말로 차고 넘친다. 이런 상황을 뻔히 알면서도 도전한다는 것은 무모한 것일 수도 있다. 그러나 불교 공부를 하면서 나는 붓다에 대해서 하고 싶은 말이 너무 많아 미칠 지경이다. 왜 지금까지의 붓다 일대기들은 다음과 같은 내용에 침묵하고 있었을까?

－ 우리가 인도 불적 순례에서 만나게 되는 바라나시의 다메크 스투파는 사실 붓다의 첫 설법을 기념한 탑이 아니다.

- 8대 성지 중 한 곳으로 알려진 바이샬리의 대림·중각강당 유적은 사실 8대 성지 자리가 아니며, 그곳의 탑 역시 붓다의 탑이 아니다.
- 사리불이나 목건련은 사람 이름이 아닌 별명이며, 마하가섭은 붓다보다 나이가 훨씬 젊은 분이었다.
- 붓다께서 쿠시나가라의 사라쌍수에서 열반하신 것은 사실 그물 침대를 매기 위한 것이었다.

이외에도 '라후라는 붓다의 아들이 맞는가'라는 불교판 다빈치 코드의 진실, 그리고 상카시아에 서린 저주를 붓다께서 거두시면서 어떻게 이곳이 8대 성지가 되었는지. 또 붓다는 고도비만으로 고통받던 바사닉왕을 위해 세계 최초의 다이어트 경전을 설해 주셨다는 것과 동아시아에서 시무외인으로 알려진 손 모양이 사실은 인도의 인사법이라는 것 등 하고 싶은 말이 너무나도 많다. 그래서 붓다의 생애 관련 서적의 홍수 속에서도 이 책을 쓰지 않을 수 없었다.

나는 램프의 요정 지니와 같이 날아다니며 모든 것을 이루어 주시는 붓다도 싫고, 복덕방 노인과 같은 극사실적인 붓다도 싫다. 전자는 신화고 후자는 역사다. 그러나 종교란 역사 속의 의미론이다. 또 불교란 분명 과거에서 시작되었지만 오늘의 현재를 살아가고 있는 살아 있는 생명체이다. 이런 점에서 붓다의 생애는 현대의 우리와 대화할 수 있어야만 한다. 그러나 지금까지의 붓다 생애는 너무나 독선적이고 불친절한 모습이었다. 이는 붓다에 대한 깊숙한 모독이 아닐 수 없다.

이 책의 실질적인 기획자이자 완성자는 월간 《불광》의 양동민 편집장이다. 나에게 원고를 요청하지 않았다면, 생각만 있지 막상 현실화하지 못한 채 시간만 보내고 있었을 것이다. 게다가 점점 일이 커져 3년 반이라는 잡지 사상 최장의 연재를 하게 되었는데, 이를 속 끓으면서 참아 준 것도 그였다.

또 한 명의 공로자는 지난겨울 21일간 인도를 같이 답사하며 사진을 찍어 준 하지권 작가이다. 붓다의 생애와 관련해서 사진이 들어간 책들이 제법 있지만, 전문 작가가 참여한 것은 이번이 처음이다. 덕분에 본문의 부족함이 많이 채워진 것 같다.

이외에 원고를 다듬어 준 오재헌 님과 불광출판사 여러분들에게도 두루 감사의 인사를 올린다. 이와 같은 작업이 부디 최상의 공덕을 낳는 법기(法器)가 되어 좋은 일들만 진진했으면 한다.

아무쪼록 이 책을 통해서 이미 익히 보아 왔던 왜곡된 붓다상을 깨고, 그 속에 숨겨진 본질이 보다 분명하게 드러나기를 바란다. 이것은 붓다를 통해서 보는 나를 읽는 즐거움이자, 영원한 존재의 유희로 여러분을 안내할 것이다.

동계올림픽의 땅 평창 월정사에서
자현

차 례

2부 깨침의 빛,
성스러운 폭류가 되다

1부

지성의
시대,
창조와
변화의
물결

새로운 세계가
열리다

_ 만들어진 신(神), 그리고 신들의 시대

붓다께서는 『법구경』에서 "모든 생명 있는 존재는 폭력을 두려워한다."라고 하셨다. 생명체가 폭력을 두려워하는 것은 폭력이 죽음을 상기시키기 때문이다. 죽음은 소멸의 공포를 내포한다. 존재의 소멸이란 다소 막연한 것이지만, 미지의 불확실성으로 인하여 근원적인 공포를 불러온다. 이로써 인류의 새벽에 죽음에 대한 극복이 화두로 다가오게 되는 것이다. 또한 인류가 아직 미망에 휩싸여 있을 때, 인류는 많은 위험 요소들에 노출되어 있었다. 이러한 위험으로부터의 보호 역시 생명과 종족의 유지에 있어서 필수적이었다.

'죽음의 극복'과 '위험으로부터의 탈피', 이 두 가지의 문제는 초월적인 힘을 요청하게 되고, 그로 인하여 인류는 신(神)을 만들어 내게 된다. 즉, 신은 인류의 두려움을 극복하기 위해 요청된 존재인 것이다. 신이 인간의 형상과 같고 동일한 감정을 지니고 있다는 신인동형동성설(神人同形同性說)은 이러한 인간과 신의 관계를 상징적으로 나타내 준다. 인간의 나약함에서 촉발된 '강함에 대한 의지'는 결국 신을 만들게 되고, 인류는 다시금 신을 숭배하며 신에 대한 믿음을 견지하게 된다. 이것이 '만들어진 신'의 진실인 것이다.

인류에 의해 요청된 신은 인류의 생활양식에 따라 다르게 변화한다. 농경문화는 인간과 자연 간의 복합적인 관계가 요청되고, 문화를 축적할 수 있는 구조를 갖추고 있다. 이러한 농경문화 속에서의 신은 필요에 따라 다양하게 변화한다. 예컨대 비 신, 바람 신, 지신, 산신 등과 같은 다신(多神) 체계가 전개되는 것이다. 이에 비해서 유목 문화는 척박한 자연환경과 계속되는 이주로 인해, 문화가 축적되지 못하고 복합적인 양상을 띠기 어렵다. 그로 인하여 일신론이 유지될 수 있었다.

인류가 다른 동물들을 압도하며 번성하게 되는 시기, 인류의 다양한 요구에 편승하여 신들 역시 강한 힘과 다양성을 무기로 발전하여 번성하게 된다. 즉 '신들의 시대'가 전개되는 것이다. 이 시기 인류는 신에 종속되어 신의 뜻을 묻고, 이를 받드는 것에 진력하게 된다. 이로 인하여 지상에서의 '신의 대리자'인 제사장은 신에 의지해서 막대한 권력을 확보하기에 이른다.

_ 사제, 신과 계약하다

호가호위(狐假虎威)라는 말이 있다. 여우가 호랑이 앞에 서서 모든 동물들에

갠지스 강에서
제의를 진행하는
브라만.

게 위세를 부린다는 의미이다. 사제(司祭) 집단이 신을 끼고서 행세하는 것도 이와 같다. 다만, 여우 뒤에는 진짜 호랑이가 있다면, 사제들에게는 실체적인 신이 존재하는지 의심스럽다는 점이 다르다.

실제로, 신의 존재를 의심하는 최초의 집단은 사제들이다. 이들은 신과 가장 가까이 있었기 때문에 신의 허구성을 가장 먼저 인식할 수 있었다. 그 결과 제의(祭儀)주의, 즉 제사 만능주의가 만들어지게 된다.

본래 사제와 신의 관계는, 사제가 신에게 공경의 뜻으로 제의(종교의식)를 집전하면 신은 이를 가납하고 축복을 내려 주는 것이다. 그러나 후대로 오면서 사제가 특정 종교의식을 진행하면 신 역시 특정한 축복을 내려 주는 공식이 성립한다. 즉, 양자 간에 모종의 계약관계가 성립하는 것이다. 계약관계라는 것이 대등한 관계에서만 성립 가능하다는 점을 고려한다면, 이는 신에 대한 믿음이 사제들 안에서 흔들리고 있다는 것을 의미한다.

_ 상인, 신의 벽을 무너트리다

사제에 의한 신에 대한 믿음의 붕괴가 내적이라면, 대상(隊商)에 의한 상업의 발전은 외적인 측면을 형성한다. 철기시대가 확대되면서 인류는 농업 생산량의 극대화를 맞게 된다. 잉여농산물에 기초한 상업과 대상들에 의한 무역은 사회를 변동시킨다. 이는 폐쇄된 '닫힌 세계'가 '열린 세계'로 전환된다는 것을 의미한다.

상업의 목적은 이윤 추구에 있다. 이는 수요와 공급, 그리고 이동 거리에 비례한다. LG전자는 2003년에 '메카폰'을 출시했고, 2009년에는 '메카폰2'를 선

보였다. 이슬람 사람들이 하루에 다섯 번씩 메카를 보고 기도해야 하는 것에 착안하여, 휴대폰에 언제 어느 곳에서든 메카의 방향을 알 수 있는 나침반과 다수의 알람 기능을 내장한 것이다. 덕분에 메가폰은 공전의 히트를 기록하게 된다. 이는 상업의 이윤 추구가 종교를 넘어서 있다는 것을 단적으로 보여 준다.

이윤을 위해 움직이는 대상(隊商)은 종교와 문화권을 넘어서게 되고, 이를 통해 상인들은 다양한 가치에 눈뜨게 된다. 특히 여러 지역에 따른 다양한 신을 만나게 되면서, 신에 대한 믿음은 상대적으로 약해진다. 그리고 대상의 리더들은 점차 신에 대한 믿음보다도 이성에 의한 합리적 판단이 더 중요하다는 것을 자각하기에 이른다.

인간에 의해 불신되는 신은 설 땅이 없다. 신이 스스로 나타나서 자신을 변증하지 못하는 한 인간의 부정적인 시선은 신을 죽일 수도 있는 것이다. 실제로 과거의 역사 속에서 수많은 신이 그렇게 스러져 갔다. 바로 이러한 신들의 붕괴 시작점에 상인들에 의한 열린 세계로의 전환이 존재하는 것이다.

대상들의 움직임은 신분 계급을 초월하는 자산가를 탄생시켰다. 자산가는 축적된 자산을 통해서 신분을 상승시키려 하며, 이는 신분제가 동요될 수밖에 없음을 의미한다. 또한 자본의 집중은 도시와 수공업의 발전을 초래했으며, 이는 점차 가속화된다. 이로 인하여 도시국가가 만들어지고, 공화제적인 측면들은 점차 왕권의 강화로 변모되기에 이른다.

_ 국왕과 신의 대립

왕이 현실적인 무력에 의해서 지위가 확보된다면, 사제는 신의 힘을 통해서 권위를 인정받는다. 평화 시에 무력은 사용처가 없다는 점에서 신의 힘에 비해서 약해 보인다. 그러나 전시가 되면, 신의 힘은 무력하기 그지없다. 이웃 나라 왕의 검을 신은 전혀 막아 주지 못하는 것이다.

『장자』에는 '용 잡는 검법'에 관한 이야기가 있다. 어떤 사람이 천하에서 가장 위대한 검법인 용 잡는 검법을 익혔지만, 용을 잡으려고 해도 세상에는 용이 없었다. 결국 용만을 상대할 수 있는 검법은 엄청난 위력만 있을 뿐 쓸모가 없다는 것이다. 신도 그렇다. 사제가 말하는 신은 빅뱅을 일으키는 능력을 가졌지만, 현실에서는 복권 당첨의 힘조차도 발휘시켜 주지 못한다.

자본에 의해 도시국가들이 성립되고 팽창되면서, 전쟁은 필연적이 된다. 그러한 가운데 다른 문화의 신과 사제들에 대한 파괴와 죽음도 수반된다. 그러나 최후를 맞는 신과 사제들이 할 수 있는 일이란, 상대에 대한 저주 이외에는 아무것도 없었다.

국왕은 전쟁을 통해서 보다 현실적이 된다. 그리고 자신을 지켜 주는 것은 신의 힘이 아닌 군사력이라는 것을 절감하게 된다. 이는 더 이상 사제 계급이 국왕의 위에 서기 어렵다는 것을 의미한다. 전쟁을 통해서 확보되는 왕권의 강화와 무력의 유용성, 그리고 상인들에 의한 자본력의 확보. 이 두 가지가 공히 신을 후광으로 신분제의 최상위를 점하고 있는 사제 계급에 칼을 겨누게 된 것이다. 결국 이 세상은 신의 시대에서 인간의 시대로 이행하지 않을 수 없게 된다.

상인의 이윤 추구와 국왕의 권력 추구라는 인간의 욕망이 결국 신이 설 자리를 위협하는 지경에 이른 것이다. 이때부터 신은 필수가 아닌 선택적인 가치로 전락한다. 즉 인간은 더 이상 신의 영역에 속해 있는 존재가 아닌 것이다.

_ 붓다 이전의 인도

붓다가 탄생할 무렵의 인도는 귀족을 대표하는 국왕과 평민의 리더 격인 자산가들이 전통적인 사제 집단인 브라만들과 갈등 관계를 빚고 있을 때였다. 이들 세 집단은 각기 서로의 유리한 입각점에서 자신들의 능력과 우위를 주장하고 있었다. 이 중 국왕과 자산가가 변화를 수용하는 개혁적인 입장에 처해 있었다면, 사제들은 신에 의지하는 보수적인 관점을 굳게 지키려고 하였다.

사제들의 묵수(墨守)는 최상층 계급자이자 기득권자로서 당연한 선택이라고 할 수 있다. 이는 국왕과 자산가들이 사제를 끌어내리기 위한 공동의 목적을 갖게 되는 배경이 된다. 그러나 이들은 결코 사제들을 정면으로 꺾을 수는 없었다. 마치 태권도 3단이 바둑 3단을 꺾을 수 없는 것처럼, 이들 사이에는 현실과 초월이라는 전혀 다른 입각점이 존재하고 있는 것이다.

그러나 국왕과 자산가들의 바람은 필연성을 내포하는 시대적인 요청이었다. 이로 인하여 결국 새로운 철학자와 종교가들이 나타나게 되는데, 이들을 통칭하여 사문(śramaṇa)이라 일컫는다. 곧 시대적인 요청이 새로운 사상 조류를 만들어내고 있는 것이다. 이는 신의 존재가 인간에 의한 철학적 도전에 직면하게 되었음을 의미한다. ⊛

사문의 흐름 속에
우뚝 선 불교.
부다가야의
대탑사와 보리수.

인도 문명은 서쪽의 인더스
강에서 동쪽의 갠지스 강으로
이동하면서 발전한다.
이 과정에서 새롭게 갠지스
강을 전통 속에 편입시키기
위해 갠지스 강은 하늘을
흐르던 신성한 강이라는
관점이 생기게 된다.

진리의 시대,
선각자들이
몰려오다

_ 이성(理性), 신화를 넘어서다

고대 인도의 문화는 서쪽의 인더스 강에서 동쪽의 갠지스 강으로 이동하면서 발전한다. 인도 문화의 축(軸)이 갠지스 강으로 이동하면서, 갠지스 강은 신성한 강이 되어 숭배의 대상이 되기에 이른다. 즉, 또 다른 신화가 만들어진 것이다.

『마하바라다』와 더불어 인도의 2대 서사시를 구성하고 있는 『라마야나』에는 갠지스 강의 하강(下降)에 대한 이야기가 기록되어 있다. 이에 따르면 갠지스 강은 본래 하늘 위를 흐르던 강이었는데, 바기라타라는 수행자의 노력과 시바 신의 도움으로 결국 땅으로 내려져서 대지를 흐르게 되었다는 것이다.

이러한 내용을 기초로 인도인들은 갠지스 강에서 목욕을 하거나 화장(火葬)

을 하면 천상(天上)에 나게 된다는 종교적인 관점을 수립하게 된다. 즉 갠지스 강의 시원은 하늘이기 때문에, 현재는 땅 위를 흐르고 있더라도 그 본래적인 속성은 하늘에 있다는 것이다.

오늘날도 갠지스 강변의 가트(강으로 이어지는 계단)에는 많은 힌두교도들이 목욕을 하고 있다. 붓다도 당시에 이들을 만났다. 이들은 붓다에게 신성한 강물에 목욕함으로써 죄업이 소멸된다는 주장을 한다. 이 말을 들은 붓다는 "그렇다면 갠지스 강 속에 사는 물고기들이 인간보다 낫다는 말인가?" 하고 되묻는다. 합리적인 이성으로 신화를 깨는 붓다의 촌철살인이다.

이성이라는 인간의 재발견을 통한 선각자들의 계몽은 그렇게 시작되고 있는 것이다.

_ 신(神)을 대신하는 합리성

어느 날 붓다가 갠지스 강변을 걷고 있을 때였다. 한 브라만교 사제가 신에게 올리는 기도를 통해 죽은 사람을 천상에 태어나게 할 수 있다고 하며, 그 당위성을 붓다에게 역설한다. 그러자 붓다는 주변의 조약돌을 갠지스 강에 던지며, 신에게 기도하면서 그 돌을 '떠올라라, 떠올라라' 외친다고 해서 돌이 떠오르겠냐고 묻는다. 사제가 안 된다고 하자, 붓다는 무거운 것은 가라앉고 가벼운 것은 떠오르는 것이지 신에게 기원한다고 바뀌는 것이 아님을 말해 준다.

신을 숭배하며 자신의 기대를 충족시키려는 행동은 오늘날에도 많은 사람들이 범하는 오류 중 하나이다. 그러나 붓다는, 인간은 그 사람이 살아 있을 때 행하던 업에 의해 선업[白業]이 많으면 가벼워서 하늘로 가고, 악업[黑業]이 많으면 무

거워서 지옥에 간다고 할 뿐이다. 이것이 불교에서 흔히 말하는 '선인낙과(善人樂果) 악인고과(惡人苦果)'의 인과법이다.

신이란 믿고 따르는 자들을 비호하는 주관적인 존재일 뿐이다. 이러한 주관성에는 편법이 작용할 여지가 있다. 신을 믿는 인간들은 이러한 편법 속에 자신이 속하기를 바란다. 그것이 바로 신에 대한 믿음의 기초라고 할 수 있다. 즉, 신을 믿는 마음은 인간 이기심의 또 다른 모습인 것이다.

인과법은 법칙이다. 법칙이란, 예외성이 있는 것이 아니라 어떤 정해진 방식에 의해 보편적으로 적용되는 질서를 말한다. 붓다는 신의 위치를 합리적인 법칙으로 대체하려고 한 분에 다름 아니다.

고대사회에 있어서 가장 넓은 지역에 걸쳐 숭배된 신은 태양이다. 태양이야말로 인류에 있어서 가장 큰 은혜자임을 부정할 사람은 없다. 바로 이 점이 각각의 다른 민족들이 공히 태양을 신으로 만들어 숭배한 이유이다.

그러나 오늘날에 있어서 태양은 신이 아니라 법칙의 대상일 뿐이다. 이제 인류는 더 이상 태양을 신으로 인식하지 않는다. 단지 태양의 존재 원리를 알고 있을 뿐이다. 물론 새해가 되면 일출을 보면서 소원을 비는 것과 같은 과거의 유산이 아직도 남아 있다. 그러나 그러한 행위를 통해서 바람을 새롭게 하고 각오를 다질 뿐, 이를 절대시하는 사람은 더 이상 없다. 즉, 태양에 대한 믿음은 이제 완전히 이성적인 앎과 법칙으로 대체된 것이다.

인류의 생존에 있어서 태양과 더불어 가장 소중한 것으로 강을 꼽을 수 있다. 인도인들이 갠지스를 어머니의 강이라고 하며, 여신(女神)으로 신격화한 것도 바

1부 지성의 시대, 창조와 변화의 물결

로 이러한 이유 때문이다. 그러나 붓다는 갠지스를 신화가 아닌 법칙 속에서 본다. 이것은 이성을 통한 신의 극복이다. 왜냐하면 그렇게 하는 것이야 말로 이 세상에 대한 가장 올바른 견해〔正見〕이기 때문이다.

_ 이성의 빛, 축(軸)의 시대

독일의 철학자 칼 야스퍼스는 기원전 800년에서 기원전 200년까지를 축의 시대(Axial Age)로 정의했다. 이때 인류는 이성에 입각한 전 세계적인 움직임을 경험하게 된다.

이 시기 중국에서는 공자와 노자를 필두로 하는 제자백가들이 활동했고, 그리스에서는 소크라테스와 플라톤을 위시로 하는 소피스트들이, 그리고 인도에서는 붓다와 마하비라를 중심으로 하는 신흥 사상가들이 이 세상을 깨우기 위해 부단한 노력을 경주했다. 인류는 비로소 진리의 시대를 맞이했던 것이다. 이때의 선각자들을 기리기 위해 우리는 이들 중 두드러지는 인물을 '성인(聖人)'으로 추앙한다.

인류 문명사에 있어 유례가 없는 이러한 전 세계적인 움직임은, 상업의 발달로 인해 도시국가가 성립되면서 전(前) 시대의 유산인 '신과 신화'를 끊고 가려는 이성의 빛이 작용한 결과이다. 이로써 신화는 인간의 이성에 의해 극복되고, 신은 진리로 대체된다. 즉, 신과 인간의 종속적인 관계가 진리와 이성의 수평적인 구조로 탈바꿈하게 되는 것이다. 이 시기를 거치면서 인류는 최초로 신을 떨쳐 낸 인간상을 확립하기에 이른다. 그러나 문화권에 따라서 이러한 전통은 각기 다른 양상으로 전개된다.

중국 문화권에서 인간 이성의 확립은 이후 다시는 신의 절대 가치를 존재하지 못하게 한다. 곧 중국 문화권에서 더 이상 신은 인간의 위에 군림하지 못하는 것이다. 그에 비해서 인도 문화권은 불교의 합리적인 관점의 쇠퇴와 함께 다시금 신들의 시대가 전개되어 오늘에 이르고 있다. 그리스 문화와 같은 경우는 중세의 암흑기를 맞이하기도 하지만, 마침내 르네상스를 통한 자기 극복을 성취하여 결국 세계 문화를 주도하기에 이른다. 이러한 각각의 전개 양식은 각기 다른 문화 배경과 시대 상황에 따른 특수성에 의한 것이다.

축의 시대라는 전 세계적인 움직임을 통해서 인류는 '이성과 진리'라는 화두를 가지게 되고, 이는 인류 문명의 발전을 견인하기에 이른다. 인류의 미망 시기를 살다간 이들의 외침은 이성과 진리에 대해서 자각하라는 것이었다. 이제 우리는 이러한 성인들 중 가장 위대한 분인 붓다를 만나게 된다.

_ 역사적 사실과 종교적 사실

갠지스 강이 하늘을 흐르던 강이었다는 것은 당연히 역사적 사실이 아니다. 그러나 이는 특정 관점을 견지하는 힌두교도들에게 있어서는 종교적 사실이 된다.

각 종교와 문화에는 그에 따른 대전제가 존재한다. 이 대전제에 부합하면, 그 종교와 문화에서 그것은 사실로 인식된다. 그러나 이는 분명 논리적인 층차가 다른 것으로, 양자는 구분되어야 한다. 마치 이 세계에는 시계로 흐르는 객관적인 시간이 있는가 하면, 동시에 각 개인이 느끼는 주관적인 시간이 존재하는 것처럼 말이다.

역사적 사실을 왜곡하면서까지 종교적 사실을 부각하는 것은, 거기에 그 종교에서 주장하고자 하는 필연적인 의미가 내포하기 때문이다. 그러므로 이는 사실적이 아닌 상징적인 해석을 요구한다. 종교를 이야기하면서 가장 어려운 부분이 바로 사실과 상징, 즉 역사적 사실과 종교적 사실을 어떻게 처리하느냐의 문제이다. 이 문제는 자칫 '사실에 대한 오도'와 '종교에 대한 모독'이라는 양날의 검으로 다가오기 쉽다.

우리는 일견 사실을 아는 것이 더 중요하다고 생각하곤 한다. 그러나 종교는 역사적 사실에 기초하는 것이 아니라 인간의 '행복'에 기초한다. 즉, 종교는 행복론인 것이다. 그러므로 설령 역사적인 사실과 다르다고 할지라도 그것을 믿음으로 해서 행복할 수 있다면, 그것은 또 다른 의미의 사실(종교적 사실)로써 충분한 존재 의의를 확보할 수 있다. 마치 주관적인 시간의 흐름은 객관적인 시간과는 다르지만, 인간은 때로 그것에서 더 큰 의미를 발견하는 것처럼 말이다.

불교는 이 세계에 존재하는 종교 중 가장 합리적이다. 그렇기 때문에 종교학의 영역 이외에 철학의 영역에서도 다루어질 수 있다. 그러나 불교 역시 철학(객관)과 더불어 미학(주관)의 문제를 내포한다는 점에서, 필연적으로 역사적 사실과 종교적 사실의 문제가 충돌하는 부분이 존재할 수밖에 없다. 그러므로 이 문제와 관련해서 우리는 보다 열린 귀를 가질 필요가 있다.

귀가 열렸다면, 이제는 '인간 붓다(역사)'와 '진리의 완성자인 붓다(종교)'를 만날 준비가 모두 갖춰진 것이다. ❂

인류의 서광,
어둠을 품다

_ 붓다를 보는 세 가지 관점과 세 가지 불교 명절

붓다 당시의 인도인들이 붓다에게 깊이 매료된 것은 변화한 시대의 요구를 반영한 붓다만의 해법 제시, 즉 '깨달음' 때문이었다. 이는 동시대인들에게 붓다의 생애에 대한 관심이 상대적으로 적었던 이유이기도 하다. 실제로 붓다의 생애와 관련해서 우리는 도저히 채울 수 없는 많은 공백들을 가지고 있다.

붓다의 생애가 주목되기 시작한 것은 불교가 점차 종교화되어, 깨달음보다 '붓다라는 교조로서의 종교적 권능'이 우위를 차지하게 되면서부터이다. 다시 말해 불교의 종교화가 붓다의 생애에 대한 재발견을 촉구했던 것이다.

이러한 문제의식의 차이로 인하여 불교 안에는 붓다에 대한 세 가지 관점의 이해가 존재하게 된다. 그중 첫째는 탄생 자체에 가장 큰 종교적 의미를 부여하는 방식이다. 이는 『불본행집경』으로 대표되는 불전류(佛典類)들을 통해서 확인된다. 탄생을 통한 이해는 불교가 종교화되어 있는 오늘날에 있어서, 관욕 의식 등과 더불어 가장 보편화되어 있는 양상이다.

둘째는 붓다의 성도(成道)를 중심으로 하는 이해이다. 이와 같은 양상은 『사분율』이나 『오분율』 등의 율부에서 확인되는 인식이다. 이는 깨달음을 통해서 인간 싯다르타는 비로소 완성자 붓다가 되었다는 측면에 기초한다. 성도를 통한 이해는 오늘날까지도 성도재일 철야 정진이나, 성도 전에 수자타에게 우유죽을 받으신 것을 상징하는 납팔죽(臘八粥, 붓다가 성도한 12월 8일에 먹는 죽) 행사로 유전되고 있다.

마지막 셋째는 열반을 중심으로 붓다를 파악하는 방식이다. 이는 『장아함경』의 「유행경」이나 『대반열반경』과 같은 경전들을 통해서 확인된다. 이는 보리수 아래서 붓다가 깨달은 것은 육체라는 제약에 구속된 제한적인 것(有餘涅槃)이기 때문에, 열반에 이르러서야 비로소 완전한 깨달음(無餘涅槃)에 이르게 된다는 깨달음에 대한 인식 방법에 기초한다. 실제로 오늘날 사용하고 있는 불기(佛紀)는 붓다의 열반 시점을 기준으로 하여 추산된 것인데, 이는 기독교나 유교에서 예수와 공자의 탄생을 기점으로 하고 있는 것과 대비되는 불교적인 특징이다.

이 세 가지 중에서 무엇이 옳으냐의 문제는 불교의 종교적인 관점에서는 중요하지 않다. 다만 붓다에 대한 이해에 있어서, 우리가 익숙하게 알고 있는 전생 이야기부터 시작되는 일대기 형식은 후대에 정립된 것이라는 사실 정도는 미리 숙지해 둘 필요가 있다. 왜냐하면 이에 대한 인식이 미진할 경우, 우리는 다층의

붓다가 처음으로
탄생하신 룸비니와
이를 기념하여
건립된 아소카 석주.

붓다가 깨달음을
증득한 부다가야와
이를 기념하기
위해 건립된
마하보디대탑사.

붓다의 고요한
열반이 서려 있는
쿠시나가라의
열반당 내부의 불상.

관점에서 초래되는 이질성의 문제와 붓다의 생애에서 나타나는 공백들에 대해 효율적인 대처가 어렵기 때문이다.

_ 7대 조상이 청정하다

붓다의 가계에 관해서는 『오분율』 등에 기록되어 있는데, 시조 겸 7대조는 사탕수수와 관련된 신화를 가지고 있는 감자왕(甘蔗王, 사탕수수 왕)이다. 감자왕은 첫째 부인에게 한 명의 아들을 두고, 둘째 부인에게서 네 명의 아들을 두었다. 첫째 부인이 자신의 아들에게 왕위를 계승시키는 과정에서, 둘째 부인의 네 아들은 자신들의 세력을 거느리고 왕국을 나와 북쪽의 히말라야 쪽으로 이동하게 된다. 즉, 왕위 계승 과정에서 일군의 집단이 이탈한 것이다. 이들이 정착한 곳이 후일 붓다의 왕국인 가비라(迦毘羅)이다. 감자왕은 네 아들의 성공적인 정착과 새로운 왕국의 개창 소식을 전해 듣고, 이들을 '능력 있는 자', 즉 석가(śā-kya)라고 칭했는데, 붓다를 석가족이라고 하는 것은 바로 여기에서 기인한다.

『오분율』에 의하면, 석가족은 2대인 니구라와 3대인 구로를 거쳐 4대인 구구로에게 전해진 뒤 5대에 이르러 사자협에게 계승된다. 이 사자협왕이 바로 붓다의 조부가 되는 분으로, 강궁(强弓)을 가지고 주변을 정복한 위대한 군주이다. 사자협왕은 다시금 네 아들을 두게 되는데, 이 중 장자가 6대 정반왕이며, 그의 적장자가 바로 붓다가 되는 7대 싯다르타이다. 조금은 불필요하게 보일 수도 있는 이러한 가계를 군이 언급하는 것은, 이와 관련하여 '인종'과 '7대라는 상징'의 두 가지 문제가 존재하기 때문이다.

붓다의 인종이 '백인이냐, 황인이냐'의 문제는 제법 오래된 논쟁점이다. 그러나 석가족이 인도 내륙 쪽의 감자왕계에서 갈라진 종족이며, 족내혼의 전통을 가지고 있었다는 점은 이들이 백인인 아리안족이며, 순수 혈통을 보전하려는 노력을 했다는 것을 의미한다. 이는 후일 성도 이후 붓다가 여러 나라들을 다니며, 국왕이나 브라만을 상대로 떳떳하게 7대 종성의 청정함을 말하는 것 등을 통해서도 단적으로 알 수 있다.

또한 붓다는 인도 전통의 브라만교에 대해 비판적이면서도 동시에 그 진정한 정신은 계승하려는 인식을 보인다. 이는 붓다가 자주 '진정한 브라만'에 대해서 언급하거나, 독자적인 통과의례 등을 확립하지 않은 것을 통해서 확인 가능하다. 이와 같은 붓다의 인도 전통에 대한 관점은 붓다가 백인인 아리안족이라는 주장에 무게를 실어 준다.

7대 종성설에서 주의할 점은 이것이 실질적인 숫자 7을 지칭하는 것인 동시에, 여기에는 '완전'이라는 의미가 내포되어 있다는 것이다. 인도에서 '4'와 '7', 그리고 그 배수에는 만수(滿數)의 완전함이 존재한다. 이는 이러한 숫자를 이해하는 방식에 '실질'과 '상징'의 두 가지 접근이 동시에 요청됨을 의미한다. 이 점은 붓다의 생애와 불교 관련 전승을 이해하는 데 있어서 매우 중요하다.

그러므로 7대 종성설은 단순히 7대를 지칭하는 것을 넘어서 붓다 가계의 완전성을 상징하는 것이 된다. 곧 이는 신분제적인 성향이 강한 인도 문화에서 붓다의 혈통적인 순수성을 나타내는 것이다. 그리고 이와 연결되어 붓다는 크샤트리아의 왕통(王統)이 아닌 진리의 법통(法統)에 있어서도 '비바시불 → 시기불 →

붓다의 조상이 인도 내륙의
왕위 승계 과정에서
분리되어 새롭게 건국한
가비라국. 땅에 묻혀
있던 왕궁의 기층 유적이
드러나면서 붓다 어린
시절의 숨결이 한층 우리
곁으로 다가왔다.

비사부불 → 구류손불 → 구나함모니불 → 가섭불 → 석가모니불'의 7대에 걸친 정당성을 확보하고 있다. 즉, 붓다는 왕통과 법통에 있어서 공히 7대라는 완전성을 획득하고 있는 것이다.

_ 국제 정세와 석가족의 위치

붓다가 탄생할 무렵 인도의 중심 지역은 상업의 발달과 정복 전쟁 및 왕권 강화로 인하여 거센 변화의 폭풍기에 있었다. 이 시기에 강국으로 등장하는 나라가 코살라국과 마가다국이다. 이 두 나라는 각각 사위성과 왕사성을 수도로 하여 국왕 중심의 강력한 중앙집권적 정치형태를 통해 이웃 나라들을 정복하고 있었다. 이 두 나라 이외에도 아반티와 밤사 역시 강국이었지만, 이들 나라는 불교적으로나 역사적으로 코살라와 마가다에 미치지 못한다.

그러나 붓다의 가비라국은 히말라야라는 폐쇄적인 지역성으로 인하여 상업과 선진적인 변화 유입에 어려움이 있었다. 붓다의 조부인 사자협왕 때 가비라국은 용맹함으로 주변 지역으로 영토를 다수 확장할 수 있었지만, 불과 한 세대 만에 세상은 용맹함만으로 승리할 수 있는 상황이 아니었다. 즉 상업의 움직임으로 인한 자본의 축적이 강대국의 조건을 결정짓는 시대가 도래한 것이다. 그러나 히말라야에 위치한 가비라국에게 이는 가능한 조건이 아니었다. 또한 족내혼이나 공화제 같은 전통의 고수는 순수 혈통의 유지와 민주적이라는 점에서는 긍정적이지만, 새로운 문물을 받아들이고 능동적으로 변화하는 데 있어서는 적지 않은 장애물이 되었다. 이로 인하여 석가족은 결국 팽창하는 코살라국의 영향권에 편입되어 자주성을 확보하기 어려운 상황으로 전락하고 만다.

_ 석가족의 열망과 태몽

석가족의 쇠락은 당시 석가족이 극복해야만 하는 가장 큰 당면 과제였다. 이는 당시 석가족의 수장인 정반왕에게는 매우 큰 부담이 아닐 수 없다. 이러한 석가족의 분위기 속에서 붓다가 잉태된다. 붓다의 태몽은 '여섯 상아를 가진 흰 코끼리[六牙白象]'였다.

인도인들이 신성시하는 동물은 코끼리와 사자, 그리고 킹코브라 등이다. 이러한 동물들은 붓다의 생애와 관련해서도 다양한 상징으로 다수 등장하는 모습을 보인다. 특히 킹코브라와 같은 경우는 중국 용과는 다른 인도 용의 원형이 되는 동물이다. 즉 불교 경전에 등장하는 용은 킹코브라이거나, 이것이 상징화된 것이다.

여섯 상아를 가진 흰 코끼리는 우리 문화에서의 백호와 같이 코끼리들 중 최고가 된다. 이러한 태몽에 휩싸여 붓다가 잉태된 것이다. 이는 붓다의 비범성을 상징하는 동시에 석가족의 열망이 붓다에 의해서 해소될 수 있다는 것을 의미한다. 정반왕을 비롯한 석가족의 바람이 탄생하기도 전부터 붓다에게 집중되는 것은, 석가족의 어려운 현실이 붓다의 상서로움 속에서 해소될 개연성으로 비춰지고 있었기 때문이다. ❖

붓다의 나라인 가비라국의
성문과 성벽 유적. 이곳을
통해 많은 물자와 사람들이
오갔으며, 태자의 출가와
관련된 사문유관의 비유
역시 이 벽돌들 속에 서려
있다. 그러나 현재는 과거의
영광은 사라지고 한적함과
쓸쓸함만 남아 있다.

붓다,
인류의 새벽으로
다가오다

___ 정반왕의 가계와 결혼 문화

붓다의 부친인 정반왕은 사자협왕의 장자로, 아래로 세 동생인 백반, 곡반, 감로반을 두고 있다. 이 네 형제는 또다시 각기 두 명의 아들을 두게 되는데, 이러한 석가족의 가계를 흔히 '4남(男) 8자(子)'라고 칭한다. 이 중 붓다는 8자의 첫째이다. 이하의 사촌 동생들 중에는 후일 불교 교단에 출가하여 중요한 역할을 하는 인물들이 다수 존재한다.(226쪽 가계도 참조)

붓다의 모친인 마야부인은 석가족과 이웃한 콜리족의 공주로, 동생인 대애도(大愛道, 마하파사파제)와 함께 정반왕에게 시집을 왔다. 자매가 한 남편을 섬기는 것은 고대사회의 결혼 풍습 중 하나이다. 이러한 측면은 중국에서도 발견되는데,

요 임금이 자신의 두 딸인 아황과 여영을 순 임금에게 시집보낸 경우가 여기에 해당한다.

결혼과 관련해서 오늘날은 일부일처제가 당연시되고 있지만, 이러한 보편화는 사회가 산업화되면서 가능해진 것이다.

이슬람의 창시자 무함마드는 부인을 넷까지 둘 수 있도록 했다. 언뜻 보면, 남녀가 대단히 불평등해 보이지만 당시는 전쟁이 빈번해서 남성의 수가 여성에 비해 매우 적었다. 그러므로 성비를 고려하여 이러한 규정을 만든 것이니, 당시의 상황에서는 이것이 오히려 평등이었다.

고지대에 위치한 티베트는 무척 척박하기 때문에 유목과 농업이 섞여 있는 삶의 형태를 취하게 된다. 이러한 조건에서는 남자 형제가 동시에 한 여성에게 장가들어 교대로 유목과 농업을 번갈아 가며 생활한다. 역시 환경에 의해서 일처다부제가 형성되었다고 하겠다.

유목 문화에서는 결혼한 여성이 남편을 잃게 될 경우 생존하기 어려운 상황이 발생한다. 이로 인하여 형사취수제(兄死娶嫂制), 즉 형이 죽으면 동생이 형수에게 장가가서 형의 식솔들을 거두는 문화가 만들어졌다. 이러한 유풍은 유목 계열인 고구려나 고려에서도 확인된다.

인도는 대륙 같은 광활한 면적을 가지고 있기 때문에 결혼 문화가 하나로 통일되어 있지 않다. 그러므로 동시에 여러 결혼 방식이 살펴지는데, 이 중에서 주목되는 것 중 하나가 모계 풍습이다. 후일 붓다의 십대제자 중 사리자(舍利子)나 부루나미다라니자(富樓那彌多羅尼子)와 같은 분들은 공히 '~의 아들(子)'이라는 의미로 모계의 유풍을 나타내는 것이다.

_ 붓다의 잉태 시기와 사촌들

붓다의 생애를 다루는 기록에는 정반왕이 늦은 나이에 붓다를 가진 것으로
되어 있다. 그러나 이는 붓다의 탄생을 석가족의 열망과 결부시키기 위한 의도된
허구이다. 붓다와 같은 경우는 대애도 소생의 이복형제인 난타나 다른 사촌 동생
들에 비해서 나이가 많다. 이는 붓다가 성도 후 귀향했을 무렵 사촌들이 결혼 정
년기 전후의 나이였다는 것을 통해서 단적으로 알 수 있다.

붓다의 사촌 동생들을 나이순으로 배열하면, '제사 → 마하남 → 난타 → 발
제 = 아나율 → 제바달다 → 아난'이 된다. 가장 일반적으로 통용되는 붓다의 35
세 성도와 6년 뒤의 귀향설을 받아들인다면, 이때에도 난타부터는 모두 미혼이
었으므로 제사도 20대 중반 이상이 될 수 없다. 이렇게 놓고 본다면, 붓다는 다른
사촌들에 비해서 월등한 나이 차이를 가지고 있는 형이라고 할 수 있으며, 이는
붓다가 정반왕의 늦은 자식이 아니라는 점을 분명히 해 준다.

붓다의 사촌들 중 제사는 정반왕을 이어서 석가족의 라자(raja, 왕)가 되는 인
물이며, 이는 발제를 거쳐 마하남으로 계승된다. 마하남은 붓다의 만년에 코살라
국의 비유리왕에 의해서 멸망당할 때까지 석가족의 라자였으니, 재위 기간이 무
척 길었던 인물이다.

발제와 아나율, 그리고 제바달다와 아난은 공히 붓다께서 성도 후 고향을 방
문하신 시점에 출가하여 교단에서 중요한 역할을 하게 된다. 이 중 발제는 당시

석가족 라자의 신분을 버리고 출가하여 붓다께 칭찬을 들은 인물이고, 아나율은 십대제자 중 천안제일(天眼第一)이 되는 분이다. 그리고 아난은 25년간 붓다를 모시면서 8만 법장을 전수받은 시자이고, 제바달다는 악견(惡見)에 빠져 교단에 지울 수 없는 상처를 낸 인물이다. 또한 난타는 이들보다 조금 일찍 붓다에 의해 다소 강압적으로 출가하게 되지만, 마침내 수행의 기쁨을 알게 되는 분이다.

룸비니에서의 탄생

강릉 오죽헌에 가면 몽룡실(夢龍室)이 있다. 몽룡실은 율곡이 잉태되던 날 사임당이 꿈에 용을 보았다는 것에서 유래한다. 붓다 역시 육아백상(六牙白象)의 태몽을 가지고 있다. 용이나 육아백상이나 둘 다 현실적으로 실재하는 동물은 아니나, 이들의 인생에는 이러한 상징적 동물들의 탁월성을 능가하는 위대함이 서려 있다. 율곡은 태몽이 있었던 그 몽룡실에서 태어난다. 그러나 붓다는 당시의 해산 풍습에 의해서 마야부인이 친정으로 가는 도중, 룸비니라는 동산에서 탄생하게 된다.

피는 잠재의식적으로 죽음을 상징하기 때문에 고대로부터 금기시되어 왔다. 출산이 피를 동반하며, 이는 잘못될 경우 산모나 아이의 죽음으로 직결된다는 점에서 고대인들이 출산을 꺼려했다는 것은 충분히 납득할 수 있다. 우리나라에서도 출산은 금기시되어 직접적인 관련자들만 볼 수 있었으며, 출산 이후에도 금줄 등에 의해 격리의 과정을 거친다. 이러한 금기는 인류의 보편적인 인식이라고 하겠다.

붓다의 탄생을 기리는
룸비니의 아소카 석주.
본래는 석주 위에 말
조각상이 있었다고 하나
현재는 유실되고 없다.

기름이 떠 있는 기름 강, 유하(油河).
붓다와 마야부인은 탄생과 해산
직후 물로 씻고 향유로 마무리한다.
더운 지방에는 수분 증발이 쉽기
때문에 향수가 아닌 향유를
사용하는 문화가 있다.
이를 증명하듯 룸비니의 옆에는
아직도 기름이 떠 있는 강물이
흐르고 있다.

1부 지성의 시대, 창조와 변화의 물결

출산에 임박해서 수레나 가마를 타고 가는 것은 쉬운 일이 아니었을 것이다. 고대의 길이 평평하지 않았다는 점, 그리고 가마가 이족 보행을 하는 인간에 의한 운송 수단이기 때문에 필연적으로 진폭이 커서 멀미가 심하다는 점은 만삭의 산모에게는 악영향을 끼치기에 충분하다. 이러한 측면이 결국 붓다가 외가인 콜리성의 중간 지점인 룸비니에서 탄생하게 되는 계기가 된다. 그리고 이러한 난산의 결과로 마야부인은 붓다를 출산하고 난 7일 후에 죽음에 이른다.

ㅡ 탄생과 관련된 배경의 상징

룸비니에서의 붓다 탄생은 북전(北傳)에 의하면 4월 8일이라고 한다. 이는 오늘날 중국 불교권에서 4월 8일을 석가탄신일로 지정하는 근거가 된다. 4와 4의 배수와 관련된 측면들은 붓다의 생애와 관련하여 두드러지게 나타나는데, 이는 4와 4의 배수가 불교적으로 '완전함'의 의미를 내포하기 때문이다.

예컨대, 붓다는 가계로는 4남 8자 중 8자의 첫째로, 4월 8일에 32상과 80종호를 겸비하고 탄생하신다. 그리고 2월 8일에 출가하여 12월 8일에 성도하셔서 1장 6척의 키로 16대국을 80년간 편력하시며, 4성제·8정도와 12연기설을 주축으로 하는 8만 4,000법장의 12부경을 설하시고는 열반하신다. 이로 인하여 8섬 4말의 사리가 남게 되었는데, 이를 8국의 국왕들이 나누어 근본 8탑을 조성하게 된다. 이렇게 놓고 본다면, 붓다의 생애는 총체적으로 4와 4의 배수로 점철되어 있다는 것을 알 수 있다. 이는 이런 기록들이 역사적이고 사실적이기보다는 종교적인 상징의 측면에서 '완전한 삶'을 나타내는 것으로 사용되고 있다는 것을 나타내 준다.

붓다는 마야부인을 위해 임시로 시설된 산실에서 무우수(無憂樹), 즉 근심이 없는 나뭇가지를 잡자 오른쪽 옆구리로 태어나셨다고 한다. 무우수의 등장은 붓다의 탄생에는 해산의 고통이 없었다는 것을 나타내는 상징적 표현이다. 또한 오른쪽 옆구리로 탄생했다는 것은, 인도의 오른쪽을 숭상하는 문화와 신분 계급적인 측면에서 붓다가 왕족 계급임을 나타내는 것이다.

인도 문화 중에서 오른쪽을 숭상하는 것에 대한 이해는 중요한데, 이는 중국 문화에서는 반대로 왼쪽을 숭상하기 때문이다. 인도에서는 오른손과 왼손이 밥 먹는 손과 뒷일을 처리하는 손으로 엄격하게 구분된다. 그로 인해 인사할 때는 오른손을 내밀어 보이고, 예경을 할 때도 오른쪽(시계 방향)으로 도는 것이다. 또한 수인(手印)과 관련해서 선정인이나 지권인을 취할 때, 오른손이 왼손의 위로 올라간다. 이는 붓다가 탄생했을 때, 양손으로 각기 하늘과 땅을 가리키면서 "천상천하 유아위존(天上天下 唯我爲尊)"이라고 외쳤다는 것에서도 역시 오른손이 하늘을 가리키는 손이 되는 이유가 된다. 그러나 중국에서는 좌측을 높게 보기 때문에 이와 반대 양상이 나타나게 된다. 오늘날에도 우리는 한자로는 '좌우'라는 표현을 쓰고, 이를 풀어 쓸 때는 '오른쪽, 왼쪽'이라고 칭하고 있다. 이는 좌측을 우선시하는 중국 문화와 우측을 우선시하는 인도부터 유럽까지의 문화적 충돌에 의한 혼란이라고 하겠다. ※

인도 델리 박물관의 붓다 탄생 조각.
좌측 위에 코끼리가 좌측 아래에 잠들어
있는 마야부인의 태중으로 들어가는
태몽이 표현되어 있다. 또 우측에는
마야부인이 룸비니 동산에서 산기를 느껴
무우수 가지를 잡자, 오른쪽 옆구리로
붓다가 탄생하는 모습이 조각되어 있다.
그리고 중앙에는 갓 태어난 붓다가
오른손과 왼손으로 천지를 가리키며
'천상천하유아위존'이라고 외치는 모습이
하나의 조각 속에 묘사되어 있다.

완전히 가져 본 자만이
완전히 버릴 수 있다

_ 중생 구제를 위해 가장 완전하게 태어나신 분

붓다의 탄생 직후 설해졌다는 탄생게는 붓다와 관련된 여러 전기들 속에 나타나 있다. 이 중 가장 널리 알려져 있는 것은 『수행본기경』 권상(上)에 수록되어 있는 '천상천하유아위존(天上天下唯我爲尊) 삼계개고오당안지(三界皆苦吾當安之)'이다. 내용인즉슨, '신과 인간의 세계를 통틀어 붓다야말로 가장 존귀하신 분'이라는 불교의 종교적인 주장과 '신과 인간의 모든 세계는 결국 죽음과 윤회로 귀결되는 고통의 세계일뿐이니, 붓다께서 구원하겠다'는 보살도의 서원 완성과 열반의 길을 제시하는 부분이다. 그러므로 이를 합치면 탄생게의 의미는 '중생 구제를 위해 가장 완전하게 태어나신 분'이라는 것이 된다. 이는 붓다의 과거 547생의 보살행을 통한 최후의 완성을 상징한다.

탄생 직후의 붓다가 이러한 게송을 읊었다는 것은 하늘과 땅을 가리키며, 일곱 걸음을 걸었다는 것과 함께 불교의 종교적인 관점이 수용된 부분이다. 불교에서의 붓다는 인간으로 태어나, 인간의 한계를 극복하여 진리와 하나된 상태를 의미한다. 이것이 보리수 아래의 깨달음〔有餘涅槃〕이며, 쿠시나가라의 열반〔無餘涅槃〕이다. 즉 인간으로 태어나서 인간과 신의 경계를 넘어서는 것이 불교인 것이다. 그런데 인도의 힌두교는 신을 믿으며, 신은 탄생부터 인간과는 다른 완성의 존재로 출발한다. 이는 불교가 힌두교와 경쟁하며 종교화되는 과정에서, 힌두교의 신들보다도 더 위대한 붓다를 말하지 않을 수 없음을 의미한다. 이러한 측면에서 중요시되는 것이 바로 탄생게인 것이다.

_ 탄생의 예언, 전륜성왕과 붓다

룸비니에서의 붓다 탄생은, 마야부인의 해산을 위한 친정행이 더 이상 필요 없어졌다는 것을 의미한다. 그로 인해 마야부인은 붓다와 함께 다시금 석가족의 가비라로 귀성하게 된다.

태자의 탄생은 당연히 대대적인 환영과 축제를 동반한다. 특히 당시 주변 국가인 코살라국의 무력적인 압력에 직면해 있던 석가족에게 태자의 탄생은 중요한 의미가 있었다. 정반왕이 태자의 이름을 '모든 것을 다 이룬다'는 성취(成就)의 의미인 '싯다르타'라고 한 것은, 석가족의 열망을 직접적으로 읽을 수 있는 대목이다. 그리고 이러한 연장선상 속에서 태자에 대한 점술사들의 예언도 이해해 볼 수가 있다.

가비라성 유적의 북쪽 400미터
지점에 위치해 있는 스투파 유적.
붓다의 어머니 마야부인의 탑이라고
전해진다. 세상의 어떤 여성보다
뛰어난 일을 행한 분의 단아한 탑
모습이 인상적이다. 바로 옆에는
정반왕의 탑으로 전해지는 탑이
나란히 위치하고 있다.

1부 지성의 시대, 창조와 변화의 물결

점술사들은 태자가 장차 성장하여, 덕으로 세계를 제패하는 전설적인 통치 군주 '전륜성왕'이 될 것을 예언한다. 이는 정반왕과 석가족들을 고무시키기에 충분한 것이었다. 그러나 곧이어 위대한 수행자인 아시타 선인의 등장에 의해서 이 예언은 '붓다'가 될 것이라는 내용으로 수정된다.

그러나 '전륜성왕'과 '붓다'라는 두 가지 가능성에 대한 예언은 붓다께서 진리의 완성자이자 구현자인 '법왕(法王)'이 됨으로써 모두 성취된다. 일반적으로 태자는 전륜성왕의 길을 버리고 출가하여 붓다가 된 것으로 알고 있다. 그러나 붓다는 녹야원에서 전륜성왕의 상징인 '윤보(輪寶)'를 떨쳐(초전법륜) 진리의 전륜성왕이 되었으며, 열반에 이르러서는 당신의 유언에 따라 전륜성왕의 장례로 화장되었다. 이는 붓다가 '대제국의 전륜성왕'이 아닌 '진리의 전륜성왕'이 되었다는 것을 의미하며, 두 예언이 모두 적중했다는 것을 나타내 준다.

어머니를 여의고

마야부인은 태자의 출산 후 7일 만에 세상을 떠났다고 한다. 그러나 여기에서 등장하는 숫자 7은 탄생 직후의 일곱 걸음과 마찬가지로 만수(滿數)의 상징적인 숫자이다. 즉, 7일이라는 의미는 '충분히' 혹은 '완전히'라는 의미인 것이다. '충분히'라는 측면에서 우리는 '마야부인의 임종이 태자의 출산 이후 큰 문제없는 기간'임을, 그리고 '완전히'라는 측면에서 '붓다를 생산한 이후 마야부인이 현생에서의 일을 모두 마쳤음'을 상징하는 것으로 이해할 수 있다.

마야부인이 사후에 태어나게 되는 곳은 제석천이 있는 도리천(욕계 제2천)이다. 도리천의 과보가 낮다고 할 수는 없지만, 마야부인이 붓다를 낳았다는 점을 감안한다면 그리 높은 것으로도 생각되지 않는다. 이는 마야부인이 낳은 대상이 싯다르타이지 붓다가 아니기 때문이다. 주지하다시피, 싯다르타는 보리수 아래에서 정각을 성취한 이후에 붓다로 재탄생하게 된다. 그러므로 마야부인의 과보는 상대적으로 낮을 수밖에 없는 것이다.

붓다께서는 성도 후 7년째 되는 해에 어머니를 위해 도리천에 가서 안거를 하시며, 도리천의 신들을 상대로 설법을 하신다. 이는 어머니를 위한 보은으로, 마야부인과 붓다는 모자간으로 태어나 이때 다시금 스승과 제자로 해후하게 된다. 이후 마야부인에 대한 이야기는 이렇다 하게 등장하는 것이 별로 없다. 그러다 붓다께서 열반에 드실 때, 마야부인은 천상에서 내려와 붓다이자 스승인 아들의 최후를 보면서 한없는 눈물을 흘렸다고 한다. 그러자 붓다께서 육신의 덧없음과 모든 것은 변화한다는 가르침에 대해 다시금 마야부인에게 설법하시게 된다.

어린 시절에 어머니를 여읜 것은 태자가 사색적인 인격을 형성하는 데 있어서 중요한 역할을 하게 된다. 물론 태자는 어머니 대신 이모이자 양모인 대애도의 손에서 성장한다. 그러나 아무래도 이모의 손에서 느껴지는 온기가 어머니의 그것에는 미치지 못했을 것이라는 점에 의문을 제기하기는 어려울 것이다.

_ 부왕의 고뇌와 태자 시절의 호사

아시타 선인이 태자는 반드시 출가하여 붓다가 될 것이라고 한 예언은 전륜성왕의 바람을 가졌던 정반왕과 석가족들에게는 달가운 것이 아니었다. 그로 인하여 정반왕은 태자의 삶이 수행자로 기울지 못하도록 갖은 호사를 제공하게 된다. 『중아함경』의 「유연경」에는 붓다의 진술에 의한 태자 시절의 호사가 나타나 있다. 그것은 크게 둘로 나눠진다.

첫째는 카시산 비단이 아니면 입지 않았다는 것. 카시는 바라나국의 수도로 갠지스 강 중류에 위치한 상업과 무역의 중심지인 동시에 최상급 비단의 산지로 유명한 곳이다. 이곳의 비단은 요즘으로 치자면, 파리나 로마의 최고급 명품을 의미한다고 할 수 있다.

둘째는 세 채의 궁전을 가지고 있었다는 것. 인도는 아열대 기후인 관계로 계절이 우리와 달리 여름, 우기(雨期), 겨울의 세 계절로 나뉜다. 붓다는 이러한 기후 조건에 적합한 세 채의 궁전을 가지고 있었던 것이다. 부유한 사람들에게 겨울을 따뜻하게 나는 것은 문제될 것이 없다. 또한 우기에는 누각형 건축물에서 생활하면 상대적으로 습기가 적게 미치게 된다. 그러나 문제는 더위다.

중국 청나라의 황제들은 북경의 지금성이 무척이나 더웠기 때문에, 승덕의 열하로 피서를 가고는 했다. 이곳이 현재 세계 문화유산으로 지정되어 있는 피서 산장이며, 박지원이 『열하일기』 속에서 건륭제의 칠순 잔치를 축하하기 위해서 간 곳도 바로 이곳이다. 인도의 마지막 왕조인 무굴제국의 왕궁에서는, 더위를 이기기 위해 이중으로 된 석벽을 설치하고 노예를 동원하여 그 사이로 물을 흘려보내기도 했다. 태자의 여름 궁전이 어떠한 구조였는지는 알 수 없다. 그러나 더위에 대한 나름의 건축학적인 안배가 존재했을 것이라는 추정은 그리 어렵지 않다.

태자가 호화로운 왕궁 생활을 보낸 것은 종교적으로도 시사하는 점이 크다.

야잔타 석굴에
그려져 있는 고대
귀족의 생활 모습.

왜냐하면 완전히 가져 본 자만이 완전히 버릴 수 있기 때문이다. 태자는 출가 후 깨달음을 얻지 못한 시점에 마가다국의 빔비사라왕을 만난 자리에서 왕에게 마가다국을 함께 통치하자는 제의를 받게 된다. 이때 붓다는 자신의 왕국도 버리고 왔음을 주지시키며, 한 번 토한 음식을 다시 먹는 경우는 없다고 말씀하신다. 즉 왕궁 시절의 호사는 오히려 태자로 하여금 일체의 물질적 욕망에 대한 생각을 끊어 버리게 했던 것이다.

_ 농경제의 참관과 사색

조선조에 선농단과 선잠단이라는 것이 있었다. 현재 그 유지가 제기동과 성북동에 남아 있다. 선농단은 농사의 시작에 즈음하여 임금이 친히 제를 올리고 시범적인 경작을 한 곳이며, 선잠단은 왕비가 잠신(蠶神)에게 제사하고 직접 비단을 짜는 시연을 행했던 곳이다. 이는 각각 한 해의 농사와 길쌈의 시작을 알림과 동시에 풍요롭기를 기원하는 행사였다.

싯다르타 태자 역시 정반왕을 따라 농경제에 참석한다. 그러나 태자는 밭을 갈 때 드러난 벌레들을 새들이 쪼아 먹는 것을 보고, 적자생존이라는 '생존에 있어서의 숙명적 고(苦)'를 자각하게 된다. 사실 이러한 일은 아무것도 아니라면 아닐 수도 있는 일이다. 그러나 태자는 이를 보고 고뇌한다. 이는 태자가 감수성이 남다른 인물이었음을 시사해 준다. 이로 인해 태자는 자신에게 잠재되어 있던 명상적 기질을 일깨우게 된다. 그러나 이는 또한 부왕의 우려가 현실화되고 있음을 나타내는 것이기도 했다. ⑱

태자의
왕궁 생활

_ 염부 나무 아래에서

농경제의 참관을 통해서, 생존이란 죽고 죽이며 먹고 먹히는 상호관계 속에
서 이루어지는 것이라는 비극적 인식은 태자를 인근의 호젓한 숲으로 인도한다.
내면의 사색이 깨어나는 순간 태자는 그곳에서 염부 나무와 마주하게 된다.

염부 나무는 섬부 나무라고도 하는데, 인도인들은 우리가 사는 세계를 섬부
나무가 많은 대륙이라고 하여 섬부주라고 하였다. 오늘날까지도 사찰의 축원에
서 남섬부주 운운하는 것은 남쪽에 위치한 섬부주를 의미하는 것이다.

태자는 염부 나무 아래 앉아 마침내 고뇌를 넘어서는 마음의 안정에 도달하
게 된다. 이때 태자의 정신적 경지는 후일 초선(初禪)이라는 명상의 단계였다고
기록되어 있다. 초선은 현상으로부터 한 발자국 물러나서 집착을 여읜 상태, 즉

관조(觀照)의 상태에서 나타나는 평화로움의 순수의식 상태이다.

바둑에는 옆에서 훈수 두는 사람은 급이 같더라도 한 수 위라는 말이 있다. 이 말은 바둑판 위에서 제아무리 치열한 양상이 전개되어도 훈수 두는 사람은 객관적인 시각에서 전체의 판을 바라볼 수 있기 때문에 생긴 말이다. 불교에서는 이런 객관화를 통한 시각 확보를 '관조'라고 한다. 태자는 바로 이러한 단계를 접한 것이며, 이는 현상적으로 복잡한 군상이 존재하지만 그것의 영향을 받지 않는 고요를 의미한다.

불전(佛傳)의 기록에는 태자가 염부 나무 아래서 사색에 잠겨 있을 때, 시간이 흘렀으나 나무 그늘은 움직이지 않고 계속해서 태자를 덮고 있었다고 한다. 마음의 평화는 시간을 초월한다는 참으로 아름다운 비유가 아닐 수 없다. 염부 나무 아래에서의 사색은 붓다의 생애에 있어서 두 가지 중요한 측면을 갖는다.

첫째는 이때 얻은 정신적 안정이 어떠한 즐거움이나 고통의 결과가 아닌 관조라는 사색의 적절성에 의해서 이루어졌다는 점이다. 이는 불교의 최대 교리인 중도(中道)에 대한 최초의 발견이다. 중도는 마음이 고요하게 안정된 안온한 상태로, 붓다는 이때 이러한 흔연함을 처음으로 경험했다고 한다.

둘째는 태자가 농경제에서 이탈하여 염부 나무 아래에서 사색을 함으로써 부왕으로 하여금 태자가 출가할 수 있다는 위기의식을 일으키게 하고, 이는 왕이 태자의 결혼을 서두르는 계기로 작용한다는 점이다. 즉 붓다의 가능성이 깨어나는 태자와 이를 막으려는 부왕의 갈등이 점차 첨예화되고 있는 것이다.

_ 붓다와 인연 깊은 네 나무

붓다에 대한 표현 중에 '길에서 태어나서 길에서 돌아가셨다'는 말이 있다. 이 말은 왕자의 신분임에도 불구하고 길에서 태어나게 되는 범상치 않은 출생, 그리고 중국 문화권에서 길은 한문으로 '도(道)'를 의미한다는 점에서 사실과 상징의 절묘함을 간직한 표현이라고 할 수 있다. 그런데 붓다의 생애에 있어서 가장 중요한 때에는 언제나 나무가 등장하고 있다는 점에 대해서도 우리는 주목할 필요가 있다.

그것이 붓다와 관련된 네 가지 나무이다. 첫째는 탄생 시에 등장하는 무우수, 둘째는 농경제와 관련된 염부수, 셋째는 깨달음과 관련된 보리수, 넷째는 열반의 나무 사라수가 그것이다. 이렇게 놓고 본다면, 붓다의 생애는 길을 중심으로 이루어지는 동시에 큰 전환점들은 공히 나무 밑에서 맞이하고 있다는 것을 알 수 있다.

붓다의 생애에 나무가 중요한 상징으로 등장하는 것은 인도 문화의 수목 신앙과 연관 지어 생각해 볼 수 있고, 붓다의 생애에 잠재해 있는 불굴의 의지에 대한 천명으로 이해할 수도 있다. 즉, 나무의 푸르고 높은 기상이 붓다의 정신을 나타내는 상징물로 작용하고 있다는 말이다.

_ 왕궁에서 태자가 배운 것

후대로 가면 외교는 외교와 관련된 수장이, 국방은 대장군이 전적으로 책임지는 가운데 국왕은 최종 판단을 내리는 역할만 하면 된다. 그러나 붓다 당시의

고대사회에서 국왕은 이러한 일에 대해 주도적인 역할을 해야만 했다. 이는 국왕의 능력이 곧 국가의 위치를 결정짓는 중요한 기준이 됨을 의미한다. 따라서 당시 태자가 받았던 교육은 후대 왕들의 교육보다 훨씬 더 실전적일 수밖에 없다.

태자의 교육은 크게 세 가지로 나뉜다. 첫째는 외교와 관련된 어학이며, 둘째는 전쟁과 관련된 무예이다. 그리고 이 모든 것의 종합으로서 통치술이 있다. 예나 지금이나 외교와 국방은 국가 운영에 있어서 가장 중요한 부분이다. 또한 통치술은 이를 바탕으로 하는 효율적인 운영 방식과 인사 처리 등의 판단력과 관련된다.

가비라국은 비교적 작은 나라였기 때문에 국왕의 역할은 더욱더 중요했다. 이 점에서 태자 시절 붓다의 어학 교육과 관련된 기록들은 충분한 타당성이 확보된다. 붓다는 어학에 있어서 탁월한 면을 보였는데, 이는 아이러니하게도 깨달음 이후 다른 나라의 교화에 있어서 매우 유용하게 사용된다. 즉 외교를 위해서 배운 어학이 전도 과정에서 혁혁한 역할을 하고 있는 것이다.

붓다는 각각의 지역에 따른 차별적인 언어를 최대한 그에 맞게 사용한 것으로 기록되어 있다. 고대사회가 폐쇄성이 강하다는 점을 고려한다면, 그 지역 언어를 사용함으로써 얻을 수 있는 친밀성은 새로운 가치인 불교가 효율적으로 전파되는 데 중요한 역할을 했을 것이다.

붓다는 만년에 자신의 가르침을 인도의 고급어인 산스크리트로 통일하자는 귀족 제자들의 요청을 받게 된다. 그러나 붓다는 언어의 통일과 관련된 획일성의 문제를 경계하며, 언어가 아닌 뜻에 목적을 둔 불교의 타당성을 역설한다. 이는 가톨릭이 16세기까지 라틴어라는 언어적 장벽에 가려져, 성서를 영어로 번역했다는 죄목으로 윌리엄 틴들(William Tyndale)을 목 졸라 죽이고 그것도 부족해서 시체를 불태운 것과 크게 대비된다. 이는 인간 주체의 다양성을 용인하는 불교의 특징 중 하나이다. 그리고 여기에는 붓다의 언어적인 다양성이 일정 부분 작용하고 있는 것으로 생각된다.

___ 영민한 두뇌와 건장한 신체의 소유자

후대 전쟁에서의 전열 양상을 살펴보면 왕과 귀족은 후방에서 진두지휘하고, 장군의 인솔로 평민 부대가 주력이 되어 전쟁을 수행하는 것이 일반적이다. 그러나 고대사회에서 전쟁은 아무나 참여할 수 있는 것이 아니었다.

한자에 '자랑 긍(矜, 矛+令)'자는, 창이라는 무기를 가지고 있는 것이 자랑거리가 된다는 의미이다. 무기를 가졌다는 것이 왜 자랑이 될까? 이는 무기를 소유하고 전쟁에 참여할 수 있는 사람들은 최소한 하급 귀족은 되기 때문이다. 우리가 흔히 사용하는 '무사(武士)'라는 말에서, 사(士)가 본래는 하급 귀족을 지칭하는 표현이었다는 점이 단적인 예다.

공자는 제자들에게 예(禮)·악(樂)·사(射)·어(御)·서(書)·수(數)라는 육예(六藝)를 가르쳤다고 하는데, 여기에 사(射)와 어(御)가 있어 주목된다. 사(射)는 활쏘기이며, 어(御)는 전차를 모는 것을 의미한다. 곧 공자 학당에서도 활쏘기와 전차 몰기가 필수과목이었던 것이다.

붓다는 활쏘기와 더불어 씨름과 같은 맨손 기술을 주로 학습했다. 전차전을 전개하다가 전차끼리 충돌해서 땅에 떨어지게 될 경우 상대를 효율적으로 제압하는 기술이 씨름과 같은 맨손 기술이다. 이러한 중국과 인도의 무예 학습에 대한 기록을 통해서, 우리는 고대 전쟁에서 전차를 몰고 활을 쏘는 전투가 중요했다는 것을 알 수 있다.

고대사회에서 전쟁에 참여하는 것은 매우 영예로운 일로 인식되었다. 또한 전쟁에 필요한 무기와 갑옷 및 전차와 말 등은 전쟁에 참여하는 귀족이 스스로 장만해 가야만 했다. 그리고 전쟁 중에 전사하는 것 역시 귀족들에게는 영광으로 받아들여졌다. 참으로 '노블리스 오블리주(사회 지도층으로서 모범을 보일 책무)'라는 말이 실감나는 대목이다.

태자는 무예에 있어서도 탁월함을 발휘한다. 특히 조부인 사자협왕의 활쏘기를 능가하는 뛰어난 활 기술과, 강력한 체력에서 수반되는 맨손 기술은 태자를 따를 자가 없었다고 한다. 실제로 붓다의 결혼과 관련해서 불전들은 인도 전통 무사 계급에서 나타나는 스바얌바라(Svayamvara), 즉 무술 대회에서 우승한 사람이 신붓감을 얻게 되는 결혼 방식[揶術爭婚]에 관해 기술하고 있다. 당시 붓다는 여러 경쟁자들을 물리치고 우승함으로써 야수다라와 결혼하게 된다. 이를 통해 붓다는 영민한 두뇌 못지않은 건장한 신체의 소유자였음을 짐작할 수 있다. 출가 후 6년 동안 고행과 같은 극심한 수행을 견뎌 낼 수 있었던 것도 이와 같은 강력한 신체의 균형과 무관하지 않다고 하겠다. ❀

결혼과 왕궁 생활에 대한 회의

통치술과 교화의 효용성

인류의 전 역사를 통틀어 성현이라는 사람들은 다수 존재한다. 그러나 교조가 당대에 대규모의 집단을 확립하여 인정받고, 그것이 오늘날까지도 한결같이 유지되는 인물은 붓다 이외에는 존재하지 않는다. 하물며 붓다는 성현이라고 칭해지는 인물들 가운데서도 생존 연대가 가장 빠르다. 이는 붓다에게는 다른 성현들과 비견될 수 없는 특수성이 존재한다는 것을 의미한다. 이와 같은 관점에서 주목되는 것이 바로 '통치술의 학습'이다.

통치술의 학습은 붓다가 태자였기에 받은 교육으로 '대외적인 외교'와 '대내적인 조직 관리'가 주가 된다. 특히 이러한 대상이 이웃 나라의 국왕이나 귀족 및 부호들이었다는 점에서 붓다는 통치술의 학습을 통해서 이들의 마음을 헤

아리는 법을 배운 것이 된다. 이는 붓다의 교화 과정을 이해하는 데 있어서 매우 중요하다.

불교 교단의 확립에 있어서 그 핵심은 단연 출가 교단이다. 그러나 이러한 교단이 효율적으로 유지되고 발전하기 위해서는 이를 후원하는 재가 집단의 역할 역시 무척이나 중요하다. 이는 마치 나무에 있어서 종자와 더불어 환경 조건 역시 큰 비중을 차지하는 것과 같다.

실제로 붓다는 대도시를 중심으로 활동하면서, 국왕이나 자산가들의 귀의와 이를 통한 대대적인 후원을 얻고 있음이 확인된다. 이는 불교가 당시의 열악한 교통 여건 등에도 불구하고 비약적으로 성장할 수 있었던 한 동인이라고 할 수 있다. 그리고 이렇게 될 수 있었던 이면에는, 붓다가 가진 자들의 마음을 잘 헤아릴 수 있는 통치술을 교육받은 점이 작용하고 있는 것이다.

물론 이들이 쉽게 교화될 수 있었던 주된 요인은 붓다의 위대한 깨달음과 붓다 역시 왕족이었다는 측면에 있다. 그러나 '아는 것'과 '표현하는 것', 그리고 이것을 '상대에게 효율적으로 전달하는 것'은 서로 다른 문제라는 점을 고려한다면, 통치술의 학습은 불교 교단의 형성과 발전에 있어서 잘 드러나지 않지만 중요한 요인으로 작용하고 있다고 하겠다. 즉 일견 불필요한 것 같아 보이는 왕궁 시절의 교육은 불교 교단의 형성과 발전에 있어서 '무용(無用)의 용(用)'으로 작용하고 있는 것이다.

1부 지성의 시대, 창조와 변화의 물결

_ 결혼을 위한 경쟁

　붓다가 무술을 비롯한 다종의 기예 경쟁에서 우승하여, 야수다라와 결혼했다는 것은 태자의 결혼이 자신의 의지에 의해서 결정되었음을 의미한다. 이는 부왕이 태자의 출가를 막기 위해서 결혼을 종용하고 있다는 기록과는 상호 모순될 수 있다. 그러나 이와 같은 문제는『논어』의 다음 구절을 보면 쉽게 납득될 수 있다.

　『논어』의 「계씨(季氏)」편을 보면, "소년 시절에는 여색을 경계하고, 장성할 때는 싸움을 경계하며, 나이 들어서는 탐욕을 경계하라."라는 말이 있다. 이는 일반적인 남성들이 인생의 각 시기에서 범하게 되는 문제점을 지적한 대목이다. 붓다와 같은 경우는 결혼과 관련된 시기이니, 이때는 한창 호승심(好勝心)이 강할 시기이다. 즉 이때 태자에게는 사색적 경향과 신체적인 강건함으로 인한 투쟁에 대한 욕구가 상호 공존하고 있었던 것이다. 게다가 태자는 당시 왕족의 관습에 의해서 무예를 학습하던 상황이있다. 이를 고려한다면, 태자의 태도 변화는 납득하기 어려운 것이 아니다.

　실제로 태자와 관련된 불전의 기록들에는 결혼과 관련된 시합 이외에도 석가족의 또래 집단 안에서의 경쟁에 관한 이야기들이 다수 보인다. 이는 한참 성장하는 청년기 귀족들의 삶과 문화를 반영하고 있는 것으로 이해된다.

　어찌 보면 태자는 결혼보다도 결혼에 이르는 경쟁 과정을 더 즐겼던 것이 아닌가 생각된다. 왜냐하면 태자는 이후의 결혼 생활에서 전혀 만족을 얻지 못하고 있기 때문이다.

태자의 결혼 연령과 관련하여 불전은 17세설과 19세설의 두 가지를 기록하고 있다. 그러나 『대지도론』에는 19세에 출가했다는 기록도 있으므로, 이 중 17세설이 더 유력한 것이 아닌가 한다.

요즘은 태자가 29세에 출가했다는 것이 일반화되어 있지만, 남방 불교권의 영향을 받기 이전 동아시아의 중국 불교권은 전통적으로 19세 출가설을 지지해 왔었다. 실제로 19세 출가설은 여러 면에서 29세 출가설과는 다른 타당성을 확보하고 있는데, 이를 세 가지로 정리해 보면 다음과 같다.

첫째, 17세에 결혼해서 29세까지 살았다면, 어린 시절부터 엿보였던 붓다의 사색적 경향은 너무 과장된 것이 아닌가 하는 부분이다.

둘째, 태자의 아들인 라후라의 출생 시기는 출가 직전 무렵으로 기록되어 있는데, 이럴 경우 결혼에 비해서 아들의 출생이 너무 늦다는 점이다.

셋째, 붓다와 난타의 나이 차이가 너무 많이 난다는 점이다. 붓다의 이복동생인 난타는 붓다께서 정각을 성취하신 후, 가비라로 귀성했을 무렵 결혼식을 올리려고 하고 있었다. 그런데 이렇게 되면 붓다와 난타의 나이 차이가 무려 20세 이상이라는 말이 된다. 이는 중간에 다른 형제들이 층층이 있기 전에는 이례적인 나이 터울이라고밖에 말할 수 없다.

또한 이러한 문제는 붓다의 사촌 형제들과 관련해서도 노출된다. 붓다의 귀성 시기에 결혼을 했다고 뚜렷하게 언급된 사촌들은 존재하지 않는다. 이는 이들의 상당수가 손쉽게 붓다를 따라서 출가하게 되는 조건이 되기도 한다. 사촌이라

아잔타 석굴 회화 중
백미로 꼽히는 연화수보살.
젊은 붓다 역시 이런
모습이었을 것이다.

면 일반적으로 일정한 정도의 나이 터울을 가지게 된다. 그런데 이러한 측면이 29세 출가설을 수용하게 될 경우에는 문제가 발생하는 것이다.

붓다의 출가 연령이 중요한 것은 이를 통해서 결혼 기간이 결정되기 때문이다. 2년과 12년은 당시 사람들의 평균수명을 고려해 본다면 무척 크다. 붓다의 결혼 기간과 관련하여 이와 같은 큰 폭의 차이가 나는 것은 붓다를 바라보는 관점과 연관된 것이 아닌가 한다. 즉, 불교 교단 안에는 붓다의 결혼 기간을 짧게 보려는 집단과 길게 보려는 상반된 인식의 두 집단이 존재하고 있었다는 말이다.

결혼 기간을 짧게 보려는 집단은 결혼을 부정적으로 보고, 출가수행에 보다 큰 무게 비중을 부여하는 사람들이다. 이들에게 있어서 세속적인 삶은 빨리 떨쳐 내야만 하는 군더더기에 불과하다. 이에 비해서 결혼 기간을 길게 보려는 집단은 세속적 의무 역시 충분히 중요하다고 보는 사람들이다. 이들에게 있어서 붓다는 출가해서 깨달은 존재인 동시에, 가족과 사회적인 역할 또한 성실히 수행한 사람이라는 판단이 잠재되어 있다.

이와 같은 두 집단의 인식은 공히 나름의 타당성을 가지고 있다. 그리고 이러한 혼란은 붓다의 전기가 초기 교단에서 완전히 정리되지 못했기 때문에 발생하는 것이다. 실제로 두 집단 간의 관점 차이는 이후 라후라의 출생과 관련해서도 또다시 목도된다.

_ 결혼에 대한 회의와 출가

흔히 하는 말 중에 '결혼은 해도 후회하고, 안 해도 후회한다'는 것이 있다.

이 말은 자기 자신에게 만족하지 못하는 인간이, 타자에 의존하더라도 결국은 자기가 추구하는 이상적인 행복에는 도달할 수 없다는 것을 의미한다. 곧 결혼에 대한 회의는 타자에 의존해서 행복을 추구한 결과라는 점에서 필연적이다. 특히 상대방 역시 똑같은 오류를 범하면서 결혼 관계가 성립된다는 점을 생각한다면, 이러한 결과는 도저히 피할 수 없다는 결론에 이르게 된다. 싯다르타 태자 역시 비슷한 상황에 직면했을 것이다. 이는 태자의 내면에 잠재된 사색적 성향을 다시금 환기시키는 결과를 가져온다.

붓다의 성격과 관련해 주목되는 것 중 하나는, 붓다가 과단성 있는 실천적 행동주의자라는 점이다. 이러한 성향은 결혼에 대한 회의가 곧 새로운 방향으로 에너지가 전환될 수 있음을 의미한다. 이와 같은 변화 양상과 관련하여 우리는 사문유관(四門遊觀)이라는 다분히 상징적인 전승을 확보하고 있다. 그러나 여기에서 중요한 것은 사문유관이라는 사실이 아니라, 태자의 심경에 변화가 있었다는 점이며 이의 대안으로서 출가를 결행하고 있다는 것이다.

언뜻, 출가는 현실도피로 인식될 수도 있다. 그러나 출가야말로 자신의 문제를 보다 정면으로 돌파하는 방법이라는 점을 우리는 정확하게 인식해야 한다. 왜냐하면 인간의 행복이란 타자와의 관계성에서 오는 것이 아니라, 내면의 관조를 통해서만이 깃들 수 있기 때문이다. 이를 위해서 붓다는 일차적으로 가정으로부터 벗어난다. 그러나 그 후 다시 돌아와 양모와 부인, 그리고 아들을 모두 출가시켜 이들에게도 행복의 길을 제시한다.

후일 석가족은 붓다의 만년에 이르러 이웃 나라인 코살라국 비유리왕의 침

1부 지성의 시대, 창조와 변화의 물결

공으로 수도가 파괴되고 국민들의 절대다수가 죽게 되는 비극을 겪게 된다. 그러나 붓다의 현명한 선택으로 인해 붓다를 따른 이들은 모두 이러한 피해로부터 자유로웠으며, 또한 그 정신은 언제나 평안한 행복 속에 있었다. 이를 통해서 우리는 태자의 출가가 현실도피가 아닌, 현실을 정확하게 파악한 새로운 해법 도출의 과정이라는 점을 알 수 있다.

아잔타 석굴의 회화에는 빈 곳이 없다. 이것은 그 시대 불교도들의 종교적 열정을 잘 말해 준다. 천정을 가득 메운 불상들은 우리에게 오늘도 출가의 자유와 고요한 평안의 행복을 말해 주는 듯하다.

태자의
문제의식과
숭고한 버림

_ 사문유관의 의미

붓다의 출가와 관련된 부분에는 사문유관(四門遊觀)이라는 상징적인 기록이
존재한다. 사문유관이란, 왕궁에서 번민하던 붓다가 친구이자 가이드 역할을 하
는 우다인과 마부 차익을 대동하고서 왕궁의 동·남·서문을 차례로 나가 노인과
병자 그리고 죽음을 마주하고, 마지막으로 북문을 나가 수행자를 보고서 출가의
의지를 확고히 한다는 내용이다. 이는 태자의 출가에 있어서 주된 핵심이 과연
어디에 있는지를 상징적으로 집약한 이야기이다.

이때 부왕은 태자가 혹여 삶의 안 좋은 군상을 목격하고 출가하게 될까 봐,
거리를 깨끗이 정돈했다고 한다. 이러한 부왕의 개입에, 정거천(淨居天)에 사는 천

상의 신(神)은 태자가 삶의 질곡을 직시하게 해서 태자의 출가 결심을 도왔다고 한다. 이는 붓다의 출가에 깃든 매우 아름다운 이야기이다.

태자의 흔들리는 마음을 안정시키고 왕위를 넘겨주어 석가족의 바람인 전륜성왕을 만들려는 부왕의 노력에도 불구하고, 태자는 모든 인간에게 숙명적으로 다가올 수밖에 없는 노병사(老病死)의 문제에 집중하게 된다. 그리고는 마침내 출가를 통해 자신과 모든 인류의 구원을 위한 단호한 떨침을 결심하기에 이른다. 이는 숭고함을 넘어서는 장엄한 대승적 결단이라고 하겠다.

후일 이러한 내용은 불교가 종교화되면서 종교적인 상징 속에서 출가를 막으려는 부왕과, 출가를 북돋으려는 신의 노력이라는 이중 구조로 완성된다. 일부의 사람들은 태자가 그때까지 노병사를 몰랐을 리 없다는 점을 들어서 사문유관을 허구라고 주장한다. 그러나 이는 상징이 덧씌워진 진실이지 허구는 아니다. 왜냐하면 이를 통해서 우리는 붓다의 출가와 관련된 근본 문제의식이 노병사의 극복에 있다는 것을 알 수 있기 때문이다. 이는 붓다께서 성도 직후 "불사(不死)의 문은 열렸다. 귀 있는 자는 들어라."라고 하시는 것을 통해서 분명해진다. 이는 노병사의 귀결인 죽음, 그리고 윤회에 대한 극복이 붓다의 깨달음에 있다는 천명에 다름 아니기 때문이다.

_ 라후라는 장애물인가?

붓다의 출가와 관련하여 반드시 등장하는 부분 중 하나가 태자의 아들인 라후라에 대한 내용이다. 라후라는 '장애(障碍)'라는 의미이다. 이로 인해 혹자는 태자가 출가하려고 결심이 선 이후에 아들이 태어나자 출가에 장애가 된다고 하여 '장애물'이라는 이름을 지었다고 한다. 그러나 이는 사실이 아니다.

붓다와 같은 고매한 인격의 소유자가 아들을 고려하지 않고, 장애물이라는 이름을 지었다는 것은 있을 수 없는 일이다. 장애물이라는 이름을 받는 아들의 입장을 생각해 보라. 이는 탄생부터 너는 불필요한 존재라는 의미가 된다. 이는 상대의 인격을 전혀 고려하지 않은 것으로, 붓다가 아닌 보통의 인간들도 저질러서는 안 되는 일이다.

고대 인도에서는 일식(日蝕)과 월식(月蝕)이 일어나는 것이 거대한 아수라왕이 해와 달을 삼키기 때문이라는 전승이 있다. 그런데 그 아수라왕의 이름이 바로 라후, 혹은 라후라이다. 이로 인해 후일 라후라라는 명칭에는 해와 달을 가로막는다는 의미의 장애물이라는 뜻이 첨가된다.

전승에 의하면, 라후라가 태어나는 날에 일식 혹은 월식이 있었다고 한다. 이러한 이변은 고대에는 매우 특별하게 받아들여지는 것이었기 때문에, 이를 기념해서 라후라라는 이름을 짓게 된 것이다. 그러던 것이 말을 잘 만들어 내는 사람을 만나, 출가의 장애물로 곡해되기에 이른다. 그러나 이는 보다 극적인 출가 양상을 묘사하는 데는 긍정적이지만, 붓다의 인격 자체를 고려하지 않은 무모한 행태라 아니할 수 없다.

_ 라후라와 관련된 미스터리

라후라와 관련해서는 불교판 '다빈치 코드'라고 할 수 있는 희대의 미스터리가 존재한다. 왜냐하면 라후라의 탄생과 관련해서, '붓다의 출가 직전에 탄생했다'는 설과 '출가 후 6년 뒤에 탄생했다'는 두 가지의 설이 존재하기 때문이다. 이 중 후자의 설을 따르게 되면, 라후라는 붓다의 아들이 아닌 것이 된다. 이를 방지하기 위해 후자의 전승에는 라후라가 6년간이나 잉태되어 있었다는 전승이 수반되고, 이의 본생담까지 만들어진다.

중국의 노자도 어머니 뱃속에서 80년을 지내고 태어났으며, 태어나자마자 지혜로워서 노자라고 했다는 내용이 전한다. 그러나 이는 노자의 지혜에 대한 상징적인 인식이라고 할 수 있을지는 몰라도 이를 사실로 받아들이기는 어렵다. 이는 라후라에 있어서도 마찬가지이다. 그렇다면 라후라의 6년 입태설을 우리는 어떻게 받아들여야 할까?

사실 불교는 이 문제를 암묵적으로 회피한다. 즉 문제를 다루는 자체를 금기시하고 있다는 말이다. 그러나 사실을 이해한다면, 이것은 그리 어렵지 않다.

불교에서는 나이로 위계가 결정되는 것이 아니라, 출가한 기간에 따라서 위치가 결정된다. 이러다 보니 후일 불교 교단은 어려서 일찍 출가한 사람들이 주류를 점하게 되는데, 이렇게 일찍 출가하는 경우는 결혼하지 않은 독신[童眞]이다. 이로 인하여 결혼 이후에 출가하거나 자식이 있는 사람들은 상대적으로 낮게 평가되고는 한다.

이들의 관점에서 붓다가 결혼하여 자식까지 두고 있다가 출가했다는 것은 그리 달가운 측면이 아니다. 이와 같은 관점으로 인해 붓다와 야수다라는 결혼 이후에도 서로 깨끗한 생활을 했다는 전승까지 만들어지게 된다. 이러한 측면은

1부 지성의 시대, 창조와 변화의 물결

결혼 이후에 출가한 마하가섭의 이야기를 통해서도 단적인 확인이 가능하다.

이와 같은 승단의 인식과 관련된 또 다른 부분이 바로 라후라와 붓다의 거리를 띄우려는 노력인 것이다. 그러나 라후라 역시 후일 출가하여 승단의 중요한 제자가 된다는 점에서, 라후라를 붓다의 아들이 아니라고까지는 할 수가 없었다. 이러한 고심의 결과가 6년 입태설과 같은 양상을 만들어 냈다고 하겠다. 즉 붓다의 수행자로서의 존엄성을 확보해 주려는 관점이, 과잉 충성을 통해서 6년 입태설을 만들게 되었다는 말이다.

그러나 붓다께서 주장하시는 것은 재가에서 결혼을 했느냐, 하지 않았느냐가 아니다. 출가 이후 얼마나 올바른 청정을 확보하여 수행하느냐가 그 중심인 것이다. 이런 점에서 본다면, 후대의 승단 인식은 분명 붓다의 관점을 잘 이해한 것은 아니다. 그러나 모든 인간은 자신의 입장에서 주변을 판단한다는 점을 생각한다면, 이러한 주장이 제기되는 것 역시 이해하지 못할 부분만은 아니다.

_ 위대한 포기

인도어 '프라브라자(pravrajyā)'를 우리는 '출가'로 한역했다. 그러나 서양에서는 이를 '위대한 포기'로 번역한다. 출가는 숭고한 선택인 동시에 위대한 포기이다.

『장자』에 보면, 까마귀가 시체 위에 앉아 있다가 사람이 지나가면 경계하며 매섭게 운다는 대목이 있다. 이는 까마귀가 혹여나 자신의 먹을 것을 빼앗길까봐 취하는 방어 행태이다. 이러한 까마귀는 바로 우리의 자화상이다.

붓다는 우리보다 더 많이 가졌다. 그럼에도 그것이 문제를 해결하지 못하고, 행복에 이르는 길이 아니라고 판단하자 초개와 같이 버렸다. 가진 것이 많을수록 버리기는 더 어려운 것이다. 그러나 무게가 많이 나가는 생물일수록 높은 곳에서 떨어졌을 때 타격을 크게 입게 된다는 진리를 우리는 잊곤 한다. 이렇게 놓고 본다면, 붓다의 선택이야말로 명지(明智)의 선택이며, 완전히 얻으려는 사람의 올바른 자세라고 할 수가 있다. ⊠

숭고한 선택과
새로운 시작

싯다르타, 마침내 왕궁을 떠나다

붓다의 생애는 크게 셋으로 나누어 볼 수 있다. 그 첫째는 왕궁 시절이고, 둘째는 출가와 수행 시절, 그리고 마지막 셋째는 깨달음 이후인 교사로서의 삶이다. 그러므로 출가는 붓다의 일생에 있어서 일대의 전환기적 사건이라고 하겠다.

정반왕은 태자가 출가할 수 있다는 생각을 하여 성문의 단속을 엄하게 하고, 또 아름다운 여인들에게 태자를 기쁘게 해 줄 것을 명령한다. 그러나 낮의 화려하고 아름답던 여인들이 밤에 널브러져서 잠든 모습을 보고, 태자는 오히려 삶의 본질만을 되뇌게 된다.

결심을 굳힌 태자는 마부 차익에게 애마인 백마 건척을 데려오게 하여, 새벽에 동문을 나서고 만다. 부왕의 성문 통제는 너무도 쉽게 뚫린다. 이것을 불전에서는 신들의 도움이 있었기 때문이라고 한다. 그러나 굳이 이렇게 풀지 않더라도 성문지기의 입장에서는, 국왕의 명령을 수행하기 위해 눈앞의 태자를 막아선다는 것은 어려운 일이었을 것이다.

_ 출가의 조력자, 마부 차익

태자의 출가 과정에서 가장 큰 역할을 한 것은 마부 차익이다. 차익은 후일 출가하게 되는데, 언제나 방종하고 막돼먹어서 승단에 많은 문제를 일으키곤 하였다. 이때 다른 승려들이 충고를 하면, 차익은 언제나 "누구 때문에 붓다께서 출가하실 수 있었는지 아느냐?"라며 다른 이의 말을 듣지 않았다. 바로 자신 때문에 붓다께서 출가하실 수 있었으니, 자신의 공이 아니라면 승단 역시 존재할 수 없으므로 고마운 줄 알라는 의미이다. 이는 태자의 출가와 관련하여 차익이 중요한 조력자였다는 점을 시사해 주는 동시에, 부왕이 태자의 출가를 막았다는 기록에 사실성을 부여해 준다.

차익은 붓다 외에는 제재할 수 없는 통제 불능의 인간이었다. 붓다의 열반과 관련하여 아난이 최후로 물은 내용에 "붓다께서 열반하시면, 차익을 어찌해야 하겠습니까?"라는 것이 있다. 열반을 목전에 두고 있는 붓다께 이를 여쭈었다는 것은 차익이 얼마나 문제가 많은 인물이었는지를 잘 나타내 준다. 이때 붓다의 답변은 차익을 아무도 상대해 주지 않아서 자신의 과오를 스스로 알게 하라는 것〔梵檀罰〕이다. 요즘 말로 하면 '왕따' 시키라는 것인데, 이는 차익의 성격을 고려한 붓다의 세심한 처방으로 주효하게 된다.

부왕은 태자의 출가를
하인들을 동원해 막았지만
그것은 싯다르타에게는
너무나도 벗어나기 쉬운
그물이었다.

차익은 붓다의 열반 이후 아무도 자신을 상대해 주지 않자, 스스로 반성하고 노력하여 결국 깨달음을 얻기에 이른다. 이것은 붓다를 만나지 못했다면 있을 수 없는, 붓다의 위대성인 동시에 출가를 도운 차익의 복이라고 하겠다.

_ 인도의 동쪽 숭배와 붓다의 동문 출가

중국 문화권에서 군주는 남쪽을 향하고[南面], 신하는 북쪽을 보는 것을 원칙으로 한다. 이는 성인을 모실 때도 그대로 적용되는데, 성인은 위계가 황제와 같기 때문이다. 이로 인해 궁궐과 사원 건축은 공히 본전(本殿)을 남향으로 하고 있다. 이러한 문화는 남향집을 선호하는 풍토로 정착하게 된다.

고대 중국의 중심 지역인 관중 지방이나 우리나라는 조금 추운 기후에 속한다. 그로 인해 햇빛을 보다 효율적으로 받을 수 있는 남향을 선호하게 된다. 또한 이는 자연 채광을 고려한 것이기도 한데, 우리에게 '양명한 것=좋은 것'이라는 공식은 바로 이렇게 도출된 것이다.

그러나 더운 기후에 속하는 인도는 상황이 다르다. 햇빛이 강하게 들어오는 남쪽보다는 동쪽을 선호하는 것이다. 인도 문화의 동쪽 선호는 아리안족의 태양 숭배 및 농경과 관련된다. 아리안족의 상징으로 후일 불교에도 수용되는 '만(卍)' 이나 '차크라(🖲)'와 같은 것은 공히 태양을 상징한다. 즉 중국 문화권이 햇빛의 밝음을 선호했다면, 인도 문화는 태양 자체를 선호했다고 하겠다.

이러한 인도 문화를 고려한다면, 붓다의 동문 출가에는 '길(吉)한 방향'이라는 의미가 내포되어 있다는 것을 알 수 있다. 이는 이후 붓다의 깨달음이 길상초를 깔고 동쪽으로 앉아서 새벽에 이루어진다는 것을 통해서도 확인된다. 또한 인도의 동쪽 숭배는 중국 문화와는 달리 인도의 사원 건축이 동향으로 지어지는 문화를 만들게 된다.

─ 머리카락을 자르고 사냥꾼의 옷으로 바꿔 입다

출가 후 태자는 스스로 머리카락을 가지고 있던 보검으로 잘라 다시는 왕궁으로 돌아가지 않겠다는 결연한 의지를 보인다. 그러고는 근처의 숲에 있던 사냥꾼과 옷을 바꾸어 입는다.

머리카락은 인간에게 있어서 안테나와 같은 것으로 외부의 경계와 내면의 정신을 상응시킨다. 삼손이 머리카락이 잘리자 힘을 잃었다는 것이나, 제갈량이 동남풍을 불게 하기 위해 머리를 풀어헤치고 도법(道法)을 행했다는 점 등은 모두 이런 의미가 깃들어 있다. 그러나 불교는 외부의 타력에 의지하지 않고 내면의 나를 관조하는 것을 목적으로 하기 때문에 머리카락을 잘라 외적인 반연을 끊어버리는 것이다.

태자의 출가에 등장하는 사냥꾼과 옷을 바꾸어 입었다는 것은 참으로 아름다운 이야기이다. 그때 사냥꾼은 효율적인 사냥을 위해 동물들이 덜 경계하는 수행자의 옷, 즉 가사를 입고 있었다고 한다. 이렇게 놓고 본다면, 사냥꾼은 외형은 수행자이지만 내면에는 악심을 가진 세속인이다. 이에 반해서 태자는 외양은 세속의 귀족이지만 그 내면만큼은 자비의 마음을 가진 수행자였던 것이다. 두 사람이 옷을 바꾸어 입음으로써 두 사람은 결국 각기 완성된다. 그러나 그 목

태자가 왕위를 버리고
출가한 가비라국의
동문 유적.
뒤쪽으로 성벽이
보인다.

적은 전혀 상반된 것이었다. 이는 이들의 미래 역시 매우 다른 길을 걷게 됨을 상징한다.

이렇게 놓고 본다면, 우리에게 존재하는 모든 호오(好惡)의 결과들은 결국 우리의 선택에 의한 결과라고 하겠다. 또한 제아무리 가사라고 하더라도, 그 속에는 고유의 특징이 있는 것이 아니라 쓰임에 따라서 정의되는 것일 뿐이다. 곧 일체는 존재에 의해서 결정되는 것이 아니라 관계에 의해서 규정되는 것이라는 말이다. 연기(緣起)의 가르침은 이러한 일화 속에도 깃들어 있다. ❀

깨달음을 향한
오류의 나날 속에서

_ 스승을 찾아 나서다

붓다가 다른 성인들과 변별되는 가장 큰 특징은 붓다에게 많은 스승이 존재한다는 것이다. 왕궁 시절 태자로서 교육을 받았던 것처럼, 붓다는 출가 후 가장 먼저 스승을 찾아 나선다.

일반적으로 성인으로 추앙되는 인물들은 스승 없이 자득(自得)한 것만을 강조한다. 그러나 붓다는 많은 스승들을 통해서 해당 분야의 축적된 전문지식과 당시 현실적인 문제의식들을 손쉽게 습득해 나간 것으로 파악된다.

종교든 철학이든 간에 새로 창도된 가르침은 필연적으로 다른 사람을 설득시키면서 전파될 수밖에 없다. 이 부분에 있어서 스승이 있었다는 것은 보다 넓은 보편성을 가진다는 점에서 중요하다. 실제로 붓다의 경우, 당대에 크게 성공한 유일한 성인이다. 이는 붓다가 현실주의자라는 점을 반영하는 동시에, 스승을 통해서 시대적인 요청을 정확하게 꿰뚫고 있었기 때문으로 이해된다. 즉, 붓다는 당대 최고 스승들을 통해서 지식과 수행을 집대성하고, 이를 초월하는 최상의 가치를 발견하신 분인 것이다.

＿ 고행주의자, 박가바

붓다가 최초로 찾은 스승은 고행주의자로 명성을 떨치던 박가바였다. 예나 지금이나, 고행은 외부적으로 드러나는 면이 강하기 때문에 설득력이 높게 마련이다. 더욱이 붓다의 경우, 왕궁의 호사 속에서 고뇌를 통해 출가했으므로 그 반대되는 고행에 끌렸을 개연성이 높다.

플라톤은 "육체는 영혼의 감옥"이라고 하였다. 육체와 영혼을 나누는 이원론적인 관점에서, 자유로운 정신을 구속하여 장애하는 것이 육체라고 판단한 것이다. 출구 없는 새장에 갇힌 새를 생각해 보라. 이때 새에게 자유를 주기 위해서는 새장을 부수어야 한다. 육체적 고행은 바로 이와 같은 관점에서 비롯된다. 즉, 육체를 심하게 혹사하면 정신은 보다 높은 자유를 획득한다는 논리다.

진정한 버림은 가짐에서 출발한다는 점에서, 왕궁에서의 호사는 붓다가 극심한 고행에 전념할 수 있었던 동인(動因)이 된다. 이로 인해 붓다는 박가바의 제자로 있은 후 얼마 뒤에 스승과 대등한 단계의 고행자가 되었다. 그러나 붓다는 그것을 통해서 깨달음이라는 행복에 도달하지는 못했다.

자신에게 얼마나 솔직할 수 있느냐는 그 사람의 발전을 좌우한다. 이 부분에

1부 지성의 시대, 창조와 변화의 물결

있어서 붓다의 진솔함은, 박가바를 찾아가 그가 가르쳐 준 최상의 고행을 통해서도 깨달음을 얻지 못했음을 말하는 것으로 분명해진다. 이때 박가바는 자신도 그와 같은 상태일 뿐이니, 그 정도에서 함께 교단을 이끌자는 제의를 한다. 박가바는 깨달음보다 안정을 선택하고 있었던 것이다. 붓다는 왕궁이라는 안정을 버리고 깨달음을 위해서 출가한 인물이라는 점을 고려한다면, 더 이상 박가바와 함께할 이유가 없어진 셈이다.

붓다는 틀을 깨트리는 사람이었다. 그래서 자신이 박가바 밑에서 경주한 노력들을 기꺼이 포기하고, 박가바 교단이라는 안정된 구조를 버린 채 또 다른 스승을 찾아 떠나게 된다.

_ 명상주의자, 알라라 카라마

고행에 회의를 느낀 붓다는 이번에는 명상주의자 알라라 카라마를 찾아간다. 알라라 카라마는 무소유처정(無所有處定)이라는 높은 명상 상태에 도달한 인물이었다. 붓다는 이 인물에 크게 매료되었던 것 같다. 왜냐하면 후일 붓다가 깨달음을 얻은 후, 당신의 가르침을 가장 잘 이해할 인물로 생각했던 사람이 바로 알라라 카라마였기 때문이다.

한편 알라라 카라마는 녹야원에서 최초의 제자가 되는 다섯 비구와 연관된 측면도 있다. 전적에는 다섯 비구가 알라라 카라마의 교단에 있던 인물들로, 당시 붓다의 수행에 감화되어 붓다가 알라라 카라마와 결별할 때 붓다를 따라서 나온 것으로 되어 있다.

그러나 다섯 비구와 관련해서는 석가족이라는 설이 더 유력하다. 십대제자 중 한 분으로 석가족인 부루나가 다섯 비구 중 한 명인 교진여의 누이가 낳은 아들이라는 점, 또 붓다의 사촌 동생인 아난 역시 다섯 비구 중 한 명인 십력가섭의 제자라는 점에서 이들이 석가족이라는 데 무게가 실린다. 다섯 비구의 출가와 관련해서는, 붓다가 출가한 뒤 이를 되돌릴 수 없게 된 정반왕이 석가족 귀족 중 우수한 이들을 출가시켜 태자를 보필토록 하였다는 기록이 있다. 즉 다섯 비구는 처음부터 붓다를 따르던 인물들이었던 것이다. 그럼에도 다섯 비구가 알라라 카라마 교단의 인물이라는 기록이 전하는 것은, 붓다와 알라라 카라마의 관계성을 나타내는 또 다른 상징적인 측면이 아닌가 한다.

명상은 붓다를 행복으로 인도한다. 그러나 어떠한 수행자라도 명상 상태로 살 수는 없다는 점에 문제가 있었다. 명상에는 반드시 입정(入定)과 출정(出定)이 수반되었기 때문이다. 이 문제는 후일 붓다에 의해 중도주의로 극복되며, 중국 불교에서는 마조의 홍주종에 의해서 '평상심시도(平常心是道)'라는 전체작용(全體作用)의 행동주의로 완성된다.

명상을 통한 행복이 완전하지 못함은 붓다가 알라라 카라마와 결별하는 이유가 된다. 붓다는 그렇게 또 다른 스승을 찾아 나선다.

_ 인도 최고의 명상가, 웃다카 라마풋타

붓다는 알라라 카라마의 방법에 한계를 느꼈지만, 그것은 더 깊은 명상을 터득하지 못했기 때문으로 판단한 모양이다. 그래서 당시 가장 높은 경지에 이른

명상가인 웃다카 라마풋타를 찾아간다.

당시 웃다카 라마풋타는 비상비비상처정(非想非非想處定)이라는 무색계의 가장 높은 명상 단계를 획득하고 있었다. 그러나 여기서도 붓다는 명상의 한계를 극복하지 못하고 교단을 떠나게 된다.

이때 붓다는 이전과는 전혀 다른 상황에 직면한다. 웃다카 라마풋타는 당시 전 인도의 최고 스승이었기 때문에, 더 이상의 스승이 존재하지 않았던 것이다. 이는 결국 붓다가 스스로 해법을 도출해 내야 한다는 것을 의미한다.

_ 홀로 서기와 6년 고행

붓다는 웃다카 라마풋타 교단에서 배운 명상을 끝으로, 명상이 자신의 목적인 완전한 깨달음과 이를 통한 행복에 도달하는 법이 아니라는 점을 완전히 자각한 듯하다. 붓다에게 명상은 하나의 방편은 될지언정 궁극적인 결과 도출에 이를 수 있는 방법은 되지 못했던 것이다.

그 결과 붓다는 다시금 고행으로 나아간다. 당시 수행은 고행과 명상, 두 가지로 대변된다. 그중 명상이 아니라는 판단이 섰으니, 붓다로서는 다른 선택의 여지가 없었던 것이다.

붓다는 박가바 교단에서 고행한 것이 부족했기 때문에 만족할 만한 결과를 얻지 못했다고 판단한 듯하다. 이로 인해 이후 극단적인 고행을 6년 동안이나 지속하는 초인적인 행동을 하게 된다. 훗날 붓다는 스스로를 회상하며, "과거와 미래를 통틀어 나와 같이 극심한 고행을 한 이는 없다."라고 말하고 있다. 또 너무

과도한 고행으로 다른 사람들이 붓다가 죽은 것으로 판단했다고 할 정도였다.

당시 최고의 고행은 식사량을 조절하는 단식이었다. 붓다 역시 단식을 주로 하였다. 이로 인해 온몸의 털은 다 빠지고, 머리에는 부종이 생겼으며, 배를 만지면 등이 만져지는 극도의 영양 결핍 상태에 처하게 된다.

그러나 이러한 극단적인 방법을 통해서도 붓다는 깨달음을 얻지 못하고, 결국 안 된다는 확신만을 얻게 된다. 이런 상황에서 붓다는 더 이상의 대안이 없는 가운데 고행마저도 내던져 버리고 만다. ⊗

붓다가 6년간의
고행을 포기하고
목욕을 했던
니련선하의 강변
풍경.

고뇌의 뒤안길에서
새로움을 보다

_ 고행의 포기

우리는 때로 결과의 입장에서 과정을 봄으로 인해 문제를 제대로 파악하지 못할 때가 있다. 붓다의 고행에 대한 포기도 여기에 해당하지 않을까?

붓다는 고행을 포기한 이후 깨달음을 얻게 된다. 이로 인하여 고행의 포기는 당연한 수순처럼 인식된다. 그러나 붓다의 고행 포기는 고행의 방식에 문제가 있다는 판단 하에 이를 떨쳐 낸 것이지, 그 다음의 대안이 있었던 상황은 아니었다. 즉, 결과를 예측할 수 없는 포기였던 셈이다. 이렇게 놓고 본다면, 고행의 포기는 붓다에게 있어서 매우 위험하고 과단성 있는 선택이었다고 하겠다.

고행 포기의 구체적인 양상은 목욕을 통해서 표출된다. 붓다는 우루벨라촌의 고행림 곁에 있는 니련선하에서 목욕을 한다. 이는 당시의 고행자들이 목욕을 안락함과 연결시켜 생각하면서 금기시했음을 역설적으로 드러낸다.

니련선하는 '강(江)'과 더불어 가장 큰 물줄기를 지칭하는 '하(河)'라는 표현이 사용된다는 점에서 일견 거대할 것 같다. 그러나 실상은 하천 수준도 안 되는 좁은 도랑에 불과하다. 물론 3개월에 걸쳐 집중적으로 비가 내리는 우기에는 니련선하도 자못 거대한 위용을 뽐낼 테지만, 건기인 겨울의 니련선하는 그저 소슬하기만 하다.

붓다가 목욕을 했을 때도 수량은 얼마 되지 않았던 것 같다. 붓다는 무릎 정도의 물에서 목욕을 했다고 되어 있는데, 이때 과도한 단식으로 인한 체력 고갈로 물에 휩쓸려 익사할 뻔한 상황을 겪게 된다. 붓다는 일촉즉발의 위기 속에서 팔을 뻗은 것이 늘어진 나뭇가지에 닿아 이를 잡고서 겨우 뭍으로 올라왔다고 한다.

우연을 가장한 위대한 공양

목욕을 마친 붓다는 거대한 나무 밑에 자리를 잡는다. 고행의 포기와 대안의 부재는 붓다로 하여금 많은 회상을 동반하게 했을 것이다. 아마도 이때가 붓다의 일생에서 가장 번뇌가 많았던 시기가 아니었을까 싶다.

이 무렵 등장하는 인물이 바로 수자타이다. 수자타는 목장주의 딸로 목축업이 잘되길 바라며 새벽에 우유죽을 끓여, 우리식으로 치면 서낭당의 나무 신에게 기원을 올리려고 거대한 나무를 찾게 된다. 그때 평소와는 다르게 나무 신이 인간의 모습으로 현신해 있는 것을 보게 되는데, 이는 고행 과정에서 잔뜩 야윈 붓다를 보고 착각을 일으킨 것이다. 결국 수자타는 가지고 간 우유죽을 붓다에게

이 세상에서 가장 복이 많은 여인
수자타를 기념하기 위해 그녀의 집터
위에 건립된 스투파.
수자타는 번역하면 선생녀(善生女)가
된다. 즉 착함을 생한 여인이라는 뜻이다.
수자타를 사람 이름으로 알고 있지만,
실은 붓다를 깨달음으로 인도해 준 착한
여성이라는 뜻일 뿐이다. 당시 고행을
포기한 긴박한 상황에서 여인의 이름을
물어 볼 여유 따위는 붓다에게 없었다.

1부 지성의 시대, 창조와 변화의 물결

공양하게 된다. 이것이 불교 사상 가장 위대한 공양으로 평가되는 수자타의 유미죽(乳米粥)이다.

붓다는 이 음식을 드시고 어느 정도 기력을 회복한 뒤 깨달음을 얻게 된다. 즉 수자타의 착각에서 비롯된 공양은 성도(成道)를 이루게 만든 최상의 공양이 된 것이다. 불교의 전 역사에 걸쳐서 수자타만큼 복이 많은 여인은 없다. 이는 '의도함이 없는 최상의 미'가 전개되고 있다는 점에서 더욱 그렇다.

『노자』 제37장에 보면, '무위이무불위(無爲而無不爲)'라는 말이 있다. 이는 '특별히 하려고 의도하지 않아도 되지 않는 것이 없다'는 의미이다. 수자타는 전생에 쌓은 최상의 공덕으로 우연으로 가장된 필연을 완성하고 있는 것이다.

_ 죽음을 불사한 최후의 명상

붓다의 고행 포기를 주시하던 다섯 수행자들은 붓다가 타락해서 더 이상 수행자로서의 가치가 없다고 생각하여 결별을 선언한다. 후일 다섯 비구로서 다시금 상면하게 되는 이들이 보기에, 붓다는 수행에 실패한 타협주의자로 보였던 것이다.

특별한 대안 없이 고행을 포기한 붓다로서는 이들을 잡을 수 없었다는 점에서, 이 사건은 또 하나의 충격으로 다가오게 된다. 성도 이후 붓다가 친히 이들을 찾아가 교화한 것은 이들의 오해를 풀어 주려는 측면도 있었던 것이다.

완전히 혼자가 된 붓다는 심적으로 매우 불안했던 것 같다. 왕궁을 나섰던 때의 패기나, 스승들의 만류를 뿌리치고 교단을 나왔을 때의 호기는 전혀 느껴지지 않는다. 이때 붓다는 일생을 통틀어 가장 특이한 행동을 하게 된다.

붓다는 수자타에게서 우유죽을 받을 때 함께 얻게 된 발우를 니련선하에 띄운다. 그리고는 당신의 깨달음이 멀지 않았다면, 발우는 물을 거슬러 올라갈 것이라고 생각한다. 불전에는 이때 발우가 물살을 거슬러 올라갔으며, 용왕이 이를 획득해 공양했다고 기록되어 있다. 이는 당시 붓다의 심리 상태를 단적으로 나타내 준다. 즉, 점(占)과 같은 비합리성에 의존할 정도로 붓다의 상황은 극히 불확실했던 것이다.

붓다는 마지막 명상을 위해 전정각산을 올랐으나 탐탁지 않다고 생각하여 가야 지역으로 가게 된다. 거기에서 한 그루의 필발라 나무를 발견하고 주변에서 꼴을 베던 목동에게 자리에 깔 풀 한 단을 요구한다. 그리고 목동에게 그 풀이름이 길상초임을 듣고는 다시금 기뻐하게 된다.

붓다와 같은 이성적인 합리론자가 발우를 물에 띄워 기원하고, 길상초라는 풀이름을 듣고서 기뻐했다는 것은 매우 이질적이다. 그러나 한편으로 생각하면 당시 붓다의 상황은 이러한 작은 상서로움 속에서도 기쁨을 찾아야 할 정도로 절박했던 것이다. 그리고 마침내 '깨달음을 얻지 못하면 다시는 일어나지 않겠다'는 죽음의 서원을 세우고 최후의 명상에 들어간다. 이 역시도 죽음을 불사하는 배수진이라는 점에서, 이때까지도 깨달음에 대한 확신은 불명확했다는 것을 알 수 있다.

_ 깨달음을 통해 새롭게 태어나는 세계

최후의 명상을 통해서 모든 것은 새롭게 된다. 붓다가 앉았던 자리는 금강보좌가 되고, 필발라 나무는 깨달음의 나무, 즉 보리수로 거듭난다. 그리고 가야 역시 브라만 가야와 변별되면서 붓다의 가야, 즉 부다가야로 불리게 된다. 관점이 바뀌면 존재는 새로운 인식을 얻는다. 붓다의 정각은 비단 필발라 나무나 가야만이 아니라, 전 우주를 거듭나게 하는 가치를 내포한 것이다.

중국 문화권에서 전하고 있는 붓다의 성도일은 12월 8일 새벽이다. 이때는 건기에 속하는 시기로 니련선하의 물이 적었던 것과 일치한다는 점에서 나름대로 타당성이 있다. 12월 8일은 곧 납월팔일(臘月八日)로도 불리는데, 사찰에서는 붓다의 성도를 기념하는 철야 정진을 한다. 이때 수자타의 우유죽을 기념하여 불전에 죽을 올리고, 또 이러한 불죽(佛粥)을 두루 나누어 먹는 풍속이 있었다. 이 죽을 납팔죽(臘八粥)이라고 하는데, 매우 좋은 영양 죽으로 칠보죽(七寶粥), 오미죽(五味粥)으로도 불린다. 납팔죽의 풍속은 당나라 때부터 널리 퍼져 왕궁이나 민간에서도 이날 수승한 죽을 쑤어서 나누어 먹고는 하였다. 그런데 오늘날은 사찰에서도 찾아보기 힘드니 매우 안타까운 일이다.

_ 사견을 타파하고 정각을 이루다

붓다의 성도는 마왕을 이기는 것으로 성취된다. 우리는 인도 문화에서 마왕이 단순히 부정적인 존재만은 아니라는 점에 주의할 필요가 있다.

고대 문명의 발상지들은 한결같이 여성 차별이 심하게 나타난다. 이는 문명

부다가야에 찍혀 있는
붓다의 연꽃 자취.

의 시작이 빠름으로 인해 남성 위주의 문화가 일찍 정착했기 때문이다. 인도 역시 예외가 아니다. 남녀 차별과 관련하여 불교에도 여성오장설(女性五障說)이라는 것이 있다. 여인의 몸은 하열하기 때문에 전륜성왕, 제석천, 범천, 마왕, 붓다의 다섯 종류 수승한 존재는 될 수 없다는 것이다. 그런데 여기에 버젓이 마왕이 포함되어 있다. 즉, 마왕은 수승한 존재 중 사견(邪見)의 파생자인 것이다.

지옥이 어리석음의 결과라면, 마왕은 사견에 의한 존재이다. 어리석음이 무지를 동반하고 있다면, 사견은 교활한 악을 의미한다. 교활한 악의 권능으로 마왕은 지옥에 가는 것이 아니라 수승한 능력을 가지게 된다. 정치인이나 기업인 가운데 머리 좋은 악인을 생각하면 되겠다.

붓다의 마왕 정복은 사견의 타파를 의미한다. 다시 말해 정각을 통하여, 붓다는 더 이상 사심(私心)이 공심(公心)을 장애할 수 없게 된 것이다. '붓다는 정각과 함께 모든 계율을 구족하셨다'는 것은 이를 의미한다. 공자는 70세에 "마음먹은 대로 행하여도 법도를 넘어서지 않는다(七十而從心所欲不踰矩)."라고 하였는데, 붓다는 성도와 더불어 이미 이러한 경계를 넘어 체득의 단계에 도달했던 것이다. ❀

2부

깨침의
빛,
성스러운
폭류가
되다

붓다의 깨달음,
그 첫 장

_ 미인과 욕망

수화폐월(羞花閉月)이라는 말이 있다. '아름다운 여인의 미모 때문에 꽃이 부끄러워하고 달도 숨는다'는 의미이다. 중국에서 가장 대표적인 미인은 경국지색(傾國之色)으로 유명한 서시(西施)이다. 서시라는 말은 서쪽에 사는 시씨(施氏) 성을 가진 사람이라는 뜻으로 사람의 이름을 나타내는 것은 아니다. 서시는 그 미모 때문에 춘추시대 오·월의 전쟁 상황에서 이용되어 오나라를 멸망하게 하는 비극적인 운명을 살게 된다.

실존 인물이 아닌 중국의 신화 속을 살펴보면, 가장 아름다운 여인은 예(羿)의 아내인 항아(姮娥)이다. 그러나 이 여인 역시 달나라에서 두꺼비의 모습으로 영생(永生)하는 비운을 맞게 된다. 이외에 가장 아름다운 종족으로는 인어(人魚)가 있다. 하지만 코펜하겐의 인어공주 역시 물거품으로 화하는 비극의 주인공일 뿐이다. 어쩌면 아름다움이란 비극의 씨앗을 잉태한 욕망의 불꽃은 아닐는지…….

인도 신화에서 가장 아름다운 여인은 마왕의 세 딸이다. 붓다께서 성도할 즈음 마왕은 이 세 딸을 보내 붓다를 유혹한다. 그러나 붓다는 이들의 아름다움이 결국은 추함으로 스러질 지극히 제한적인 아름다움이라는 것을 가르쳐 주며 유혹을 물리친다. 욕망은 붓다에게는 화로(火爐) 위의 눈꽃과 같았던 것이다.

＿ 논증과 항마촉지인

동원 가능한 모든 방법들이 실패하자, 마왕은 최후로 직접 붓다에게 나타나서 붓다를 막아 보려고 시도한다. 이때 발생하는 사건은 참 인도적이어서 퍽이나 재미가 있다.

붓다가 부질없는 노력을 하고 있는 마왕에게 말한다. "너는 과거에 단 한 생 동안의 착한 일을 한 과보로 지금 마왕이 되었는데, 나는 과거 547생에 걸친 이타행(보살도)을 통해 지금 정각(正覺)을 얻으려고 하는 중이다. 그런데 네가 어떻게 나를 막을 수 있겠느냐?" 그러자 마왕이 "내가 과거에 쌓은 선행은 당신이 지금 증명했으니 확인되지만, 당신의 선행은 어떻게 증명하겠는가?"라고 되묻는다. 붓다와 마왕만이 독대하고 있는 상황에서 마왕이 증명하지 않는다는 것이 전제될 때, 이러한 논리적인 도전은 매우 치명적이다.

이때 붓다께서 선정인(禪定印)을 맺고 있던 것을 풀어서, 오른손을 늘어트려 땅을 짚음으로 대지를 통한 증명을 시도한다. 변함없고 견고한 대지가 당신을 위해서 증명해 주리라는 것이다. 이는 고대 인도에서 대지를 증거로 하여 맹세하던 풍습에 기초한다. 이때 대지가 두루 진동하며 붓다의 말은 증명되었다고 한다. 이를 통해서 마왕에게 항복받았으므로 이를 항마촉지(降魔觸地), 즉 '대지를 짚어서 마왕을 항복받았다'고 하며, 이 자세가 붓다의 정각을 나타내는 상징적인 수인(手印)으로 자리 잡게 된다.

마왕이 붓다에게 논리로 대적하고, 이에 붓다가 대지를 통해서 증명한다는 발상은 지극히 인도적이다. 신통이 아닌 논리 증명이 붓다 깨달음의 핵심을 상징하고 있는 것이다. 이는 불교의 이성적인 특징을 잘 나타내 주고 있어 주목된다.

_ 연기법과 무상

붓다께서 완전한 깨달음을 성취하신 때는 새벽의 금성이 비칠 무렵이었다. 새벽에 유난히 밝기 때문에 계명성(啓明星)이나 태백(太白)으로 불리는 금성은, 궤도 이심률(공전궤도가 타원에서 벗어나는 정도)이 커서 동틀 무렵에 뚜렷이 관찰된다. 밤의 어둠을 물리치고 태양을 인도하는 금성의 강렬한 빛이 산란할 때, 붓다는 정각을 성취하신 것이다. 이렇게 싯다르타는 이제 이성의 빛을 밝힌 붓다가 된다.

붓다의 깨달음은 연기법(緣起法)의 통찰에 의한 것으로 이해된다. 곧 연기라는 관계성을 인식하여 정각을 성취하신 것이다. 연기법이란 상대성에 입각한 변화의 철학이다. 그리스 철학자 헤라클레이토스는 "우리는 같은 강물에 두 번 발을 담글 수 없다."라고 했고, 『주역』은 "하늘의 움직임에는 쉼이 없다."라고 하였

이른 첫새벽의
마하보디대탑사.
2,500년 전의 그 어느
새벽을 말해 주는 듯하다.

다. 이는 세상이 시간의 흐름 속에서 잠시도 멈춰 있지 않고 끊임없이 유전하기 때문이다. 이러한 변화를 불교에서는 '무상(無常)'이라고 한다.

무상이란, 변하지 않는 것은 없다는 것으로, 변화를 의미하는 말이다. 변화는 긍정적일 수도 있고 부정적일 수도 있다. 예컨대 부단한 노력으로 목적을 성취한다면 이는 긍정적인 변화이다. 이와 반대로 나태함에 의한 변화는 부정적인 변화가 된다. 그러므로 '변화=무상'라는 말 자체에는 호오(好惡)가 있을 수 없다. 그런데 우리에게 무상이라는 단어는 왠지 쓸쓸함과 고독을 수반하는 좋지 않은 단어로 인식되어 있다. 이를테면 인생무상과 같은 경우가 그렇다.

_ 언어의 생명력과 유교의 음모

언어는 살아 있는 것이다. 그러므로 사용하는 주체들에 의해서 뜻이 계속해서 변화하며 성장해 간다.

무상은 연기와 통하는 불교의 핵심어 중 하나이다. 따라서 무상에 부정적인 인식을 심게 되면, 불교 전체가 염세적이고 부정적인 인식 속에 휩싸이게 된다. 이러한 음모를 획책한 것은 불교를 견제한 유교였다. 그리고 이는 상당 부분 성공했다. 오늘날까지도 불교는 염세적이고 탈속적인 듯한 인상으로 아로새겨져 있는 것은 이를 방증한다.

도가의 핵심어에 허(虛)와 무(無)라는 것이 있다. 허(虛)라는 것은 기운이 가득 차 있지만 그것이 아직 형태로 나타나지 않은 것으로 발생론적인 측면을 내포한다. 예컨대 빅뱅 이전과 같은 상태가 바로 허인 것이다. 빅뱅 이전에 우주에는 형체가 존재할 수 없다. 그러나 그것은 완전히 텅 빈 상태와는 분명 다른 것이다. 왜냐하면 텅 비었다면 빅뱅과 같은 창조적인 측면이 존재할 수 없기 때문이다. 이러한 빅뱅 이전의 상태와 같은 것이 바로 허이다.

무(無)라는 측면 역시 단순히 없다는 것과는 다르다. 한문에서 완전히 없다는 표현은 무(無)가 아닌 무(无)로 쓴다. 따라서 무(無)란, '가능성이 있는 없음'을 나타낸다.

빈방이라고 할 때 그것은 방이 없다는 것이 아니라, 방은 존재하지만 그곳에 특정한 내용이 없다는 것이다. 이로 인해 빈방에 책상이 놓이면 교실이 되고, 악기가 놓이면 공연장이 되며, 식탁이 놓이면 식당이 된다. 즉, 무란 존재의 없음이지만, 가능성은 존재하는 것이다. 그리고 이러한 가능성으로 인해 무는 사용 가능한 유(有)를 파생할 수 있게 된다.

이렇게 보면, 허와 무의 개념은 유연한 긍정성을 내포하고 있다고 할 수 있다. 그러나 유교는 이를 부정적인 개념으로 변모시켰고, 이것 역시 성공했다. 허무라는 단어가 허무주의 등의 부정적인 측면으로 사용되는 것은 이를 반영한다.

_ 연기법과 삼법인

연기라는 상대성의 철학에 있어서 대전제는 무상이다. 시간이 흐른다는 점에서 일체는 무상이 된다. 그러나 붓다는 이를 다시금 인식 대상과 인식주체로 나누어 무상에 상응하는 무아(無我)를 제시하고 있어 주목된다. 즉 일체 무상의 전제 안에서 '인식 대상은 무상'으로, '인식주체는 무아'로 세분되는 것이다. 삼법인(三法印)에서 제행무상(諸行無常)과 제법무아(諸法無我)라고 하는 것이 바로 이 것이다.

삼법인이란 세 가지 진리의 도장이라는 의미로, 이를 내포하고 있으면 불교 의 진리가 된다는 뜻이다. 그런데 삼법인은 제행무상과 제법무아 외에, 일체개고 (一切皆苦)와 열반적정(涅槃寂靜)의 두 가지를 더 포함하고 있다. 말은 삼법인인데 실제로는 넷의 사법인인 것이다.

동전은 양면을 가지고 있다. 그러나 우리가 볼 수 있는 것은 언제나 단면뿐이 다. 그러므로 인식의 관점에서 동전은 단면이라는 것도 성립될 수 있는 것이다. 삼법인 역시 이와 같다. 제행무상과 제법무아라는 일체의 변화를 이해한다면, 그 사람은 열반적정의 안온하고 평안한 상태에 처하게 된다.

그러나 이를 이해하지 못한다면, 집착과 갈애로 인하여 일체개고의 상태에 처하고 마는 것이다. 그러므로 열반적정과 일체개고는 함께 공존하는 가치가 아 니다. 마치 동전의 앞면과 뒷면이 동시에 존재할 수 없는 것처럼 말이다. 이로 인 하여 넷이면서도 삼법인이 될 수가 있는 것이다. ▩

붓다의 깨달음,
현실을 반조하다

_ 신으로부터의 인간 해방

형광등 불빛은 무수한 점멸을 통해서 일정하게 같은 빛을 낸다. 즉 우리 눈의 잔상을 이용해 연속된 빛처럼 인식되는 것이다. 이는 만화영화에서도 똑같이 적용된다. 만화영화 역시 그림들의 빠른 전환으로 부드러운 생명력을 유지한다. 음악도 예외가 아니다. 왜냐하면 음악이라는 것은 여러 음계들의 소리 여운을 통해서 과거와 현재가 섞이면서 비로소 완성되는 가치이기 때문이다.

붓다 깨달음의 핵심은 변하지 않는 실체는 없지만, 현상은 실존한다는 것이다. 곧 체(体)가 없는 용(用)을 말하는 것이 붓다이다. 그러므로 붓다께서는 집착 없는 마음을 내고, 머묾이 없는 고요 속에 계시는 것이다. 무상과 무아는 인식 대상과 인식주체가 고정된 실체가 아닌 변화 속의 임시적인 존재라는 의미이다. 그

아잔타 석굴의
설법하는 불상 모습.
불상 후면의 둥근
구조물이 인도 탑이다.

렇기 때문에 존재의 가치는 관계성 속에서 결정지어지게 되는데, 이것이 바로 연기법이다. 이를 요약하면, 실체에 대한 부정과 현상에 대한 긍정이라고 하겠다.

서양 중세의 교부철학에서는 아리스토텔레스의 영향을 받아, 신을 '부동의 제일자'로 설명한다. 신이란 변화하지 않는 첫번째 존재라는 것이다. 신은 절대자이기 때문에 변화하는 현상세계와 함께할 수 없다. 또한 조물주이기 때문에 스스로 존재하는 자여야지 만들어지는 대상이 되어서는 안 된다. 이러한 유신론적인 신의 항상성을 부정하는 것이, 붓다의 '모든 것은 변화한다'는 변화의 철학이다. 이를 통해서 신은 더 이상 인간을 넘어서 존재할 수 없게 된다. 따라서 이 세계는 신의 놀음에서 해방되어 인간으로 돌아오게 되는 것이다.

붓다의 깨달음에는 신으로부터의 인간 해방이 깃들어 있다. 이는 신이라는 무지의 벽을 깨고서 나온 이성적 사유, 즉 인본주의에 대한 시대적 요청과 그 반영이라고 하겠다.

__ 연기의 상대성과 인식의 판단

현재 우리나라 이혼율은 OECD 국가 중 1위이다. 한 세대 전만 하더라도 우리나라는 이혼율이 전 세계에서 가장 낮은 국가 중 하나였다. 이를 고려한다면, 이혼율은 우리나라의 문화 변화 속도를 가늠하는 척도가 된다는 점에서 시사하는 바가 크다.

이혼은 결혼에서 파생되는 결과이다. 결혼이 없다면 당연히 이혼도 없다는 말이다. 결혼은 두 사람이 좋아서 하는 것이고, 이혼은 그 두 사람이 싫어서 하는 것이다. 이 말은, 이 문제가 전체적인 전제는 크게 변하지 않은 상태에서 심리적인 인식 변화에 따라 존재한다는 것을 의미한다. 즉 이혼의 문제는 변화하는 가치 속에서의 인식 문제를 우리에게 던지고 있는 것이다.

만일 주식과 금값이 사상 최고가를 경신하고 있다면, 사야 할 것인가, 팔아야 할 것인가? 이는 변화하는 시장에 대한 우리의 인식 판단을 요청하는 문제이다. 변화 가치는 그 속에 본래적인 가치가 내재해 있는 것이 아니라, 인식주관에 따른 관점에 의해서 가치가 재평가되는 부분이 중요한 의미를 가진다.

변화하는 세계 속에서 우리에게 요구되는 것은 올바른 안목[正見]이다. 이는 변화 속에서 변화를 잠재울 수 있는 힘을 가지고 있다.

당신이 살고 있는 집 밑에 일제강점기에 일본인들이 묻어 놓은 금괴가 있다는 말을 전해 들었다면, 당신은 집을 허물고 파 볼 것인가, 아니면 놔둘 것인가? 이는 현재 가지고 있는 가치와 그보다 훨씬 많은 가능성 중에 하나를 선택하는 문제이다. 이 문제에서 가장 중요한 것은 정확한 정보, 즉 정견(正見)이다. 정견을 통해서 이러한 선택의 번뇌는 더 이상 그 사람을 혼란하게 할 수 없다. 정견을 통해 고요가 깃드는 까닭이다. 그리고 이는 다시금 유효적절한 관점과 실천을 동반하게 된다. 이것을 불교에서는 중도(中道)라고 한다.

_ 중도란 무엇인가

중도란 파도타기다. 우주 안에서 완전히 똑같은 조건이 존재할 수 없다는 점에서 모든 파도는 다를 수밖에 없다. 그럼에도 파도를 타는 사람은 작은 보드 하나에 의지해서 파도를 탄다. 파도라는 끊임없는 변화 속에서 파도를 타는 사람은 그것을 정확히 읽고 파도로부터 자유롭다. 이것이 중도의 실천자가 변화라는 파도에 빠지지 않으면서 얻게 되는 고요한 행복인 것이다.

중도란 변화 속에서 올바른 판단을 유지하는 것이며, 이는 정확한 인식에 기초한다. 현실을 사는 데 있어서 시중(時中), 즉 시의적절함만큼 중요한 것은 없다. 이러한 상황 판단은 곧 적중(的中)을 파생하고, 이는 득중(得中)으로 귀결된다. 정확한 현실 판단은 내적으로는 고요함을, 그리고 외적으로는 유효적절한 실천을 수반하게 되는 것이다.

이런 면에서 중도란, 실천의 의미가 된다. 변화라는 연기의 세계 속에서 가장 유효적절한 내외의 실천이 바로 중도인 것이다. 그렇기 때문에 중도를 얻게 되면, 안으로는 번뇌가 미치지 못하고 밖으로는 원망이 따르지 않게 되는 것이다.

_ 세계를 보는 눈, 공(空)

우리나라 사찰에서 가장 많이 쓰이는 말은 '마음'과 '공(空)'이 아닐까? 마음이란 비단 절집에서만 쓰이는 것이 아니라, 중국 문화권 전체에서 살펴지는 가장 흔한 용어이다. 그런데 이런 마음이라는 용어가 일반적인 동시에 가장 개념이 불투명한 애매어라는 점을 인식하는 사람이 몇이나 될까?

마음은 중국철학이 심성론(心性論)을 중심으로 전개되었기 때문에 폭넓은 영향력을 가지게 된다. 그러나 한자의 원시성과 정확한 개념 규정 없이 물질과 정신의 양방면으로 통하면서 마음이라는 단어는 긍정적으로는 만능어로, 그리고 부정적으로는 가장 골치 아픈 애매어로 작용하고 있다.

절집에서 사용되는 '공(空)'이라는 용어 역시 크게 다르지 않다. 그러나 공은 본래 애매어가 아니다. 다만 인도 문화가 중국 문화로 이식되는 과정에서 문화적인 차이를 극복하지 못한 상태에서 어정쩡하게 이해된 것일 뿐이다. 공이란, 실체는 없지만 작용은 있다는 말이다. 실체란 변함없는 것을, 그리고 작용이란 변화를 의미한다는 점에서 이는 연기나 무상, 무아의 교리와 맥을 같이한다.

빨간 장미가 있다고 하자. 이것이 빨간색을 나타낼 수 있는 것은 여러 색 중에서 빨간색을 반사하는 것이 인간의 눈에 비춰지기 때문이다. 그렇다면 그것은 빨간색으로 인간에게 보이는 것이지, 그 자체가 빨간색은 아니라는 말이 된다. 좀 더 논의를 진전시켜 보면, 모든 인간이 같은 빨간 장미를 봐도 그 인식되는 색깔은 각기 조금씩 차이가 있다. 그것은 각 개인의 눈과 장미를 보는 조건의 차이에 따른 것이다. 보다 엄밀히 말하면, 한 사람이 보는 빨간색도 두 눈 사이에 차이가 존재한다. 두 눈 사이에 빛을 인식하는 데 있어서 미세한 차이가 발생하는 것이다. 이렇게 놓고 본다면, 빨간 장미의 빨강이란 고정된 실체가 아닌 가변적인 어떤 범주에 대한 지칭이라는 것을 알 수 있다.

만일 장미의 빨강이라는 색이 고정된 실체라면, 모든 인간은 그것을 똑같이 인식해야만 한다. 그러나 사실은 그렇지 않아서 색은 특수한 관계 속에서의 편차를 수반한다. 이러한 특수한 관계를 '연기'라고 하고, 색의 편차에 따른 비규정성을 '공'이라고 하는 것이다. 그리고 이때 나의 판단과 관련된 부분의 정당성은 '중도'가 된다. 연기가 현상적이라면, 공은 본체적이고, 중도는 실천적인 것이라는 말이다. 그리고 이 세 가지는 공히 '변화'라는 공통분모를 가지고 있다.

불교가 어렵다는 사람들이 있다. 그러나 불교가 어려운 것이 아니라 우리가 살고 있는 현실이 어려운 것이다. 불교는 단지 이러한 현실을 반영해서 정리해 주고 있을 뿐이다. 붓다의 깨달음은 바로 이러한 현상에 대한 '바로 보기'라고 하겠다. ※

마하보디대탑사 옆으로 붓다가
정각을 성취했다는 보리수가 보인다.
그 아래에 깨달음을 증득한 자리인
금강보좌가 있다. 그러나 이는 상징일
뿐이며, 본래 정각을 성취한 자리는
대탑의 중앙, 즉 지금의 불상이
모셔진 자리일 것이다.
붓다의 깨달음을 기념해서 조성한
탑이니, 당연히 정각의 성취처 위에
건립되는 것이 더 타당하기 때문이다.

진리와의
유희 속에서

_ 진리와 하나 되어, 49일을 사유하다

붓다께서는 정각 이후 자신의 깨달음을 반조하신다. 사유와 명상을 통해서 진리의 보편성을 재인식하며 완전히 자기화하는 단계를 거치는 것이다. 이는 진리를 기준으로 하는 불교의 특징이라고 할 수 있다. 유신론적 종교의 경우, 신이 곧 진리이기 때문에 진리에 대한 사유나 일체 과정이 별도로 존재할 필요가 없다. 그러나 불교는 사람이 잠에서 깬 후 잠시 시력을 고르는 것과 같은 단계를 거친다. 이런 불교적 관점은 초기 불교의 오분법신(五分法身)이 수용된 예불문에서 '해탈향' 다음 '해탈지견향'이 나오는 것을 통해 오늘날까지도 유전되고 있다.

진리의 자기화는 보리수 주변 일곱 곳에서 각기 7일씩(7×7=49) 사유하는 과정을 통해 전개된다. 이 일곱 장소는 오늘날 부다가야 주변의 성지로 수많은 순례객의 참배 장소가 되고 있다. 『사분율』 권31에 따르면, 첫째와 둘째 장소는 깨달음을 성취한 보리수 아래로 현재 금강보좌가 위치한 곳이다. 셋째는 가리륵 나무 아래로 현재 정안탑(靜眼塔)이 건립되어 있는 곳이며, 넷째와 다섯째는 리바나 나무 아래, 여섯째는 문린 나무 아래로 현재 무찰린다 연못이 있는 곳이다. 마지막 일곱째는 아유바라니구율 나무 아래라고 한다. 그러나 이러한 기록은 남전의 『마하박가』에서 살펴지는 것과는 또 다르다.

이외에도 마하보디대탑 주변에 열여덟 개의 연꽃 조각이 조성되어 있는 곳이나, 라트나그라하 사당이 위치한 곳 등이 말해지기도 한다. 붓다께서 성도하신 직후의 부다가야는 나무들만이 무성했던 한적한 숲이었을 뿐이다. 그러므로 후대의 전승과 관련 유적들이 만들어지는 과정에서 다소간의 출입이 발생한 것으로 생각된다.

_ 『화엄경』의 설법과 제위·파리의 공양

대승불교에서는 49일의 사유 기간 중 최초 3·7일(21일) 동안에 『화엄경』이 설해졌다고 한다. 이는 붓다 가르침의 정수가 화엄에 있다는 것을 상징하는 것이다. 그러나 이는 경전의 권위를 확보하기 위한 종교적인 표현으로 화엄이 진리적 언어라는 것이지, 그것이 곧 역사적인 현실을 나타내는 것은 아니다.

최초 2일에서 2·7일 사이에 전개되는 현실적인 사건은 제위·파리의 공양이다. 대상(隊商)의 우두머리였던 이들은 마침 이곳을 지나다가 우연히 붓다를 보고 공양을 올리게 된다. '우연'이라는 말이 아름다운 것은, 그것이 무르익은 선근(善

대탑사 내부의 불상.
사찰의 역할을 겸하고
있기 때문에 대탑이
아닌 대탑사라고 하는
것이 옳다.
인도 사찰이기 때문에
당연히 동쪽이
출입구가 된다.

根)의 또 다른 표현 양태이기 때문이다. 이전 수자타에게서 보았던 우연이 여기에서 또다시 발생하고 있는 것이다.

당시 대상들이 수행자에게 공양을 올리는 것은 직업상 안전을 보장받기 어렵고, 상황에 따라 이익의 등락이 심했던 탓이다. 그래서 상단(商團)의 우두머리는 수행자에게 공양을 올림으로써 가호를 받아 상단을 이끌어 가곤 했다. 즉 대상들에게 수행자는 수호의 등대와도 같은 존재였던 것이다.

제위·파리가 음식을 드렸으나 붓다에게는 발우가 없었다. 수자타에게서 받은 마지막 발우는 이미 니련선하에 띄워 보냈기 때문이다. 붓다께서 저어하시자 신들이 개입한다. 사천왕이 각기 발우를 들고 와 받들어 올린 것이다. 붓다의 일생에서 중요한 사건들마다 한결같이 신들이 나타나 모종의 역할을 수행한다. 이는 종교 미학적인 성스러운 아름다움이다. 그러나 이면을 살펴보면, 붓다께서 행하신 과거 생의 보살행이 위덕을 발휘하는 것이라고 할 수 있다.

필요한 발우는 하나인데 네 개의 발우가 동시에 생기자, 어떤 발우를 써야 할지에 문제가 생겼다. 이때 붓다께서는 네 개의 발우를 포개어 신통을 발휘해 하나로 만드신다. 신심 있는 보시를 누구의 것은 받고 누구의 것은 받지 않을 수 없었기 때문이다. 이로써 본래 넷이면서 하나인 발우가 탄생하게 된다. 인도 불교에서는 이러한 발우의 유래를 기리기 위해 하나의 발우에 세 개의 테두리를 만들어 넷의 의미를 살려 사용했다고 한다.

2부 깨침의 빛, 성스러운 폭류가 되다

_ 인도 발우의 특수성

붓다께서 사천왕에게 받은 발우는 돌 발우였다. 발우는 당시 식기인 동시에 조리 용구로도 사용되었다. 인도는 고온다습한 기후 조건을 가지고 있어서 음식이 상하기 쉽다. 게다가 탁발로 인해 여러 집의 음식이 섞이게 되면, 예상치 못한 상황이 발생할 수도 있다. 그래서 탁발을 마치고 돌아오면 승원에서 발우째 열을 가해 음식을 데치곤 했다.

음식은 열이 두 번 가해지면 재료의 풍미가 죽고 맛이 떨어진다. 그래서 음식의 맛을 더하기 위해 향신료 같은 식품 첨가제를 사용하기도 했다. 이것이 오신채의 시작이다. 하지만 과도한 식품 첨가제 사용은 특정한 맛에 대한 집착을 낳는다. 이는 탁발의 의미를 반감시키므로, 이와 같은 양태는 공식적으로는 허용되지 않는 비법(非法)이 된다. 따라서 오신채를 금지하게 되는데, 즉 자극적인 음식 섭취를 금지함으로써 맛에 대한 집착을 예방하는 것이다.

인도 불교에서 발우는 식기인 동시에 조리 용구이기 때문에 가연성 소재를 사용할 수 없었다. 그래서 애용된 것이 초벌구이 된 흙 발우나 돌 발우, 그리고 쇠 발우 등이었다. 그런데 인도는 카스트·바르나 제도라는 강한 신분제 때문에 질그릇에 유약을 사용하지 않는다. 서로 다른 신분의 사람들이 같은 그릇을 사용할 우려가 있기 때문이다. 그래서 질그릇은 초벌구이만 한 채 한 번 사용하고 깨트려 버리는 전통이 있는데, 이러한 풍습은 오늘날까지도 남아 있다.

초벌구이 된 질그릇은 깨지기 쉽고, 음식에 이물질이 들어가는 등 식기로서 적합하지 않은 면이 있다. 그래서 승려들은 이를 선호하지 않았다. 또한 돌 발우의 경우는 무게 때문에 탁발이 용이하지 않아 역시 선호 대상이 아니었다. 그에 반해 얇은 철 발우는 충격에 강하고 무게도 가벼워, 당시 승려들이 선호하는 대상이었다.

특히 당시가 철기시대에 들어선 지 오래지 않은 시점임을 고려하면, 철 발우는 상당한 재화 가치를 가진 최고급 명품이었다고 할 수 있다. 그런 까닭에 철 발우가 터지면 다섯 번까지는 꿰매어 사용하도록 율장에서 규정하고 있다. 이는 더운 기후 조건에서 국물 음식이 적은 인도의 식생활을 반영한 것이기도 하다. 아무튼 철 발우는 말 그대로 최고의 철 밥그릇이었던 것이다.

이에 반해 우리나라의 발우는 조리의 기능은 없고 식기의 기능만을 가진다. 그러다 보니 재료를 구하기 용이하고 포개 놓기 편한 목 발우가 사용된 것이다. 특히 우리나라 음식에는 뜨거운 국물 음식 등이 있어 열전도가 낮은 목기가 매우 유용했다. 이 점이 목 발우가 유행하게 된 이유이다. 이러한 문화적인 차이를 고려한다면, 목 발우가 옳지 않다고 해야 할지는 다소 의문이 든다. 왜냐하면 율의 조항은 법률적이기도 하지만, 동시에 이는 문화적인 적집의 결과물이기도 하기 때문이다. ⊛

붓다, 세상을 향해
일어서다

_　불교 최초의 불탑

　불교 역사상 최초의 신자가 되는 제위·파리는 '불교 발우의 기원' 이외에도 '불탑의 시원'과 관련해서 중요한 의미를 갖는다. 불탑의 기원은 붓다의 열반을 기점으로 시작되는 것이 아니라 사실은 성도와 함께 전개된다. 따라서 붓다에게 성도 이후의 삶은, 시작부터 끝까지 탑과 함께한 열반의 고요한 자취였다고 하겠다.

　제위·파리는 붓다께 하직하면서 오래도록 기념하고 공양할 수 있는 대상을 요청한다. 이때 붓다께서 당신의 손톱과 머리카락을 주신다. 당시 대상들은 이동 중 안전을 위해 수행자에게 부적과 같은 수호물 받기를 원했다. 이를 알고 붓다께서 당신의 손톱과 머리카락을 주신 것이다. 이것을 잘 모시고서 많은 이익을 얻어 무사히 귀국하게 된 제위·파리는, 감사의 의미로 머리카락과 손톱을 안장

붓다가 열반하시고 난 후,
여덟 나라의 왕은 붓다를
추모하며 각기 사리를 가지고
돌아가 자신의 나라에 탑을
세우게 된다. 그중 하나인
석가족이 모신 피프리하와
스투파. 이곳에서 발굴된
사리용기와 불사리는 현재
델리 국립박물관에 모셔져
있다.

2부 깨침의 빛, 성스러운 폭류가 되다

한 조발탑(爪髮塔)을 건립하게 된다. 이것이 불교 역사상 최초의 불탑이다. 미얀마에서는 이 탑을 양곤에 있는 쉐다곤 파고다(Shwedagon Pagoda)라고 주장한다. 그러나 당시 대상의 이동로는 동쪽이 아니라 서쪽이었다. 이는 현장이 후일 이 탑을 서북인도의 발흐에서 보았다고 기록하고 있는 것과도 일치된다.

'불탑' 하면 흔히 붓다께서 열반한 후를 생각하게 되지만, 붓다 재세(在世) 시에 이러한 일이 상당히 많았던 것으로 기록되어 있다. 예컨대 『사분율』「잡사건도법(雜事犍度法)」에는 구바리라는 왕자 겸 장군이 전쟁터에 나가면서, 자신을 수호해 줄 물건으로 붓다의 머리카락을 가지고 나가 대승을 거둔 뒤 탑을 세웠다는 기록이 있다. 그리고 이를 기화로 승려들 사이에 붓다의 머리카락을 휴대용 작은 탑(供養小塔)에 모시고 다니는 것이 유행했다고 한다. 참으로 좋은 인연을 만난 사람들의 부러운 삶이라고 하겠다.

붓다께서 제위·파리에게 설하셨다는 가르침은 『제위파리경』으로 전해지고 있다. 그러나 이 경은 『화엄경』처럼 최초의 경이라는 상징을 확보하기 위해서 후대에 차용된 것이다. 사실 다른 제자들이 들어 줄 수 없는 상황에서, 상인들에게 전한 가르침이 후대로 유전된다는 것은 불가능한 일이다. 그러나 제위·파리는 분명 인류의 전 역사에서 가장 위대하고 찬란한 빛의 현장에 존재했던 복된 사람임에는 틀림이 없다.

_ 깨달음의 가치를 담은 불탑
불탑이라고 하면, 흔히 붓다를 화장한 뒤 수습된 사리를 모신 사리탑을 생각하기 쉽다. 그러나 앞에서 언급한 것처럼 불탑에는 조발탑과 같이 붓다 신체의 일부를 안장한 경우도 있다.

오늘날 사리라는 개념은 화장 시에 발생하는 구슬과 같은 결정체를 지칭한다. 그러나 이것은 후대에 변형된 개념일 뿐이다. 초기의 사리는 붓다의 신체 전체를 지칭하는 말로도 쓰였으며, 화장 후 남은 뼈 조각과 같은 것을 아우르는 보다 광범위하고 보편적인 개념이었다. 그러므로 조발탑과 같은 경우도 불탑, 혹은 사리탑이라고 해도 큰 문제는 없다. 또한 6조 혜능 스님이나 구화산의 김교각 스님처럼 수행의 결과로 전신이 썩지 않고 그대로 보존되는 경우를 '전신사리(全身舍利)'라고 칭하는 것도 가능한 일이다.

이외에도 불탑의 종류에는 붓다께서 친히 사용하시던 발우나 지팡이 등을

왼쪽에 붓다의 물병과
지팡이가 새겨져 있는
아잔타 석굴의 조각.
지팡이의 형태가 현대의
의료용 보조 기구처럼
생긴 것이 흥미롭다.

모신 것도 있다. 이는 사리탑이라기보다 붓다를 추모하는 기념탑이라고 할 수 있다. 붓다를 그리워하는 민중의 바람이 붓다의 물건이라는 상징적 도구에 투영되어 가치 승화를 이루고 있는 것이다.

결국 불탑이나 사리탑이라고 하는 것은 붓다의 육체와 관련된 종교적인 상징물이라고 할 수 있다. 그러나 붓다의 육체가 하나의 상징물로 자리할 수 있는 것은, 그곳에 깨달음이라는 정신적인 가치가 내포되어 있기 때문이다. 즉, 붓다의 육체는 깨달음을 담고 있는 그릇인 것이다. 이와 같은 생각에서, 붓다의 정신을 상징하는 경전을 봉안하는 경탑이 후대에 발생하게 된다. 경탑의 발생은 '물질적인 사리의 숫자적인 한계'와 '경전의 서사(書寫)'라는 두 가지의 문화 배경 속에서 기원후에 발생한다. 초기 경탑에는 연기게송(緣起偈頌)이 봉안되었다. 이를 통해서 우리는 당시 승단에서도 붓다 깨달음의 핵심을 연기법으로 파악했다는 것을 알 수가 있다.

_ 범천의 간청과 인간의 군상

정각 후 깨달음을 반조하던 붓다에게 마지막 7주째 일어나는 사건은 불교 역사상 가장 위대한 사건 중 하나이다. 소위 범천권청(梵天勸請)이라고 하는데, 이 사건을 계기로 붓다는 수행 완성자에서 비로소 교사로 전환하게 된다.

그리스 신화가 크로노스라는 창조자와 제우스라는 신들의 왕에 의한 이중구조를 가지고 있는 것처럼, 인도 신화도 범천(조물주)과 제석천(하느님)이라는 이중구조로 이루어져 있다. 다만 그리스 신화에서 크로노스는 제우스에게 극복되지만, 인도 신화에서 범천과 제석천은 서로 조화를 이루면서 각기 다른 역할을 수행한다.

이 사건은 정각을 성취한 붓다가 중생들에게 설법을 해야 할지 말아야 할지를 고민하고 있을 때, 브라흐마(범천)가 나타나 간청하는 구조로 되어 있다. 아는 것과 가르치는 것은 논리적인 층차가 다른 것이다. 내가 아는 것을 모르는 타자에게 가르쳐 준다는 것은 답답하고도 귀찮은 일이다. 더구나 그것이 인간의 본질을 꿰뚫는 자각과 관련된 문제라면, 그것은 더욱더 어려울 수밖에 없다.

어려운 여건에서 자수성가한 사람은 상대적으로 동정심이 적다. 자신이 피나는 노력을 통해서 어려움을 극복했듯이, 다른 사람들도 더 많은 노력을 하면 반드시 성공할 수 있다고 생각하기 때문이다. 즉 문제가 삶의 현실에 있다고 보

아잔타 석굴에 새겨진 설법하는 붓다상.

는 것이 아니라 극복해야겠다는 그 사람의 정신 자세에 있다고 판단하는 것이다. 붓다 역시 이러한 생각을 했을 수 있다. 이때 각성의 존재로 등장한 것이 바로 브라흐마이다.

브라흐마는 연못에서 자라는 연꽃의 비유를 들어 붓다에게 가르침을 설해 주실 것을 간청한다. 이때부터 불교의 상징으로 연꽃의 가치는 시작된다. 진흙에 물들지 않는 연꽃의 청정성은 중생에 오염되지 않는 붓다의, 교사로서의 삶에 다름 아닌 것이다.

_ 세상을 향해 외치는 사자후

연못에 연들이 있는데, 어떤 것은 수면 위로 솟아올라 꽃이 피고, 어떤 것은 진흙 바닥을 전전하다가 피어 보지도 못하고 끝이 난다. 또 어떤 것은 수면 근처까지 올라와 있는 연들도 있다. 이런 연들은 조금 더 좋은 조건 속에서 보살핌을 받으면 수면으로 올라오지만, 그렇지 못하면 그냥 썩고 만다.

첫 번째 연과 같은 경우는 붓다의 가르침이 필요 없는 사람들을, 그리고 두 번째 연은 붓다의 가르침으로도 어찌할 수 없는 사람들을 나타낸다. 따라서 브라흐마는 붓다께 이 중 세 번째 연과 같은 사람들을 위해 가르침을 설해 주실 것을 간청한다. 이러한 비유는 중국 전한(前漢) 시대의 유학자 정현(鄭玄)의 성삼품설(性三品說)을 상기케 한다. 이 설은 인간의 본성을 상중하의 세 가지로 구분하는 것이다.

후일 대승불교에서는 모든 중생이 붓다가 될 수 있다는 평등성을 주로 이야기한다. 그러나 그것은 본질적인 관점에 의한 것이지 현실적인 것은 아니다. 모든 생명은 동등한 존엄성을 가지지만, 인간과 동물의 생명이 결코 같을 수는 없다. 또한 같은 인간끼리도 얼굴이나 키, 나이, 능력에 따른 차이 등은 엄연히 존재한다. 이렇듯 평등과 차별이 동시에 존재하는 문제를 후일 유식(唯識) 사상에서는 "이불성(理佛性)에는 차이가 없지만, 행불성(行佛性)에는 차이가 없을 수 없다."라는 말로 설명한다. 다시 말해 존재의 차별은 없지만, 현상적인 차이는 엄존한다는 말이다.

붓다는 모든 중생을 구제하려고 서원을 세우신 분이다. 그럼에도 모든 중생을 다 깨닫게 할 수는 없으며, 인연 없는 중생은 제도할 수 없는 것이다. 그것은 밝은 햇빛도 깊은 동굴에는 미치지 못하고, 대지를 적시는 단비도 뒤집어진 그릇에는 물을 채울 수 없는 것과 같은 이치이다.

브라흐마의 간청은 붓다의 자비심에 대한 주의 환기이다. 이로 인해 붓다는 마침내 세상을 향해 다음과 같은 사자후를 외치게 된다. "불사(不死)의 문은 열렸으니, 귀 있는 자는 들어라. 낡은 믿음을 버려라. 이제 너희들을 위해 감로의 법문을 설하리라." ⊗

'붓다'가 아닌,
'붓다로서의 삶'의
시작

_ 성(聖)에서 다시 속(俗)으로

붓다의 위대성은 자신의 깨달음을 내면에만 한정하지 않고 중생들을 위해 과감히 던졌다는 데 있다. 자신이 애써 떨쳐 낸 바로 그곳으로 민중을 위해서 다시금 들어간다는 것은 숭고함을 넘어선 거룩함이다. 그러나 이제 사바세계의 고통[苦海]은 더 이상 붓다를 염오(染汚)하지 못한다. 다만 거기에는 중생을 위한 붓다의 주체적인 선택의 고뇌만이 있을 뿐이다.

붓다의 중생 구제로의 방향 전환이 범천의 간청에 의해서라는 것, 즉 신이 인간에게 가르침을 요청한다는 것은 불교의 인본주의적 특징을 잘 나타내 준다. 그러나 조금 더 깊이 생각해 본다면, 그 근저에는 중생에 대한 붓다의 처절한 연민이 흐르고 있다. 마치 여인의 출가를 간청한 것은 아니지만, 그것은 인간 평등과 해방을 위한 붓다의 주체적인 판단의 결과였던 것처럼 말이다.

_ 스승들을 첫 교화의 대상으로 삼다

붓다가 중생 구제를 위한 설법으로 방향을 전환하고, 가장 먼저 생각한 인물은 옛 스승이었던 '알라라 카라마'였다. 스승이었던 분을 교화의 대상으로 생각한다는 것은, 인도가 능력제를 중심으로 하는 유목 문화 구조이기에 가능한 일이다. 즉, 이는 나이를 중심으로 하는 중국 문화의 사제관(師弟觀)과는 다른 전통인 것이다.

붓다는 깨달음을 성취함과 동시에 모든 신통력도 구족했기 때문에, 알라라를 생각하자마자 그가 이미 죽었다는 것을 알았다. 붓다가 알라라 다음으로 생각한 인물은 역시 과거의 스승이었던 '웃다카 라마풋타'였다. 그러나 그 또한 연로하여 죽음을 건너고 있었다. 그래서 다시 생각한 사람이 예전에 자신을 따르던 다섯 비구였다.

붓다가 첫 교화의 대상으로 스승들을 생각했다는 것은 두 가지를 의미한다. 첫째는 붓다가 이들의 문제점을 잘 알고 있었으며, 이들 역시 붓다의 가르침을 수용할 정도로 개방적인 생각을 가진 사람이었다는 점이다. 둘째는 붓다의 깨달음이 이들의 관점과 유사한 가운데 그것을 떨쳐 낸 것이라는 점이다.

붓다가 알라라를 먼저 생각했다는 것은, 붓다의 깨달음이 웃다카에 비해서 알라라의 방식과 보다 유사하다는 것을 의미한다. 또한 최후로 선택한 다섯 비구의 경우도 정반왕에 의해서 출가한 석가족이지만, 동시에 알라라의 제자였다는 전승도 있는 인물들이다. 즉 전체적으로 알라라와 연관 있는 것이다.

＿ 선(禪)과 정(定) 그리고 중도주의

붓다 당시의 수행법은 색계와 관련된 사선(四禪)과 무색계와 관련된 사무색정(四無色定)의 두 가지로 대별된다. 후대에 이르면 선(禪)과 정(定)은 하나로 뒤섞여 선정이라는 개념을 만들어 내지만, 처음에 양자는 분명히 구별되는 다른 계통의 수행법이었다. 후일의 대승불교는 삼매를 중심으로 하는 정(定)적인 모습을 보인다. 그러나 초기 불교는 정적이라기보다 선(禪)적이었다. 이는 수행 완성인 수다원, 사다함, 아나함, 아라한 중 해탈한 존재인 아라한을 제외한 세 성위(聖位)가 공히 색계에 배속된다는 것을 통해 단적으로 알 수 있다. 이는 또 붓다의 최후 열반이 사선(四禪)에서 이루어졌다는 기록을 통해서도 시사받아 볼 수 있다.

바로 이 점이 붓다가 웃다카보다 알라라를 먼저 생각한 이유가 아닌가 한다. 후일 대승 경전들은 붓다의 깨달음을 사무색정 위의 멸진정(滅盡定)이라고 주장한다. 이는 붓다가 사선과 사무색정 위의 멸진정에 도달했다는, 소위 9차제정(사선＋사무색＋멸진)설이다. 그러나 붓다는 오히려 알라라와 웃다카가 너무 높이 올라간 것을 경계하고 싶었던 것은 아니었을까? 그들은 세속을 벗어나 명상의 고요 속에 있었지만, 그것은 또 다른 적정에 대한 탐닉이었다. 깨달음은 분명 세속을 벗어나 있지만 동시에 세속과 유리된 것이 아니라고 붓다는 말하고 싶었던 것이다. 그것이 바로 명상에 대한 붓다의 코페르니쿠스적 전회(轉回), 곧 중도(中道)이다.

_ 우파카와의 대면, 그 당혹스러운 기록

붓다는 신통으로 다섯 비구가 바라나시의 녹야원에 있다는 것을 아시고, 깨달음을 얻은 부다가야에서 바라나시까지 걸어서 간다. 이때 붓다가 걸었던 거리는 대략 320킬로미터 정도이다. 붓다는 이 먼 거리를 신통을 사용하지 않고, 탁발에 의지해서 홀로 가셨다. 왜냐하면 진정한 미적인 관조는 일상을 벗어난 것이 아니기 때문이다.

바라나시로 가던 도중 붓다는 우파카라는 한 수행자(梵志)와 만나게 된다. 깨달은 붓다의 태양과 같은 모습을 보고, 우파카는 붓다의 스승과 배운 것에 관해서 묻는다. 그러자 붓다는 '나는 스승 없이 깨달아 비교될 수 없으니, 나야말로 최상의 승리자'라고 답변한다. 이에 대해 우파카는 '그럴지도 모르지요'라면서, 그냥 지나친다.

이 기록은 붓다의 생애 중 가장 당혹스러움을 주는 부분이다. 이에 대한 내용은 『사분율』 권32, 『오분율』 권15, 『팔리율』 「대품」을 위시로 하여 다수의 불전들에서 고르게 살펴진다. 따라서 특정 사실을 반영하는 것에 틀림없다. 그런데 붓다와 수행자의 첫 상면은 조롱 섞인 냉소로 끝나고 있는 것이다.

종교의 기록에서 교조와 관련된 내용은 특별하게 관리되면서 정리되는 것이 일반적이다. 그런데 불교는 매우 중요한 순간의 기록에서, 붓다의 실패를 기록하고 있는 것이다. 이러한 실패의 기록, 바로 여기에 불교의 진정한 위대성이 있다. 세상의 그 어떤 종교도 교조의 실패를 담담하게 기록하고 있는 문헌은 없다. 불교의 에너지는 바로 이러한 현실 직시 속에서 용출하는 것이다.

이 기록을 통해서 우리는 두 가지를 알 수 있다. 첫째는 붓다가 스승들에게서 배운 방식과는 다른 방법으로 깨달음을 획득했다는 것, 둘째는 수행자로서의 깨달음과 교사로서의 방식은 완전히 다른 별개의 충차를 가진다는 것이다.

김치를 맛있게 담근다는 것과 그것을 다른 사람들에게 가르쳐 준다는 것은 완전히 다른 문제이다. 수행이 자기와의 투쟁이라면, 교육은 타인에 대한 배려이다. 이제 붓다는 자신이 걸어 온 수행자라는 삶의 방식과는 완전히 다른, 교사라는 구조 속으로 나가고 있다. 바로 여기에서부터 '붓다'가 아닌, '붓다로서의 삶'이 시작되고 있는 것이다.

우파카와의 대면은 붓다의 자신감에 커다란 충격을 주게 된다. 그리고 붓다는 교육자로서 고뇌하며 새로운 해법을 모색한다. 그 결과가 이후 사성제(四聖諦)와 팔정도(八正道)로 나타나게 된다. 즉 붓다의 깨달음은 우파카와의 만남에서 얻은 교훈을 통해 가르침을 위한 체계적인 논리 구조를 확보하게 되는 것이다.

_ 만들어진 성인

흔히 성인은 허물이 없다고 생각한다. 그러나 성인은 허물이 없는 사람이 아니라, 허물이 있음에 고치기를 주저하지 않는 사람[過則勿憚改]일 뿐이다.

붓다의 완전성은 끊임없는 고침을 통한 완성이다. 본생담에서 확인되는 무한한 자기희생은 자신에 대한 극기의 결과이다. 이렇듯 붓다는 만들어진 완전성이며, 그것은 영원한 현재 진행형이기 때문에 그 가치는 비로소 불멸의 빛을 발할 수 있는 것이다.

유신론적인 종교는 신을 옳다고 상정하는 연역 논리에서 출발한다. 그러므로 거기에는 새로운 진리도, 논리적인 발전도 있을 수 없다. 그저 대전제의 재확인만이 존재할 뿐이다. 그러나 불교는 귀납적이다. 귀납법은 끊임없는 자기 검증 속에서 진리를 탐구하는 현재형이다. 그래서 귀납법은 과학적이며, 불교는 변화 속에서 진리를 보게 된다. 즉 불교의 진리는 존재로 변함없음이 아니라, 변화를 통한 영원의 변함없음[緣起]인 것이다. 우파카의 기록은 불교의 이러한 특질을 잘 나타내 준다.

_ 녹야원과 직하학궁

바라나시는 당시 갠지스 강의 하류에서 상업으로 번성하던 카시국의 수도이다. 카시국의 수도라고는 하지만, 바라나국과 같은 명칭도 함께 사용되는 것을 통해서 우리는 카시국이 도시국가였음을 알 수 있다.

상업을 기반으로 번성한 도시국가에는 사상과 철학, 그리고 문화와 종교의 번영이 이루어진다. 이는 상업적인 다양성과 부를 통한 구질서의 변화에 대한 새로운 해법 제시의 요구에서 기인한다. 또한 학문의 발전은 도시의 부를 배가시키는 원동력으로 작용하여, 도시의 부와 학문의 발전은 상호작용을 통해 거대한 역량을 갖게 된다. 이러한 사실을 우리는 그리스의 아테네를 통해서 확인해 볼 수 있다.

중국 전국시대의 제나라 수도인 임치의 서쪽 문인 직문 부근에는, 정부가 후원하는 대단위 학문 연구 기관인 직하학궁(稷下學宮)이 있었다. 이곳을 통해서 배

출된 명인이 바로 맹자와 순자 같은 이들이다. 제나라 정부는 후원은 하되, 학자
들에게 간섭은 하지 않았다. 왜냐하면 섣부른 간섭은 학문을 저해하며, 학문의
흥성은 곧 나라의 부강으로 귀결된다는 것을 잘 알고 있었기 때문이다.

바라나시의 녹야원은 카시국이 안배한 사상의 장이다. 붓다는 바로 그곳을
향해서 갔다. 그리고 아테네의 소크라테스처럼 철학과 종교의 승자로 우뚝 서게
된다. _⊛

갠지스 강을 건너
다섯 비구를 만나다

_ 수행자에게는 뱃삯을 받지 말라

붓다께서 깨달음을 얻은 곳에서 최초 설법지인 녹야원까지는 대략 320킬로미터나 되는 먼 거리이다. 붓다는 이 길을 중생 구제를 위한 마음을 가지고 맨발로 걸으셨다. 녹야원은 바라나시 북쪽으로 약 6킬로미터 떨어진 곳에 위치해 있다. 붓다의 행로는 바라나시에서 다시금 녹야원으로 연결된다.

갠지스 강의 강변 도시인 바라나시로 가기 위해서 붓다는 필연적으로 강을 건너야만 했다. 강변에 도착한 붓다는 뱃사공에게 강을 건네 줄 것을 요청한다. 그러나 뱃사공의 답변은 뱃삯의 요구였다. 붓다는 뱃사공에게 수행자는 세속적 가치를 초월해 있기 때문에 금전을 가지지 않는다고 말한 뒤, 다시금 도강(渡江)을 부탁한다. 그럼에도 뱃사공은 자신의 주장을 굽히지 않았다. 붓다는 문득 고

갠지스 강의 배는
너른 강물만큼이나
한가롭다.

　　　　　　　　　　　　　　　　2부 깨침의 빛, 성스러운 폭류가 되다

개를 들어 자유롭게 강을 건너는 기러기 떼를 바라보면서, 지형적 한계에 결박당하지 않는 자유를 찬탄한다. 그리고 이러한 자유마저 넘어선 신통으로 강을 건넌다. 이를 보고 뱃사공은 자신이 사욕에 가리어 진정한 수행자에게 무례를 범했음을 한탄하며, 강하게 몸부림치면서 자책하게 된다.

이 소문이 두루 퍼져 왕의 귀에 들어가자, 왕은 모든 수행자에게는 뱃삯을 받지 말라는 전교를 내린다. 인도에서 수행자에게 뱃삯을 받지 않는 풍속은 이렇게 시작된 것이다. 이 일화는 붓다의 발걸음이 더 이상 전철(前轍)을 밟는 걸음이 아니라, 새로움을 만들어 가는 창조적 행보라는 점을 분명히 해 준다.

그런데 여기에서 우리는 붓다가 신통을 사용해 강을 건널 거라면, 왜 처음부터 그렇게 하지 않았는가 하는 의문을 가질 수 있다. 그것은 깨달음 이후의 붓다에게 있어서는, 모든 행위가 중생을 위한 방편이기 때문이다. 자신을 위해서였다면 붓다는 처음부터 신통을 사용했을 것이다. 그러나 이를 계기로 뱃사공을 제도할 수 있음을 관조하고, 뱃사공을 위해서 번거롭게 치욕적인 부탁을 했던 것이다.

붓다는 답을 제시해 주는 분이 아니다. 다만 우리로 하여금 답이 무엇인지 스스로 알 수 있도록 자각케 해 주는 분이다. 이 점이 바로 붓다의 규정지어질 수 없는 위대함인 것이다.

_ 사슴에게 허용된 땅, 녹야원
붓다는 상업 도시인 바라나시에서 풍요와 가능성, 그리고 가치관의 혼란과 새로운 민중의 요구를 목도하게 된다. 이것은 붓다에게 충분한 힘이 되었을 것이다. 붓다는 바라나시에서 다섯 비구가 있는 녹야원, 즉 사슴 동산으로 간다.

녹야원은 전생의 붓다가 사슴 왕이었을 때, 거느린 무리 중 새끼를 밴 암사슴을 대신해 죽고자 했던 보살행의 땅이다. 당시 이곳을 다스리던 인간의 왕은 이러한 사슴 왕의 숭고한 희생정신에 감동하여, 이곳을 사슴들이 자유롭게 사는 보호구역으로 지정했다고 한다. 그래서 녹야원이라는 명칭이 탄생하게 된다.

붓다께서 녹야원으로 간 것은 과거 보살행의 희생정신과 작금의 중생 구제라는 내외의 마음이 하나로 합치된 결과이다. 이곳에서 붓다는 진리라는 영원의 깃발을 들어 올리게 된다.

녹야원에는 오늘도 사슴이 있다.
뒤쪽으로 사슴이 어린 나무를
뜯어 먹지 못하도록 설치해 놓은
벽돌 구조물이 이채롭다.

붓다께서 다섯 비구에게 다가가자, 다섯 비구들도 멀리서 붓다를 보게 된
다. 이때 다섯 비구들은 붓다의 깨달음을 인지하지 못하고, 타락한 수행자와 상
종하지 말자고 담합했다고 한다. 그러나 붓다께서 가까이 오자, 서로 누구랄 것
도 없이 앞다투어 일어나 자리를 권하며 맞이하게 된다. 이는 멀리서는 파악되
지 못하는 기운이 가까이에서는 좌중을 압도하는 강력함으로 작용했다는 것을
의미한다.

이와 관련해서 주목되는 것이, 붓다의 형상과 관련되어 후대에 집취(集聚)되
는 삼십이상(三十二相) 중 장광상(丈光相)이다. 이는 붓다의 신체 주변으로 1장, 즉
3미터 정도로 존재하는 빛을 의미한다. 이 빛은 불상과 불화의 조형에서는 광배

엘로라 석굴의
설법하시는 붓다상.
좌우의 보살상과 뒤쪽의
광배 및 스투파가
확인된다.

〔身光〕로 묘사되는 부분이다.

　　모든 존재는 나름의 특정한 에너지 장과 같은 고유한 영역을 형성하고 있다. 이와 같은 측면은 우리 문화의 전통 속에서도 다수가 확인된다. 물건이나 사람을 잘못 들여서 집안에 우환이나 탈이 났다거나, 또는 집의 증개축이나 묏자리를 손댔다가 문제가 발생했다는 경우, 그리고 방위나 상사(喪事) 등과 관련된 살(殺)과 같은 것들이 모두 여기에 해당한다. 이외에도 사람 간에 합(合)과 충(沖) 운운하는 것 역시 이와 연결된다. 이렇게 놓고 본다면, 에너지 장 혹은 기운이나 카리스마 등으로도 이해되기도 하는 이러한 측면은, 실로 우리 주변에서 다양하게 작용하고 있는 것이다.

　　붓다의 에너지는 진리의 깨달음에서 방출된다. 그러므로 거기에는 일반의 잡스러운 기운과는 비교할 수 없는 신성함과 강력함이 존재한다. 붓다의 생애를 이해함에 있어서 이 부분은 매우 중요하다. 왜냐하면 붓다와 대면하는 사람들 중 일부는 붓다의 앞에 오게 되면, 다섯 비구들처럼 일관성 없는 모습을 종종 보이기 때문이다. 또한 이후 붓다가 상대하는 국왕들과 관련해서도 이들의 막강한 카리스마를 일거에 제압하는 붓다의 모습을 우리는 보게 된다. 이러한 양상들은 공히 붓다의 깨달음에서 방사되는 진리의 기운에 의한 것이다.

　　다섯 비구들이 붓다를 맞이한 장소에는 후일 이 사건을 기념하는 영불탑(迎佛塔)이 건립된다. 그러나 현재는 영불탑의 정상부가 파괴되고, 그 자리에 이슬람 건축물이 존재하고 있어 참배객들로 하여금 깊은 탄식을 자아내게 한다. 즉 현재 붓다를 맞이하고 있는 것은 아이러니하게도 다섯 비구가 아닌 이슬람인 것이다.

_ 붓다, 스스로를 말하다

　붓다를 모신 다섯 비구들은, 무언가 붓다가 이전과는 달라졌다는 것을 인지한다. 그래서 붓다에게 "고타마시여, 안색이 수승하고 신색(身色)이 원만하니 혹여 좋은 일이 있었습니까?"라고 묻는다. 이때 붓다께서는 "깨달은 여래를 성씨로 부르는 것은 올바르지 못하다."라고 주의를 준다. 즉 당신의 깨달음을 다섯 비구에게 일방적으로 선포하고 있는 것이다. 이것이 붓다의 다섯 비구에 대한 첫 대면의 말이었다는 점은, 중국 문화적인 전통에서는 매우 이질적이다.

　중국 문화권과 같은 경우는 겸사가 미덕이다. 그래서 공자는 『논어』에서 "성(聖)과 인(仁) 같은 것을 내가 어찌 바라겠는가."라고 한다. 이는 공자가 인을 얻지 못했다는 사실을 고백한 것이 아니라, 겸사를 통해서 자신을 드러내고 있는 것이

다섯 비구가 붓다를 맞이한 곳을 기념해서 건립된 영불탑. 거대한 탑의 정상 부분에 팔각형의 이슬람 건축물이 들어서 있어 보는 이를 안타깝게 한다.

다. 그런데 붓다와 같은 경우는, 불편한 오해로 한동안 헤어져 있던 다섯 비구를 처음 만난 자리에서, 자신의 깨달음을 일방적으로 선포하고 있다. 이는 두 문화권의 차이를 단적으로 나타내 준다.

집단주의적인 중국 문화권에서는 두드러지는 개인이란 있을 수 없다. 그래서 우리는 성을 앞에 쓰고 이름을 뒤따라오게 한다. 이는 주소에서도 전체를 나타내는 큰 지명이 앞이고, 동네 명은 뒤가 되는 것을 통해서 일관된다. 그러나 개인주의적인 인도와 서양에서는 그 순서가 정반대가 된다.

인도는 개인주의 문화권이다. 그렇기 때문에 붓다는 다섯 비구에게 자신의 변화에 대해서 스스로 말하고 있다. 붓다는 여기에서 '여래'라는 칭호를 사용하고 있는데, 이는 붓다가 스스로를 칭하는 표현이다. 이후 제자들은 붓다를 '세존'이라고 부른다. 마치 임금이 자신을 칭함에 '짐'이나 '과인'을 쓰지만, 신하들은 '전하'로 부르는 것과 마찬가지다. 제자나 신도가 아닌 경우 붓다에 대한 칭호는 '대사문(大沙門)'이나 '고타마'가 주로 쓰인다. 그러므로 붓다의 칭호만을 보고서도 우리는 그 사람과 붓다의 관계를 알 수가 있다. ▩

2부 깨침의 빛, 성스러운 폭류가 되다

진리의 바퀴,
허공에 떠오르다

_ 붓다, 진리의 전륜성왕

　태자의 탄생 직후, 왕위에 오르면 전 세계를 덕으로 통치하는 전륜성왕이 되고, 출가하면 정각자인 붓다가 될 것이라는 예언이 있었다. 이 중 태자는 29세에 출가를 단행하면서 전륜성왕이 아닌 붓다의 길을 선택한다. 그러나 녹야원의 최초 설법을 '초전법륜(初轉法輪)'이라고 한다는 점에서, 붓다는 붓다인 동시에 전륜성왕이 된다. 즉 붓다는 진리의 전륜성왕이 된 것이다.

　초전법륜이란 '처음으로 진리의 바퀴[法輪]가 자전한다'는 의미이다. 붓다는 녹야원에서 다섯 비구를 상대로 법을 설하고, 이로 인하여 불교 승단이 구성된다. 즉, 녹야원의 설법은 불법승 삼보(三寶)의 정립을 완성하는 중요한 사건인 것이다.

다메크 스투파.
많은 사람들은 이곳이
붓다의 최초 설법을 기념한
탑이라고 생각한다.
그러나 이 탑은
석가모니불이 앞선 붓다인
가섭불에게 붓다가 될
것이라는 수기를 받고,
후일 미륵보살에게 수기를
준 것을 기념해서 건립한
수기의 탑이다.

_ 수덕(修德)의 상징, 금륜(金輪)

법륜에서의 '윤(輪)'은 천 개의 바퀴살을 가진 금빛 바퀴로, 이는 태양을 상징한다(千輻日輪). 전륜성왕이라는 칭호 역시 이러한 바퀴를 소유하는 것에서 나온 것이다.

고대 인도에서 위덕의 상징물은 범천의 불진(拂塵)과 제석천의 금강저(金剛杵), 그리고 전륜성왕의 금륜이 있다. 불진은 먼지떨이인데, 조물주가 가지고서 전체를 주관하기 때문에 총체(總體)라고도 한다. 금강저는 제석천이 벼락을 칠 때 쓰는 무기이다. 금강저를 통해서 벼락이 만들어지기 때문에 금강저는 모든 악귀나 삿된 기운을 물리친다. 오늘날 불진은 조계종 종정의 이·취임 시에 권위의 이양을 나타내는 상징으로 사용되며, 금강저 역시 점안식 등에서 삿된 것을 물리치는 도구로 사용된다.

전륜성왕의 금륜은 승계받거나 만들어지는 것이 아니다. 왕이 덕을 충분히 쌓은 후 보름날 누각에 올라가면 금륜이 스스로 자전하면서 왕에게로 온다. 이때부터 금륜은 왕의 머리 위 앞쪽에 떠 있으면서 시계 방향으로 자전하는데, 금륜이 떠나지 않고 머물러 있는 기간 동안 왕은 전륜성왕이 된다. 그러다가 덕이 쇠하거나 임종에 가까우면 금륜은 떠나서 사라진다.

금륜을 가진 전륜성왕은 세계를 정복하게 되는데, 이르는 곳마다 풀이 바람에 휩쓸리듯이 민중은 그 덕에 감화되어 복속하게 된다. 이로 인하여 전륜성왕은 모든 세계를 통일한 뒤, 최후로 수미산에 올라가 제석천과 자리를 나누어 앉는다. 이는 전륜성왕의 위덕이 제석천과 동등하다는 것으로 불교의 인본주의적 관점이라고 하겠다. 즉 인간이면서 신(神)적인 경계를 얻게 되는 것이다.

_ 붓다의 법륜

붓다는 금륜이 아닌 법륜을 소유하고 있다. 그로 인하여 다른 모든 종교나 철학들은 붓다의 가르침 아래 복속되는 것이다. 이것이 초전법륜의 상징적 의미이다.

또한 법륜은 금륜과 같은 이치로 허공에서 스스로 자전한다. 눈에 보이지 않는 진리의 윤(輪)이 붓다의 가르침에 의해서 끊임없이 회전하는 것이다. 그러므로 초전법륜을 '처음으로 진리의 수레바퀴를 굴렸다'고 해석하는 것은 잘못이다. 법륜은 붓다의 수행 결과인 깨달음을 통해서 자연히 증득되어 가르침과 더불어 자전한다. 그러므로 초전법륜은 진리의 바퀴가 허공에 나타나서 자전하는 것으로 이해되어야 할 것이다.

전륜성왕의 금륜은 유형적인데 반해서 붓다의 법륜은 무형적이기 때문에 표현할 수 없다. 이러한 법륜의 무형성은 후일 불교도들이 붓다의 위대한 가치를 드러내는 데 방해가 된다. 그래서 붓다를 나타내는 삼십이상(三十二相)에는 발바닥에 천폭륜(千輻輪)이 새겨져 있다는 내용을 삽입하였다. 즉 붓다의 법륜이 드러나지 않는 것은 그것이 발바닥에 있기 때문이라는 것이다. 그러던 것이 마투라 불상이 만들어지면서는 법륜을 손바닥에 조각하기에 이른다. 이들은 붓다가 법륜을 소유한 진리의 전륜성왕이라는 점을 내외에 드러내 보이고 싶었던 것이다.

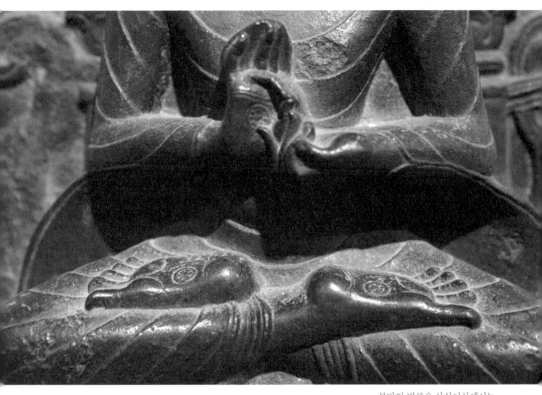

붓다의 법륜은 삼십이상에서는
발바닥에 있는 것으로 나온다.
그래서 부다가야 등에 있는
붓다의 발자국 유적에는 언제나
법륜이 표시되어 있다. 그러나
마투라 불상에서는 법륜을 보다
효율적으로 보이게 하기 위해
손바닥에 표시했다. 후대의 불상
조각에서는 사진에서처럼 이 두
가지가 모두 수용되기도 한다.

_ 붓다께서 가장 많이 설하신 가르침

붓다께서 다섯 비구에게 설하신 가르침은 사성제와 팔정도이다. 그리고 마지막의 열반 직전 최후의 제자인 수바드라에게 가르치신 것도 역시 사성제와 팔정도였다. 이렇듯 사성제와 팔정도는 붓다의 시작과 끝을 아우르는 불교 최고의 교리이다. 그렇기 때문에 중·고등학교의 윤리 교과서에서도 붓다의 근본 가르침으로 사성제와 팔정도가 등장하고 있다.

사성제는 불교의 전체적인 원리 체계이며, 팔정도는 이에 따른 실천 방법이다. 그러므로 사성제 안에 팔정도가 포함된다. 초기 경전인 사아함(四阿含) 중 사성제가 설해진 한역 경전은 273경이며, 팔리경은 264경에 이른다. 이것은 사성제와 팔정도가 차지하는 불교 내적인 위상을 잘 나타내 준다. 실제로『중아함경』의「상적유경(象跡喩經)」에는, "일체의 모든 좋은 가르침[善法]은 모두 다 사성제에 통섭된다. 이는 마치 코끼리 발자국에 모든 짐승들의 발자국이 들어갈 수 있는 것과 같다."라고 되어 있다.

그럼에도 초기 경전에는 사성제보다도 더 많이 등장하는 수행법이 있으니, 그것은 삼과설(三科說)이다. 삼과설이란 온(蘊)·처(處)·계(界), 즉 오온(五蘊), 십이처(十二處), 십팔계(十八界)를 의미한다. 이러한 삼과설은 당시 사문(沙門)들의 대표적인 수행법이었다. 붓다는 이러한 보편성을 통해서 수행자들을 지도하여 불교적인 인식을 확립하게 하였다. 다시 말해 사성제·팔정도가 불교의 사유 체계이자 수행법이라면, 삼과설은 사문 수행 문화의 보편론이었다고 하겠다.

붓다가 대사문으로 불리는 것도 삼과설의 정확한 이해, 폭넓은 사용과 무관하지 않을 것이다. 이러한 흔적은 『반야심경』에도 고스란히 남아 있다. 『반야심경』은 초기 불교의 가장 대표적인 교리들을 집대성해서, 대승 철학인 공의 관점으로 재해석한 경전이다. 그런데 여기에서도 가장 먼저 등장하는 것이 바로 오온이다. 그리고 차례로 십이처와 십팔계가 열거된 후, 십이연기와 사성제가 나타난다. 이는 『반야심경』이 정립되는 기원후까지도 불교의 대표적인 교리들은 이러한 가르침들이었다는 것을 잘 말해 주고 있다.

그런데 오늘날 일부의 불교도들은 위파사나를 붓다의 핵심 교리라고 주장한다. 그러나 이는 붓다의 가르침이긴 하지만 주류도, 핵심도 아니었다. 위파사나는 단지 현재 남방불교의 주된 수행법일 뿐, 그 이상도 그 이하도 아닌 것이다.

불교의 목적 제시와 바르게 사는 길

사성제는 고(苦), 집(集), 멸(滅), 도(道)이다. 내용을 풀어 보면 다음과 같다. 이세상은 늙고 병들고 죽어야 하는 본질적인 고통에 휩싸여 있다. 그것은 인간의 갈애와 집착 때문이다. 그러므로 한시바삐 이러한 고통으로부터 벗어나야 한다. 그 실천 방법에는 팔정도가 있다.

이것은 전체적으로 차안이라는 죽음이 깔려 있는 고통의 세계에서, 적정(寂靜)한 고요의 세계인 피안으로 가라는 가르침과 그 방법을 제시하고 있다. 즉 사성제는 불교의 목적에 대한 구조 체계인 것이다.

사성제가 불교 가르침의 목적과 구조를 나타내고 있다면, 팔정도는 이에 도달하기 위한 실천 체계이다. 팔정도가 실천적인 방법이기 때문에 경전에 따라서는 다섯 비구에게 최초로 설한 가르침이 '사성제 → 팔정도'가 아니라, '팔정도 → 사성제'로 등장하는 것도 있다. 당시 다섯 비구들이 붓다에 대해서 반발 심리를 가지고 있었다는 점을 고려한다면, 붓다께서 실천 방법으로 접근했을 수도 있으므로 이 역시 타당한 견해일 수 있어 주목된다.

팔정도는 정견(正見), 정사유(正思惟), 정어(正語), 정업(正業), 정명(正命), 정정진(正精進), 정념(正念), 정정(正定)이다. 인도철학은 여러 가지 항목들이 나열될 경우, 순서에 의해서 차등 발전되는 단계로 되어 있다. 그러므로 올바른 관점(正見)에 의해서 바른 생각(正思惟)과 바른 말(正語)이 나오고, 이를 바탕으로 바른 행동(正業)과 바른 생업(正命)이 이룩된다. 이렇게 꾸준하게 노력하면(正精進), 정신이 집중되어(正念) 안온한 평온에 이르게(正定) 된다는 것이 팔정도의 가르침인 것이다.

_ 고락중도(苦樂中道)와 팔정도

팔정도에서의 정(正)은 곧, 중(中)의 의미다. 중(中)이란 화살이 과녁의 중앙을 꿰뚫은 것을 형상화한 한자이다. 고대의 전쟁은 전차를 타고 활을 쏘는 것이었기 때문에 활 기술은 매우 중요했다. 그래서 가죽(革)으로 된 과녁을 활로 뚫는(貫) 연습을 하고는 했다. 사실 과녁이라는 말도 이러한 관혁(貫革)이라는 표현에서 나온 것이다.

붓다는 육체적으로는 왕궁 시절의 쾌락과 출가라는 고통 속에 있었다. 그리고 출가해서는 박가바라는 고행의 스승과 알라라 카라마와 웃다카 라마풋타라는 명상 수행자에게 수학한다. 즉 고행이라는 고(苦)와 명상이라는 낙(樂)의 양단을

2부 깨침의 빛, 성스러운 폭류가 되다

왕복한 것이다. 그리고 다시금 6년 고행이라는 고(苦)로 나아간다. 그러나 그것은 올바른 판단이 아니었다. 다시금 고행을 포기한 붓다는 마침내 부다가야에서 정각을 성취하게 된다.

전체적으로 붓다는 고와 낙의 양극단을 왕복하고 있다. 이러한 과정은 붓다로 하여금 고락중도라는 결과를 도출해 내게 한다. 붓다는 고통도 즐거움도 아닌 적절점 속에서 깨침의 빛을 얻은 것이다. 여기에 도달하는 방법으로 붓다가 제안하는 것이 바로 팔정도이다. ❀

붓다의 발걸음과
인도의 명상 문화

_ 교진여의 깨달음과 붓다의 격정

붓다의 가르침에 의해서 최초로 교화된 인물은 다섯 비구 중 교진여이다. 다섯 비구의 명칭은 전적에 따라 다소 차이가 있다. 그러나 교진여와 마승, 그리고 십력가섭 세 분은 확실하다. 교진여는 최초의 지음(知音)자로, 마승은 사리불의 인도자로, 십력가섭은 아난의 화상으로 기록되어 있기 때문이다. 이렇게 놓고 본다면, 기록에는 자기적인 깨달음과 더불어 타자적인 관계의 역할 역시 중요하다는 것을 알 수 있다.

붓다는 교진여가 깨닫자 "교진여는 깨달았다, 교진여는 깨달았다. 이제부터 교진여를 깨달은 교진여, '아야 교진여'라 한다."라며 충만한 기쁨을 격정적으로 표출한다. 아야(阿若)은 인도 말 '아즈냐타(ājñāta)'의 음사로 깨달았다는 의미이다.

1929년 우리나라를 '동방의 등불'로 칭탄하여, 암울했던 우리 민족에게 희망을 주었던 인도의 대문호 라빈드라나트 타고르. 그가 1922년 간디에게 '마하트마(위대한 영혼)'라는 칭송을 담은 시를 헌사한 이후, 간디에게는 마하트마라는 수식이 붙게 된다. 마찬가지로 교진여 또한 이 사건을 통해서 아야라는 수식이 따르게 된다.

깨달은 붓다가 감정을 표출했다고 기록된 사례는 거의 없다. 이는 인도 불교가 주정(主情)주의가 아닌 이성주의를 표방하는 것과 일치한다. 실제로 붓다가 격한 감정을 드러낸 경우는, 교진여가 깨달았을 때와 비유리왕에게 석가족이 멸망당한 직후 정도이다. 그러나 석가족의 멸망도 교진여의 교화에서와 같은 감정 분출에는 이르지 않는다. 이는 붓다에게 있어서 교진여의 교화가 얼마나 중요한 사건이었는지를 잘 드러내 준다. 그와 동시에 불교사적으로는, 교진여라는 최초의 승려에 의해 불법승 삼보가 비로소 완성된다.

_ 등불은 또 다른 등불로

교진여의 교화는 붓다의 깨달음이 개인만의 것이 아니라 타자화되어 사회적인 변화의 물결이 될 수 있다는 것을 나타낸다. 붓다의 일생은 이제 수행자에서 교사로 전환된다. 태자에서 출발해 수행자로 변화한 붓다는, 수행 완성자를 거쳐 마지막으로 교사라는 종착점에 이른 것이다.

붓다의 가르침을 받는 동안 다섯 비구들은 두 명이 탁발해 오면 세 명이 가르침을 듣고, 세 명이 탁발해 오면 두 명이 가르침을 들었다고 한다. 그리고 교진여

현재 남아 있는 다르마라지카
스투파의 기단. 멀리 다메크
스투파의 모습이 보인다.
붓다의 초전법륜은 이 다르마라지카
스투파 자리에서 이루어졌다.
그러나 이 탑은 현재 사라졌기
때문에, 말 만드는 이들이 다메크
스투파가 최초의 설법 탑이라고
하게 되었고 이러한 왜곡이
일반화되어 있다.

2부 깨침의 빛, 성스러운 폭류가 되다

를 시작으로 곧 다섯 비구 모두가 깨달음을 성취하게 된다. 하나의 등불은 이제 기하급수적인 등불이 되어 천하를 밝히는 태양으로 전환되고 있는 것이다.

_ 천하를 일깨우는 대장정

다섯 비구를 교화한 붓다에게 녹야원은 이제 좁은 세계가 된다. 물론 이곳이 매우 의미 깊은 장소임에는 틀림없다. 그래서 후일 최초로 전 인도를 통일한 아소카왕은, 이곳에 붓다의 최초 설법을 기념하는 다르마라지카 스투파를 건립하게 된다. 이 탑은 붓다가 미륵보살에게 수기한 곳에 건립한 43미터 높이의 다메크 스투파와 필적할 만한 것이었다. 그러나 1794년 힌두교도였던 바라나시의 왕과 대신에 의해 완전히 파괴되어, 현재는 직경 13미터 정도의 원형 기단만이 남아 있을 뿐이다.

탑을 파괴하는 과정 중 탑의 정상부로부터 8미터 정도 되는 위치에서, 붓다의 사리와 돌로 된 사리용기가 나왔다고 한다. 그러나 이 귀중한 유물은 곧 갠지스 강에 버려지는 만행에 처하게 된다. 그리고 보면, 갠지스 강은 불교적으로도 붓다의 사리가 잠긴 성스러운 강이라고 하겠다. 인도의 어머니 갠지스는 이제 붓다와 더불어 수천 리를 흘러 대해로 들어가는 것이다.

오늘날 사르나트 박물관에는 인도의 불상 중 가장 아름다운 사르나트 양식의 초전법륜상이 모셔져 있다. 이 불상은 본래 다르마라지카 스투파와 관련되어 모셔져 있었던 것으로 추정된다. 인도를 순례하는 사람들 중 이러한 내용을 잘 모르는 이들은 다메크 스투파만을 참배하며, 이곳을 붓다의 최초 설법지로

붓다의 최초 설법을
표현하고 있는 바라나시
양식의 초전법륜상.
전 세계에서 가장 아름다운
불상으로 평가받고 있다.
기단에는 중앙에 구르는
바퀴를 중심으로 두 마리의
사슴이 배치되어 녹야원을
암시한다.
또 옆으로는 머리카락이
없는 다섯 비구와 좌측 맨
끝에는 아이를 데리고 온
여성 신도가 묘사되어 있다.

2부 깨침의 빛, 성스러운 폭류가 되다

오인한다. 순례자들은 녹야원에서 두 탑을 머릿속으로 그려 봐야 한다. 교진여를 통한 붓다의 기쁨과 미륵에게 전해진 진리의 상속을 함께 음미해 보아야만 하는 것이다.

성지순례는 때로 상상력을 필요로 한다. 경주의 황룡사지나 익산의 미륵사지를 참배할 때, 우리에게는 이러한 상상력이 요청된다. 녹야원에서도 바로 이러한 감응이 필요하다. 존재의 감응 속에서 2,500년의 세월을 거슬러 붓다를 느끼는 것은 그리 어렵지 않다. 어차피 진리는 시간을 초월해 있다. 그러므로 우리는 다만 눈을 감고, 마음을 열어 놓는 조금의 여유만을 가지면 된다.

이제 붓다에게 녹야원은 목적이 완수된 닫힌 세계이다. 그래서 붓다는 더 큰 이상의 세계, 바라나시로 간다. 이때 다섯 명의 길동무가 함께한다. 초패왕 항우가 강동(江東)의 자제 8,000명을 데리고 중원을 도모했다면, 붓다는 다섯 비구를 대동하고서 천하를 일깨우는 대장정에 오른 것이다.

_ 인도의 명상 문화와 기후

인도하면 떠오르는 단어 중 하나가 바로 '명상'이다. 그만큼 인도는 강렬한 영적인 가치를 소유한 명상의 나라이다. 사실 인도에 명상 풍토가 없었다면, 붓다의 거대한 위업도 그리 용이한 일은 아니었으리라.

왜 인도에는 명상 풍토가 발달한 것일까? 그것은 인도의 기후 환경과 관련해서 이해되곤 한다. 인도의 여름철 기후는 40~55도에까지 이른다. 대기 온도가 30도를 넘으면 인간은 더위를 느낀다. 그러다 체온인 36.5도 이상이 되면, 밖으로 숨 뱉기가 힘들어지면서 극심한 더위를 느끼게 된다. 호흡을 해도 열이 빠지지 않기 때문에 몸에 열이 차면서 매우 갑갑한 상황에 직면하는 것이다.

호흡이란 산소의 운반과 소모를 통한 배출 과정이다. 신체 안에서 일반적으로 가장 많은 산소를 소모하는 곳은 뇌이다. 사실 우리가 생각하고 사고하는 전 과정은 뇌가 산소를 태우면서 발생하는 현상에 다름 아니다. 그런데 인간의 신체는 체온에 매우 민감하다. 그래서 대기 온도가 체온보다 높아 체내에 열이 축적되는 구조가 생길 경우, 뇌는 생각을 최소화하거나 정지하게 된다. 이러한 신체의 비밀을 통해서 우리는 인도의 무더운 기후가 왜 명상 문화의 배경이 되는지 이해할 수 있다.

___ 무더위를 피해 사색에 빠져들다

귀족과 부호들의 놀이 문화는 동서를 막론하고 정해져 있다. 그것은 여자, 술, 사냥이다. 그런데 40도가 넘는 기후 조건에서 이러한 것들은 더 이상 유희적이지 않다. 누가 푹푹 찌는 사우나 같은 조건에서 이성이나 술, 사냥 같은 것을 선택할 수 있을까?

에어컨이 발명되기 전까지는 제아무리 큰 권력을 가진 자라 할지라도 더위에는 속수무책이었다. 일상적인 유희들이 인도에서는 무더위라는 기후 조건에 의해 더 이상 유희로서 가치가 없게 된다. 그 대신 이들이 선택할 수 있었던 것은 '목욕'이나 '숲에서 바람 쏘이기'와 같은, 사색과 연결되기 쉬운 것들이었다. 인도의 자연환경이 귀족과 부호들을 자연스럽게 사색으로 인도하는 것이다.

_ 야사와의 조우

인도인의 사색적인 기풍은 기후 조건에 의한 태생적인 것이다. 이것은 붓다의 가르침이 매우 강렬한 호소력을 가질 수 있다는 것을 의미한다.

녹야원을 떠난 붓다가 바라나시에서 만나게 되는 여섯 번째 제자는 야사(耶舍)이다. 붓다는 신분 차별이 없는 사성(四性) 평등을 주장했지만, 붓다의 제자들은 대부분 귀족이나 부호들이었다. 이는 앞에서 언급한 것처럼, 가진 자들일수록 더욱 사색적이기 쉬운 인도 기후의 배경 문화 때문이다.

존재의 목마름이 있는 자에게 스승은 찾아오기 마련이다. 바라나시 부호의 자제인 야사에게 부귀는 더 이상 삶의 가치가 아니었다. 그때 야사는 붓다와 마주하게 된다.

붓다와의 조우와 관련해, 당시 야사는 새벽에 깨어났다고 기록되어 있다. 새벽에 홀로 깨어난다는 것은 언뜻 보면 대단한 종교적 상징이 되는 듯하다. 모두가 잠든 세상에 홀로 깨어 있다는 것은 분명 성스러운 아름다움을 내포한다. 그러나 인도 귀족들에게 있어서 이는 그리 이례적인 것만은 아니다.

인도와 같이 더운 문화권에는 낮잠을 자는 풍습이 있다. 일을 해야 하는 사람들은 낮잠을 어느 정도 잤으면 다시 일어나서 활동을 해야 한다. 그러나 귀족이나 부호와 같이 딱히 정해진 일을 할 필요가 없는 사람들은 굳이 일어나지 않아도 된다. 이럴 경우 과도한 낮잠은 밤잠을 방해하게 되고, 비교적 선선한 새벽에 깨어나 산책하는 풍토가 만들어지게 된다.

낮에 많이 자서 새벽에 깰 경우 다시 잠이 오지 않는 것은 당연하다. 이럴 때

누워 있는 것보다 홀로 산책하는 것은 분명 소슬한 즐거움이다. 또한 이때는 고요한 주변의 여건상 더욱 사색적이 되기 쉽다. 야사는 이러한 새벽에 산책을 하다가 멀리서 빛을 보게 된다. 그것은 나무 밑에 앉아서 명상에 잠겨 있던 붓다 주변의 후광이었다.

요즘이야 밤에도 빛이 너무 많아 별 볼 일이 없는 세상이 되었지만, 과거에는 기름과 향신료 및 염료 등은 언제나 고가였다. 그래서 밤에 불을 밝힌다는 것은 특별한 경우에만 한정된 사치 문화였다. 이러한 문화 속에서 빛을 보게 되니 궁금해서라도 그곳으로 빨려 들어가는 것은 자연스러운 선택이 아니었을까?

_ 야사 부모의 귀의

야사는 신발을 벗고 붓다에게 다가가 붓다와 대화를 전개한다. 젊은 부호의 아들은 그렇게 존재의 사색에 잠기게 된다. 그렇게 시간이 흘러 여명이 걷히고 새벽이 열리자, 야사는 붓다와의 조우 속에서 진정한 가치를 자각하게 되고 출가하기를 원한다. 그러나 붓다는 야사의 출가를 말리며 거절한다.

동이 트자 야사의 집에서는 야사가 없어진 것을 알고 곳곳으로 하인들을 보내 찾게 하고, 부모 역시 아들을 찾아 나선다. 그러다 우연찮게 부모는 야사가 있는 곳으로 가게 된다.

그때 붓다는 야사와 부모가 상면하는 것이 옳은 결과를 낳지 못할 것으로 판단하여, 신통으로 야사를 가려 부모들이 보지 못하게 한다. 그렇게 아들 때문에 인도된 야사의 부모는 붓다와 상면하게 되고, 결국 붓다의 웅건함에 감복하여 아들 찾던 것을 잠시 잊고 붓다의 신도가 된다. 이들이 불교 교단 최초의 우바새와 우바이, 즉 남신도와 여신도가 되는 축복받은 이들이다.

붓다는 이들이 불법에 믿음이 생긴 것을 알고, 신통을 거두어 야사가 드러나게 한다. 그렇게 부모의 아들 찾음은 해소되었다. 그때 야사는 부모님께 출가하겠다는 의사를 전하고, 부모 역시 붓다를 따르는 일이 의미 있는 일임을 공감하며 출가를 허락한다.

붓다는 섣부른 젊은이의 출가 판단이 부모의 반대에 부딪쳐 문제가 생길 수 있음을 간파하고, 다소 복잡하지만 일의 순리적 방향을 선택하신 것이다. 야사는 그렇게 축복 속에서 출가하게 되고, 야사의 부모 역시 이로 인하여 불교 최초의 재가 신도라는 영예를 안게 된다. 올바른 인도자에 의해 모두가 행복해지는 가르침의 전도는 바로 이렇게 시작되는 것이다. ※

인도의 출가 문화와
전도 선언

_ 강호 출격

무협 영화 등에 보면 강호(江湖) 출격이라는 표현이 종종 나온다. 무술을 다익힌 주인공이 세상에 나간다는 의미다. 여기에서의 '강호'라는 표현은 본래 중국 불교에서 나온 말이다. 선종이 유행했던 성당(盛唐) 시기에 당시 당나라의 사상계를 양분하던 두 분의 큰 스님이 계셨다. 한 분은 양자강 서쪽에 살던 마조 도일이고, 다른 한 분은 동정호 남쪽에 살던 석두 희천이다. 이를 강서의 마조, 호남의 석두라고 하는데 이 두 분을 일컫는 말이 바로 '강호'인 것이다.

붓다 역시 깨달음을 얻고 녹야원의 다섯 비구에 대한 교화를 시작으로 강호 출격을 감행한다. 바라나시 부호의 아들인 야사의 귀의는 당시 주변인들에게 상당한 영향력을 행사하게 된다. 그로 인하여 야사의 친구이자 동료들 54인이 야사를 따라서 출가하는 진풍경이 연출된다. 친구 따라 강남 가는 게 아니라, 친구 따라 출가하는 양상이 벌어진 것이다.

_ 인도의 개방적인 출가 문화

세상에 뭐 이런 일이 있겠나 싶지만, 이는 우리와는 문화가 다르기 때문이다. 인도는 무더위 때문에 귀족들이 오히려 더 사색적이다. 또 인도의 출가는 사회와의 단절을 의미하는 것이 아니다. 일상에 지친 도시인들이 템플 스테이나 산사 수련회를 오는 정도의 마음으로 출가하는 것이 가능하다. 그리고 자신의 생각과 달라서 마음에 안 맞으면 다시 집으로 가면 그만인 것이다. 이러한 자율적인 문화가 있고, 또 출가를 대단히 건전한 가치로 보기 때문에 출가는 언제나 긍정적인 선택이 된다.

사실 출가는 자발적인 의지에 의한 것이며, 자기 생각이 바뀌어 조금이라도 거추장스러우면 환계(還戒)하고 집에 가면 된다. 환계란 계 받은 것을 반납한다는 의미인데, 특별히 스승에게 고지하거나 할 필요도 없고 그냥 스스로 그만둔다는 철저한 의지와 이에 대한 천명만 있으면 된다. 즉, 속퇴가 쉬운 것이다. 그리고 집에 갔다가 다시 삶이 짜증나고 권태로우면 또다시 출가하면 된다. 그러나 이럴 경우 출가자는 신참이 되어 맨 아래로 들어가야 한다.

이러한 자율적인 규칙이 지배적이다 보니, 하고자 하는 사람만 출가 집단에 남게 된다. 이것이 인도 출가 문화가 건전하고 세속인들의 존경을 받으며, 모범적인 수행 문화를 유지할 수 있는 원동력인 것이다. 이런 문화 구조를 숙지하지 않으면, 이후 붓다를 따라서 출가하는 일종의 사회운동과 같은 현상이 왜 발생하는지 문화권이 다른 우리로서는 이해하기 힘들게 된다.

이러한 인도의 개방적인 출가 문화 속에서 야사를 따라서 54인이 덤으로 출가했다는 것은 사실 대단한 것이 아니다. 그것은 오늘날로 치면, 새로 뜬 아이돌 스타의 팬클럽에 젊은이들이 모여드는 정도의 일일 뿐이다. 붓다의 진정한 위대함은 이후 이들이 모두 다 깨달음을 얻고, 바른 수행자로서 완성된 삶을 마친다는 데에 있다. 한 연예인이 시대의 대세를 점하는 것도 대단한 일임에 틀림없다. 그러나 죽음에 이르도록 팬이 늘기만 하고 줄지 않는다면, 그 사람은 상상할 수 없는 능력을 가진 자임에 분명하다. 붓다가 바로 그런 분이다.

_ 인간의 자유와 행복을 위한 전도 선언

요즘은 전도(傳道)라는 단어를 들으면 기독교가 먼저 생각나지만, 전도라는 단어는 원래 불교 용어이다. 붓다는 야사와 54인을 모두 깨달음으로 인도한다. 그래서 다섯 비구를 더하여 총 60인이 되었을 때, 전도 선언을 하신다. 전도 선언은 매우 의미 깊은 명문 중의 명문이다.

나와 그대들은 이제 신과 인간의 모든 속박으로부터 자유를 얻었다.

그대들이여, 이제 전도의 길을 떠나라.

인간과 신들의 이익과 행복을 위해, 머물지 말고 떠나라.

두 사람이 같은 길을 가지 말고 혼자서 가라.

그대들이여, 처음도 좋고 중간도 좋고 끝도 좋은 법을,

이치에 맞추어 조리 있게 설하라.

그리고 언제나 깨끗하고 청정한 범행을 보여 주어라.

세상에는 아직 때가 덜 묻은 사람들이 있다.

그들은 진리를 듣지 못하면 퇴보할 것이나,

가르침을 듣는다면 곧 속박을 여의리라.

이제 나도 가르침을 전하기 위해 우루벨라촌의 세나니 마을로 가겠다.

붓다 전도 선언의 특징은 인간의 자유와 행복에 있다. 그리고 신을 가르치는 진리의 가치가 살펴진다. 즉 인간과 진리가 중심적인 축을 형성하고 있는 것이다. 이는 불교의 인본주의를 잘 나타내 준다.

"두 사람이 같이 가지 마라."라고 한 것은 보다 여러 곳으로 빠르게 전파될 수 있도록 한 측면과, 스스로를 찾는 수행자는 언제나 고독과의 동반 속에서 성장하기 때문이다. 『숫타니파타』의 유명한 구절인 "무소(코뿔소)의 뿔처럼 혼자서 가라."라는 구절을 상기시킨다.

"처음도 좋고 중간도 좋고 끝도 좋다."라는 말은 다른 종교에는 없는 불교의 가장 위대한 가르침이다. 불교는 기독교와 같이 현재의 삶을 희생해서 사후를 준비하라는 따위의 말은 하지 않는다. 왜냐하면 불교의 가르침을 따르면 지금 승리하고, 내일 성취하기 때문이다. 이는 가장 현실적이고 합리적이다. 언제나 떠오르는 것은 오늘의 태양일 뿐, 내일의 태양은 존재하지 않는 허상의 가치라는 점

을 상기케 한다.

"이치에 맞는 말을 조리 있게 설하라."라는 말은, 합리적이고 듣는 사람의 수준을 고려하라는 의미이다. 붓다는 말을 했을 때 상대방이 못 알아들으면, 그것은 말을 한 사람의 잘못이며 그 말은 의미 없는 소리일 뿐이라고 했다. 붓다의 화술이 당시에 왜 유효했는지에 대한 한 단면을 인식케 해 주는 대목이다.

"청정한 행을 보여 주라."라는 말도 역시 중요하다. 왜냐하면 교화는 언어의 가치가 아니라 행동의 표현을 통해서 비로소 완성되는 것이기 때문이다. 때가 덜 묻은 사람 운운하는 것은 범천권청(梵天勸請)과 같은 의미로 파악된다. 불교의 필연성이 어디에 있는지를 알 수 있게 해 주는 대목이라고 하겠다.

끝으로 붓다 역시 세나니 마을로 가심을 천명하고 있다. 이는 전도가 제자들만의 일이 아닌 붓다의 일이기도 하다는 점을 상기시킨다. 우리 역시 붓다를 따라 세나니 마을로 간다. 그곳에서 붓다는 실로 놀라운 솜씨로 우리들의 영혼을 흔들게 된다. ❈

붓다께서 우루벨라 가섭을 제도하기
위해 찾아간 우루벨라의 수행터.
당시 우루벨라 가섭은 마가다국에서
불을 숭배하는 가장 큰 교단을 이끌고
있었다. 붓다가 가섭 삼 형제를 교화해
1,000명의 제자가 불교로 들어옴으로
해서 불교 교단은 단기간에 확고한
위상을 확립하게 된다.

철저하게 계획된
교화 초기의 행보

_ 우루벨라 가섭을 향한 의도된 목적

붓다가 전도 선언을 통해 60명의 제자들을 흩어 보내고, 자신이 선택한 곳은 다름 아닌 세나니 마을이다. 이곳은 붓다가 6년 동안 고행했던 우루벨라촌 인근인데, 이곳을 찾은 것은 처음부터 불[火]을 숭배하던 가섭 삼 형제를 염두에 둔 것이다. 가섭 삼 형제는 우루벨라 가섭, 나제 가섭, 가야 가섭이다. 이들은 서로 인접한 지역에서 각기 500명, 300명, 200명의 제자들을 거느린 당시 왕사성 주변의 최대 교단이었다. 흔히 알려지기로 붓다의 교화는 대기설법, 즉 조건에 따른 수시 응대로 알려져 있다. 그러나 이때만큼은 철저하게 계획된 행보를 보여 준다.

붓다는 6년간의 고행 기간 중에 이들의 명성과 교단의 특징을 전해 들어서 잘 알고 있었을 것이다. 그래서 이들을 교화할 수 있다는 자신감과 나름의 해법이 있었던 것 같다. 이는 붓다의 교화가 세나니 마을을 지목해서 이루어지고 있고, 곧장 우루벨라 가섭의 교단으로 가고 있는 것을 통해서 분명해진다. 우루벨라 가섭의 교단을 찾은 붓다는 평범한 수행자로서 하룻밤 묵어가기를 청한다. 자연스러운 접근, 그러나 그것이 인생을 바꾸게 될 줄을 우루벨라 가섭은 몰랐을 것이다. 존재의 숙명은 언제나 그렇게 우연을 가장한 채 다가온다.

당시 우루벨라 가섭은 120세의 연만한 나이였다고 전한다. 우루벨라 가섭이 당시 120세라는 것은 그의 원숙함에 대한 숫자적 상징이다. 불교에서 '4'와 '4의 배수'는 완전함의 의미를 내포한다. 그래서 '4×3=12'는 이미 '충분히 완숙한'이라는 뜻을 가지게 된다. 이는 붓다의 탄생 직후 삶을 예언하는 아시타 선인이나 마지막 제자인 수바드라 등이 모두 120세로 등장한다는 점 등을 통해서도 잘 알 수 있다.

36세의 붓다가 노회한 수행자를 꺾기 위해 혈혈단신으로 뉘엿한 저녁에 찾아와 잠자리를 구하는 것은 언제 생각해도 극적인 아름다움으로 다가온다. 그러나 붓다에게 되돌아온 우루벨라 가섭의 대답은 빈방이 없다는 것이었다. 그러자 붓다는 날이 어두워 이동하기 어려우니 신성한 불을 모시는 화당(火堂)에서 묵어도 되겠느냐고 묻는다. 가섭 삼 형제는 불을 숭배하는 배화교도였기 때문에, 우루벨라 가섭에게는 영원히 꺼지지 않도록 보살피는 불이 있었다. 붓다는 이들 신앙의 핵심을 정조준하고 있는 것이다.

우루벨라 가섭은 젊은 수행자의 당돌함에 심기가 불편했다. 그러나 곧 흔쾌히 수락하며, 그곳에는 킹코브라도 함께 있다고 가르쳐 준다. 젊은 도전자와 노회한 수장은 팽팽한 긴장 속에서 조용히 충돌해 간다.

_ 불의 숭배와 킹코브라

불의 숭배는 태양 숭배와 함께 전 세계적으로 존재하는 가장 오랜 신앙 형태 중 하나이다. 이는 우리나라에서도 묵은 불을 끄고 새로운 불을 받아서 일으키는 한식 (寒食)이 설과 추석, 단오와 더불어 4대 명절로 손꼽히는 것에서도 알 수가 있다.

불이 숭배의 대상이 되는 것은, 불이 인간 생활에 있어서 필수 불가결한 요소라는 점과 함께, 다루기 힘들면서도 화려한 아름다움을 지니고 있기 때문이다. 또 불은 정화와 상승의 에너지를 내포하며, 불을 바라보고 있으면 정신이 고요해지는 측면도 있다. 이런 복합적인 요소들을 고려해 볼 때, 불은 숭배 대상으로서 적합한 면을 고르게 갖추고 있다.

킹코브라 역시 인도의 대표적인 토템 신앙 중 하나이다. 일반적으로 뱀은 독의 유무에 따라 두 종류로 구분된다. 독이 없는 경우는 덩치가 큰데, 이런 경우 대상을 감아서 질식시켜 죽인다. 독이 있는 경우는 크기가 작고 민첩하다. 대상을 물어서 독으로 신경을 마비시키는 것이 주된 공격 방법이다. 그런데 킹코브라는 코브라의 맹독성을 가지고 있으면서도 구렁이처럼 덩치가 크다. 그래서 매우 치명적이며 위협적이다. 그러다 보니 킹코브라와 관련된 토템 신앙이 인도에서 매우 강하게 나타나는데, 이러한 신성성은 중국 불교로 넘어와서 '용(龍)'으로 번역되는 계기가 된다.

_ 이미 결정 난 붓다와 우루벨라 가섭의 승부

붓다는 화당에서 잠들지 않고 명상에 잠겼다. 이때의 명상을 화광삼매(火光三昧), 즉 타오르는 빛의 명상이었다고 전한다. 불을 숭배하는 화당에서 행한 명상으로는 그 이상의 것이 없다고 하겠다.

붓다가 명상에 들자 킹코브라가 나타나 붓다의 주위로 다가온다. 그러나 붓다의 주변 3미터 안에서 킹코브라는 그대로 멈춰서 정지한다. 동물의 경우 인간에 비해 생각이 단순해서 주변의 기운 변화에 더 쉽게 반응한다. 실생활에서 사람들은 종종 다른 사람의 시선을 감지해 내곤 하는데, 속칭 '뒤통수가 뜨겁다'는 것이 그것이다. 동물들은 이러한 변화에 더 예민하게 반응한다. 그래서 명상의 파동 속으로 들어가면 아무 생각 없이 정지하게 되는 것이다. 이런 현상은 오늘날 인도의 요기들 주위에 코브라가 멈추어 있는 것을 통해서도 확인된다.

붓다의 전기(傳記)는 이 부분을 과장한다. 그래서 킹코브라가 독을 뿜고, 붓다는 화광삼매로 이를 극복했다고 한다. 그리고 최후에는 킹코브라를 축소해서 발우에 담았다고 기록하고 있다. 그러나 이는 사실이 아니다. 붓다의 신통은 킹코브라 따위와 싸우는 하잘것없는 가치가 아니기 때문이다. 오히려 킹코브라는 붓다의 자비로운 명상의 그늘 속에서 타인을 해치려는 악한 마음을 녹였다. 이것이 이때 일어났던 신통의 본질이며, 킹코브라를 조복시킨 진정한 의미이다. 또한 이 사건은 불과 킹코브라 토템 신앙의 극복을 천명한 것이기도 하다.

『손자병법』에서 전쟁이란, '싸우기 전에 이미 승패가 결정 나 있는 것을 단지 확인하는 것'이라는 말이 있다. 이 사건을 통해서 붓다와 우루벨라 가섭의 승부

역시 이미 결정이 난 것이다. 이제 남은 것은 그에 대한 확인 과정일 뿐이다.

_ 신통의 긍정과 부정

다음날 우루벨라 가섭은 붓다가 죽었을 것으로 생각한다. 그래서 제자들에게 어제 저녁에 왔던 수행자는 총명해 보이던데 아마 죽었을 것이니 후하게 장사지내 주라고 지시한다. 그러나 제자들이 본 것은 킹코브라를 조복시킨 붓다의 고요한 명상의 자태였다. 이를 우루벨라 가섭에게 보고하자, 그는 "과연 기대를 무너트리지 않는구나."라고 했다고 한다.

그런데 여기에서 재밌는 것은 우루벨라 가섭이 이 사건을 놀라운 시선으로 보지 않는다는 것이다. 이는 우루벨라 가섭 역시 이러한 능력이 가능하다는 것을 의미한다. 실제로 이후 붓다는 많은 신통으로 우루벨라 가섭을 교화하려고 한다. 그런데 그때마다 우루벨라 가섭은 "젊은 수행자가 재주가 있구나. 그러나 그 깨달음은 아직 나에게 미치지 못한다."라고 말하고 있다. 이는 우루벨라 가섭 역시 대단한 능력자이며, 신통은 수단일 뿐 그 본질은 깨달음이라는 관점을 가지고 있었다는 점을 분명히 해 준다.

인도는 차안(此岸)과 피안(彼岸)의 두 세계를 인정한다. 차안은 꿈과 같은 허상의 세계이며, 피안은 이데아와 같은 완전한 세계이다. 이 두 세계는 동전의 양면처럼 겹쳐져 있는데, 이의 전환은 명상을 통한 관점 환기로 가능해진다. 그러므로 차안에서 피안의 에너지를 끌어내게 되면 곧 신통이 전개될 수 있는 것이다. 영화 〈매트릭스〉의 주인공 네오가 통찰과 각성을 통해서 점차 강력한 힘을 이끌어 내는 것은, 바로 이러한 두 가지 세계에서의 신통 원리를 잘 표현해 주고 있다. 실제로 영화 〈매트릭스〉는 인도에서 유럽까지 공통되는 두 개의 세계, 즉 이원론적인 인식에 기초한 것이다.

바로 이러한 이원론적 관념에 기초하기 때문에 인도 문화에서 깨달은 수행자들은 모두 신통을 구족하게 된다. 이는 일원론을 견지하는 중국의 선종에서 신통을 부정하고 단지 일상만을 새롭게 자각해 '평상심시도(平常心是道)', 즉 일상의 진리화를 견지하는 것과는 차이가 크다.

그러나 신통은 수단이지 목적이 아니다. 그래서 붓다는 신통을 부정의 대상으로 본다. 이는 본말의 전도를 우려한 때문이다. 등산하는 사람은 산에 오르는 것이 목적이고 이러한 과정에서 아름다운 경치와 조우하게 된다. 그런데 경치에 취해서 산에 오르는 목적을 잊고 주저앉아 버린다면 본말이 뒤바뀐 것이다. 붓다는 쉽게 신기한 일에 끌리는 중생들을 위해 신통을 부정한다. 그러나 신통은 깨달은 사람에게는 본래 구족되어 있는 것이다.

재미있는 것은 우루벨라 가섭의 교화에 있어서 붓다는 단 한마디의 가르침도 없이 오백 가지 신통을 묵묵히 전개하여 우루벨라 가섭을 움직이려 했다는 점이다. 이는 이후 목도되는 붓다의 신통관과는 다른 이질적인 부분이다. 이를 통해서 우리는 역으로 붓다가 우루벨라 가섭을 교화하기 위해 얼마나 많은 공을 들이고 있는지를 확인해 볼 수 있다. 붓다에게도 교화의 첫걸음은 이렇게 어려웠던 것이다. ❀

우루벨라 가섭과
오백 제자의 귀의

_ 오백 가지의 신통

붓다가 우루벨라 가섭을 교화하기 위해서 전개한 신통은 총 오백 가지라고
한다. 그러나 불교에서 '500'이라는 숫자는 '많다'라는 의미로도 사용되므로, 이
는 반드시 오백 가지라기보다 '여러 가지의 다양한 신통'을 통해 교화했다는 뜻
으로 이해하면 될 것이다.

붓다가 전개한 신통에 대해서는 『불본행집경』의 「가섭삼형제품」에 잘 정리
되어 있다. 또한 이 사건은 붓다의 일생에 있어서 매우 특별한 것이었기 때문에
산치대탑의 부조나 간다라의 불교 미술 등에서도 다양하게 조각되어 표현된다.

붓다의 신통은 여러 가지로 나타나는데, 가장 많은 것은 공간 이동과 불의 숭
배를 방해하는 것이었다. 공간 이동은 늦게 출발해서 먼저 도착하거나, 또는 다

른 세계를 왕래하는 것 등이다. 그리고 불의 숭배와 관련된 것은 제사하려는 나무에 불이 붙지 않게 하거나 불이 꺼지지 않게 하는 것, 또는 장작이 쪼개지지 않도록 하는 것 등이다. 이러한 제식의 방해는 불의 숭배를 지양케 하려는 다분히 의도적인 것으로 판단된다.

붓다의 신통이 다양해지자 우루벨라 가섭과 그 제자들은 이해하기 어려운 현상이 발생하면 으레 붓다의 신통이라고 판단하기에 이른다. 그래서 붓다에게 제재를 풀거나 문제를 해결해 달라고 요청한다. 재미있는 것은 이러한 많은 신통을 겪으면서도 우루벨라 가섭은 '젊은 수행자가 재주는 있지만, 아직 깨달음은 나만 못하다'라고 판단한다는 것이다. 그러다가 결정적인 두 가지 신통이 발생하면서 우루벨라 가섭의 마음은 흔들리게 된다.

_ 물 위를 걷는 붓다

오백 가지 신통 중 가장 대표적인 것으로 물 위를 걷는 신통이 있다. 이는 우기에 발생한 니련선하의 범람과 연관된 것으로 보인다.

우기에 물이 불어 우루벨라 가섭의 거주처가 침수되자 이들은 급히 높은 고지대로 몸을 피한다. 그러나 이곳에서 살지 않던 붓다는 범람 시기를 제대로 인지하지 못하여 미처 피하지 못한 채 고립되고 만다. 고지대에서 쉬고 있던 우루벨라 가섭이 붓다가 보이지 않자 뒤늦게 붓다를 찾았으나 이미 상황은 끝난 뒤였다. 붓다를 챙기지 못한 우루벨라 가섭이 안타까워하고 있을 때, 멀리 물 위로 빛이 보이면서 붓다가 걸어오는 모습이 보였다. 이때 우루벨라 가섭은 붓다가 살아

온 것을 기뻐하면서도 한편으로는 여전히 붓다가 자신과 같은 깨달음을 얻은 것은 아니라고 생각한다.

물 위를 걷는 신통 이야기는 물이 흔하고 우기에 주기적인 홍수가 반복되는 인도에서는 흔한 주제이다. 그러나 동시에 수해의 극복을 염원하는 민중들에게 있어서는 강한 호소력을 지닌 신통이기도 하다. 그래서 이 신통이 특별히 더 회자되는 것이 아닌가 한다.

_ 우루벨라 가섭의 마음을 읽다

우루벨라 가섭의 마음을 읽는 신통 이야기는 매우 사실적이어서 주목된다. 하루는 왕사성에 사는 마가다국의 빔비사라왕으로부터 우루벨라 가섭의 교단을 방문하겠다는 전갈이 온다. 이는 연례적인 행사의 일환으로 보인다.

수도인 왕사성 인근에 위치한 수행자가 1,000명이나 되는 거대 교단을 국왕이 방문한다는 것은 충분히 있을 법한 일이다. 오늘날에도 시국과 관련하여 종교 단체 수장들을 청와대로 초청하거나, 대통령이 종교 단체의 수장을 찾아가 자문을 구하는 것은 그리 이례적인 일이 아니다.

수행자가 육체노동에 종사하지 않는 인도의 수행 풍토를 감안하면, 십시일반(十匙一飯)으로만 계산해도 이들을 따르는 신도가 최소한 1만 명은 되었음을 짐작할 수 있다. 2,500년 전의 고대 인도에서 이러한 거대 종교 단체를 국왕이 찾아가는 것은 어찌 보면 당연하다고 하겠다.

그런데 이때 우루벨라 가섭은 국왕 측의 전갈을 듣고 '붓다가 내일 종교 행사에 참석하지 않았으면……' 하고 생각한다. 이유인즉 붓다의 비범한 기상과 훌륭한 용모에 국왕이 마음을 빼앗기기라도 하면 큰일이라고 생각했기 때문이다. 지존인 국왕의 방문이니 우루벨라 가섭의 입장에서는 이런 생각을 하는 것이 어찌 보면 당연하다. 하지만 우루벨라 가섭은 이를 마음에만 담아 두고 표현하지는 않는다. 거대 종교 단체를 거느린 우루벨라 가섭의 마지막 자존심이라고 하겠다.

결과적으로 다음날 국왕이 참석한 종교 행사에 붓다는 오지 않는다. 그래서 우루벨라 가섭은 안정된 상태에서 모든 행사를 마칠 수 있었다. 그 다음날 우루벨라 가섭과 붓다가 공양 시간에 만났을 때 우루벨라 가섭이 붓다에게 물었다. "어제 젊은 수행자께서는 어디 가셨습니까? 행사에 참석하지 않으셨더군요." 그러자 붓다는 "당신이 참석하지 않길 바라기에 참석하지 않았습니다."라고 답한다. 허를 찔린 우루벨라 가섭은 '붓다가 내 생각을 알고 있었구나'라고 생각하게 된다.

지금까지 붓다는 우루벨라 가섭에게 많은 신통을 보여 주었다. 그러나 수행자와 수행자의 관계에서 상대방의 생각을 읽는다는 것은 그런 것들과는 차원이 조금 다르다. 바둑을 둘 때 상대의 수, 즉 생각을 읽을 수 있으면 그 사람이 상수이다. 상수는 하수의 생각을 읽을 수 있지만, 하수는 상수의 생각을 읽을 수 없다는 말이다. 이는 모든 게임에서 적용되는 공통된 법칙이다. 수행자가 수행자의 생각을 읽을 수 있다는 것 역시 마찬가지이다. 이를 통해 자신이 붓다보다 깨달음에 있어서 더 수승하다는 우루벨라 가섭의 인식은 흔들리게 된다.

비로소 붓다는 우루벨라 가섭이 준비가 되었음을 알아차린다. 그래서 "그대는 완전한 깨달음을 얻은 것이 아니다"라고 고지해 준다. 이때 우루벨라 가섭은 뱀이 낡은 허물을 벗듯 존재의 미망을 여의고 실존의 밝음을 얻었다고 한다. 이렇게 우루벨라 가섭이라는 거목은 붓다의 그늘로 쓰러지게 된다. 이는 선지식을 친견한 현명한 이의 마지막 귀로인 것이다.

우루벨라 가섭의 교화

우루벨라 가섭은 자신의 무지를 자각했을 때, 최고의 종교 수장이라는 위치를 버리고 붓다의 발밑으로 들어간다. 이것은 과감한 선택을 넘어서는 위대한 행보이다.

우루벨라 가섭은 붓다의 제자가 되기 직전 자신의 오백 제자들을 모아 놓고 말을 한다. "나는 이제 더 이상 너희들의 스승이 아니다. 나는 이제부터 이 젊은 수행자의 제자가 되려고 한다. 그러므로 너희들은 너희들의 뜻에 따라 선택하도록 하라." 그러자 제자들은 "저희들은 선생님께도 미치지 못해서 선생님의 제자가 되었는데, 선생님께서 올바로 판단해서 결정하셨다면 저희들도 저 젊은 수행자의 제자가 되겠습니다."라고 답한다. 이것이 우루벨라 가섭과 500인의 제자를 교화한 사건으로, 불교가 교단의 틀을 갖추는 데 있어 가장 중요한 사건이 된다.

우루벨라 가섭을 교화하기 위해서 신통만을 사용한 것은 붓다의 45년 전도 기간 중 가장 특별한 대목이다. 다양한 신통을 사용하는 가운데 우루벨라 가섭의 마음은 가랑비에 속옷 젖듯이 붓다에게 기울게 되었을 것이다. 붓다의 마지막 한

마디에 태풍에 고목나무가 쓰러지듯 우루벨라 가섭이 귀의한 것은, 이러한 붓다의 배려 때문이다. 실제로 관련 기록에는 우루벨라 가섭이 붓다의 제자가 되면서 기존의 제자들에게 새로운 선택을 종용하자 이들은 "우리는 이미 저 젊은 수행자에게 마음이 기울어 있었습니다."라고 대답했다는 대목이 나온다. 이는 붓다의 치밀함을 엿보게 하는 대목이다.

제갈량이 맹획을 일곱 번 잡았다가 일곱 번 놓아 주었다는 칠종칠금(七縱七擒)의 고사처럼, 붓다는 우루벨라 가섭 교단을 완전히 심복시킨다. 그러나 이를 위해서 붓다는 매우 힘든 교화 과정을 거치고 있음을 주목할 필요가 있다. 이야말로 깨달음으로 인도하고자 하는 무연자비(無緣慈悲, 붓다가 베푸는 절대 평등의 자비)의 발현인 것이다. 타인의 어려움을 벗기기 위해서 자신의 어려움을 선택하는 것이야말로 '깨침의 빛'에 의한 완성자의 행보라고 하겠다. ⊠

마하보디대탑,
즉 큰 깨달음의 탑은
언제나 진리를 구하는
이들의 숭배와 존숭의
대상이 된다.

붓다의
광고술

─ 나제 가섭과 가야 가섭의 교화

나를 변화시키는 것이 고통에 대한 자각에서 비롯된다면, 다른 사람의 마음을 움직이는 것은 진실함에서 시작된다. 상대를 설득하는 방법에 있어서 진실함만큼 강력한 무기가 있을까? 붓다는 여기에 깨달음에서 반조되는 연민[無緣慈悲]을 더하신 분이다.

우루벨라 가섭의 교화는 상대에게 맞추어 올바른 길을 제시해 주고자 하는 붓다의 실천적인 노력을 잘 보여 준다. 우루벨라 가섭과 오백 제자가 교화되자 붓다는 이들에게 낡은 믿음을 떨쳐 낼 것을 요구한다.

우루벨라 가섭과 오백 제자가 묶은 머리를 깎고 불을 섬기던 제사 용구들을 니련선하에 버리자, 하류에 살던 나제 가섭과 가야 가섭은 큰일이 발생했음을 직감한다. 500명이나 되는 남성 수행자 집단에 문제가 생기는 것은 국왕의 권력이나, 대규모의 산적 습격과 같은 사건이 아니고서는 불가능하다. 그래서 각각 300명과 200명의 제자들을 대동하고 형인 우루벨라 가섭의 처소로 오게 된다. 그러나 이들이 마주한 것은 비극이 아니라 예상치 못한 행복의 시작이었다. 결국 이들 또한 형의 선택을 따라서 붓다의 제자로 거듭난다. 이렇게 해서 왕사성과 마가다국에서 가장 큰 교단이었던 가섭 삼 형제와 1,000명의 사람들은 불교 교단의 초석을 형성하게 된다.

붓다는 후일 『증일아함경』의 「제자품」에서 우루벨라 가섭을, 당신의 제자들 중 가장 많은 제자를 거느린 인물이라고 언급하고 있다. 이 말에는 붓다의 교화 성공에 대한 잔잔한 회상이 묻어 있다고 하겠다.

_ 변함없는 불에서 변화의 불로

인간은 익숙함을 선호하고, 선행 학습된 가치를 옳다고 판단하는 오류를 범하고는 한다. 가섭 삼 형제와 그들을 따르던 1,000명에게 있어서 불의 숭배는 붓다에 의해 버려진 가치이긴 하지만, 이는 동시에 익숙하고 편한 가치이기도 했다. 이러한 이들의 관점을 환기시킨 것이 바로 '불의 설법'이다.

불의 설법은 가섭 삼 형제와 제자 1,000명을 대동하고, 왕사성으로 가는 도중의 가야산에서 이루어진다. 많은 사람들을 대상으로 하는 설법에서 산비탈은 로마의 원형경기장과 같은 유용한 구조를 제공했을 것이다.

모든 것은 불타고 있다.

눈은 불타고 있다.

눈에 보이는 대상은 불타고 있다.

눈으로 보아서 생긴 인식도 불타고 있다.

일체는 불타고 있다.

탐욕의 불, 분노의 불, 어리석음의 불에 타오르고 있다.

우리 모두는 슬픔과 고뇌의 불길에서 신음하고 있다.

붓다는 불의 변함없음을 믿던 이들에게 불의 무상함을 역설한다. 그것은 외부의 불이 아니라 내면의 불이며, 인간 존재의 본질적인 고통의 거대한 불길을 의미한다.

불의 설법은 불을 섬기던 이들에게 행한 붓다의 대기설법이다. 모든 것은 변화하고 있는데, 그것을 잡으려는 탐·진·치 삼독심에 의해서 인간은 고통의 숙명으로부터 벗어날 수 없다는 것이 주된 골자이다. 이로써 붓다는 불의 신봉자들을 불로 씻겨 거듭나게 해 주신 것이다.

열반을 흔히 불이 꺼진 것과 같은 경지로 비유한다. 이는 불이 없는 것이 고요하고 평안한 행복이라는 것을 의미한다. 그러므로 타오르는 불이란, 번뇌가 치성한 경쟁의 세상을 뜻한다고 하겠다. 이러한 환경 속에서 인간은 욕심의 굴레에 가려 고통에서 또 다른 고통으로 나아간다. 마치 칼날에 묻은 꿀의 달콤함을 좇아 칼날을 혀로 핥듯이, 욕망은 존재에 어두운 그림자를 드리우는 것이다.

불의 숭배자들에게 불은 영원히 타오르는 긍정의 대상이었다. 그러나 붓다는 이러한 타오름이 변화에 다름 아니며, 그렇기 때문에 고통이라는 부정의 관점을 제시한다. 이러한 왜곡과 전도의 환기는 이들을 깨달음이라는 영원한 휴식으로 인도한다. 그렇게 '삼계화택(三界火宅)'은 우기의 폭우에 의해 일시에 꺼져 버린 것이다.

_ 왕사성에 부는 광풍

붓다는 불의 설법을 통해 속진(俗塵)을 완전히 털어 낸 후, 이들을 대동하고서 탁발을 위해 왕사성으로 들어간다. 1,000명의 수행자가 일렬로 줄지어 가는〔雁行〕 모습은 거대한 장관을 연출해 냈을 것이다. 바로 이러한 행렬의 선두에 붓다가

왕사성에 들어가는 길목의 돌에 새겨진 수레바퀴 자국. 이 유적은 당시 왕사성이 얼마나 많은 수레들이 드나드는 번성한 왕도였는지를 묵묵히 대변해 준다.

있었다.

왕사성은 코살라국의 수도인 사위성과 함께 당시 인도에서 가장 번성한 2대 도시였다. 붓다의 행렬이 왕사성으로 진입하자, 주변이 술렁이기 시작했다. 1,000명의 수행자라는 보기 드문 진풍경도 그렇지만, 맨 앞의 스승 자리에 우루벨라 가섭이 아닌 젊은 수행자가 서 있었기 때문이다. 이것을 놓고 당시 왕사성 사람들은 내기를 했다고 한다. 젊은 붓다가 우루벨라 가섭을 깨트리고 스승이 된 것이냐, 아니냐의 논쟁이 촉발된 것이다. 더운 기후의 인도 사람들 성향상 충분히 가능한 이야기다.

붓다와 제자들이 나아갈수록 왕사성의 소란은 증대된다. 결국 빔비사라왕이 머물고 있는 왕궁의 담을 넘어 왕의 귀에까지 들어간다. 왕이 수도의 변란을 의심해 신하에게 소요의 원인을 알아 오게 하자, 신하는 왕사성의 상황을 보고한다. 그러자 왕은 반신반의하며, 왕궁의 누각으로 올라가 왕궁 밖의 상황을 직접 확인하게 된다. 왕이 확인했지만 답을 낼 수 없어 의심할 즈음, 붓다는 왕의 시선과 왕사성 시민들의 궁금증이 무르익은 때를 기다렸다 고개를 돌려 우루벨라 가섭에게 말한다. "우루벨라 가섭아, 제자로서의 예를 표해 보아라." 그러자 우루벨라 가섭은 잠시의 주저함도 없이 붓다의 앞으로 나와서 발에 머리를 대며, 제자로서의 예의를 갖춘다.

잔잔하지만 참으로 아름다운 기적이다. 자신을 따르던 왕과 왕사성 시민들 앞에서 우루벨라 가섭은 붓다에게 가장 공손한 예를 표한 것이다. 이는 어떻게 보면 죽기보다도 힘든 일이다. 그러나 우루벨라 가섭의 붓다에 대한 존경은, 짧은 시간의 변화 속에서도 이러한 행동이 가능하도록 한 것이다. 이것은 붓다의 위대성이 만들어 낸 삶의 기적이다.

우루벨라 가섭의 행동에 의해 왕과 시민들 모두 붓다를 주목하게 되자, 붓다는 그 즉시 허공으로 솟아올라 열여덟 가지의 신통 변화(아라한의 십팔신통)를 보이신다. 이로 인하여 모든 감탄과 함께 왕사성은 일거에 불교 도시로 변모하게 된다.

이 사건은 붓다의 광고술이 빛을 발한 가장 극적인 경우이다. 그리고 그 안에는 세나니 마을을 향해 전도를 떠났던 붓다와 가섭 삼 형제의 교화, 그리고 왕사성으로의 행진이라는 기막힌 각본이 있었다. 이를 통해서 본다면, 붓다는 이룩됨을 받는 자가 아니라 스스로 이루시는 분이라고 하겠다.

_ 빔비사라왕과의 재회

빔비사라왕은 붓다와의 만남을 신청한다. 왕사성에서 가장 큰 교단의 수장이 바뀌었다는 것은 왕으로서 붓다가 반드시 만나야 할 인물이라는 점을 의미한다.

그러나 이들의 만남은 재회였다고 불전(佛傳)은 기록하고 있다. 『불본행집경』 권32와 『파승사』 권4 등에는 출가한 지 얼마 안 된 붓다가 빔비사라왕을 만나 왕국의 공동 통치를 제안받았다고 되어 있기 때문이다. 이것이 모두 사실은 아닐 것이다. 그러나 왕사성 인근에서 수행 생활을 하던 붓다와 빔비사라왕이 만났을 개연성은 충분히 존재한다. 다만 그 만남은 대국의 국왕과 일개 수행자의 스치는 듯한 만남이었을 것이다. 그런데 이번의 만남은 그와는 다른 것이었다.

불교 최초의 사원인
죽림정사와 목욕 연못.
가란타 장자가 기증한 대숲에
빔비사라왕이 60채의 건물을
기증한 것으로 판단된다.
무더운 인도에서 대규모
집단이 생활하는 공간에 목욕
연못은 언제나 필연적인
시설이었다.

2부 깨침의 빛, 성스러운 목류가 되다

『사분율』권33 등에 따르면, 빔비사라는 보위(寶位)에 오르기 전 여섯 가지(혹다섯 가지) 서원을 세웠다고 한다. 첫째, 보위에 오를 것, 둘째, 나의 재위 안에 붓다가 출현할 것, 셋째, 붓다를 뵐 것, 넷째, 붓다를 뵙고 환희심을 낼 것, 다섯째, 환희심을 낸 뒤에는 정법(正法)을 들을 것, 여섯째, 법을 들은 뒤에 체득할 것이 그것이다. 여기에서의 붓다는 반드시 석가모니 붓다를 지칭하는 것은 아니다. 그러나 이를 통해서 우리는 빔비사라가 매우 종교적이며, 붓다의 대단한 후원자가 될 신실한 왕이라는 것을 알 수 있다.

붓다와 대면한 빔비사라왕은 붓다의 가르침 속에서 깊은 존경심을 보이게 된다. 실제로 붓다와 관련해서는 많은 우호적인 왕이 등장하지만, 빔비사라왕이야말로 가장 신심 깊었던 군주이다. 그래서 붓다는 빔비사라의 건의를 받아들여 후일 인도 수행 전통의 안거(安居) 문화를 제도화하기도 한다. 이것이 오늘날까지 승단에 남아 있는 불교의 안거이다.

또 빔비사라는 붓다를 가까이하기 위해서 정사(精舍)를 기진(寄進)하게 된다. 이것이 불교 최초의 사원인 죽림정사이다. 죽림정사는 기원정사와 더불어 초기불교의 2대 정사가 되는 동시에 국왕이 기증한 정사 중 가장 큰 대규모의 정사이다. 이는 우리로 하여금 빔비사라와 붓다의 친연 관계를 잘 알 수 있도록 해준다. ❀

모든 불교도들을
부끄럽게 하는 왕,
빔비사라

_ 활력의 땅, 왕사성

왕사성은 갠지스 강을 북으로 이고 있는 인도 동쪽의 도시이다. 서쪽 도시의 경우 서북인도로 유입된 아리안족 문화로 인해 보수적인 경향을 띤 반면, 동쪽 도시는 그와 다르게 자유로운 기상이 강했다. 특히 왕사성은 동남쪽의 미개발 지역을 다수 포함하고 있어 새로움과 발전의 기운이 서려 있는 활력의 땅이었다. 붓다가 왕사성 인근에서 수행을 해 깨달음을 얻고 다시 되돌아와 이곳에 전략적인 포교 거점을 구축하려 한 것도 바로 이런 이유 때문이었다.

왕사성은 변화의 땅이었다. 그래서 붓다는 왕사성을 좋아했는지 모른다. 왜냐하면 그곳에서는 새로움이 거부감 없이 수용될 수 있는 조건이 무르익고 있었기 때문이다. 새로 움트는 기운은 인물로도 나타난다. 붓다의 최고 제자들인 사리불과 목건련, 마하가섭 같은 분들이 모두 다 왕사성 주변 분들이다.

이렇게 놓고 본다면, 초기 불교 교단을 이끈 것은 왕사성파였다고 할 수 있다. 이런 왕사성 활력의 원인 중 하나는 국왕에 있었다. 빔비사라왕은 합리적이고 검소한 모범적인 군주였다. 이러한 조건들이 결합되어, 결국 이후에 발생하는 전 인도의 통일은 마가다국 계열에서 이루어지게 된다.

_ 불교 왕, 빔비사라의 신심

빔비사라왕은 불교적으로는 붓다와 교단을 깊이 존숭했던 인물이다. 하루는 빔비사라가 새로 2층 궁궐을 낙성한 일이 있었다. 그때 승려들이 구경을 갔다가 귀한 시사바 나무 기둥이 사용된 것을 보고 그것으로 발우를 만들면 좋겠다고 얘기를 했다. 이것은 분명 낙성식에서는 할 수 없는 철없는 말이었다. 그러나 이를 들은 빔비사라는 그 기둥을 다른 기둥으로 바꾸고 발우를 만들어 보시했다고 한다. 기존의 기둥은 그대로 놓아두고 더 좋은 나무를 보시하는 것은 어려운 일이 아니다. 그런데 빔비사라는 새로운 궁궐의 기둥을 전혀 주저함 없이 바꾸었던 것이다. 이를 통해 본다면, 빔비사라야말로 진정한 보시가 무엇인지를 아는 왕이었다고 하겠다.

또 하루는 빔비사라가 승려들에게 왕궁을 자유롭게 출입하면서 물건을 마음대로 가져가도 괜찮다고 허락했다. 그러자 승려들이 궁궐로 가서 좋은 물건들을 앞다투어 가져갔다. 빔비사라는 매일 이를 채워 놓게 했다. 그런데 욕심 많은 일부 승려들이 더 좋은 물건을 먼저 차지하려고 새벽같이 왕궁으로 가서, 급기야 왕의 침전까지 들어가기에 이르렀다. 왕은 후궁과 옷을 벗고 잠들어 있다가 승려들의 등장으로 화들짝 놀라게 된다.

방심하고 있다가 당한 어이없는 창피함이라고나 할까? 이 일로 후궁이 성화를 부리자 왕은 붓다를 찾아가 승려의 새벽 출입을 자제해 줄 것을 요청한다. 율장에 "비구는 왕이 (신체의) 보물을 감추기 전에 왕궁에 들어가서는 안 된다."라는 규정이 생긴 것은 이 때문이다. 그런데 재밌는 것은, 왕은 그럼에도 승려의 왕궁 출입을 막거나 하지 않았다는 것이다. 왕궁은 왕명에 의해서 손쉽게 막힐 수 있는 곳이라는 점을 감안한다면, 우리는 빔비사라왕의 깊은 신심을 느낄 수 있다.

또 빔비사라에게는 지바카라는 무외 왕자의 양자가 있었다. 지바카는 중국의 화타와도 같은 인도의 의성(醫聖)으로 통하는 인물이다. 하루는 지바카가 빔비사라의 명으로 카시국 국왕의 불치병을 치료하고 그 대가로 값으로 따질 수 없는 최고급 실크를 받아 온다. 지바카가 이것은 대왕에게나 어울리는 것이라고 하며 빔비사라에게 바치자 빔비사라는 그 말이 옳지 않다고 하면서 즉시 붓다에게 보시한다. 이 사건을 계기로 승단은 분소의(糞掃衣, 버려진 헝겊 따위로 기워 만든 가사)가 아닌 일반 천을 가사(割截衣)로 사용할 수 있게 된다. 즉 불교 승복의 변천에 있어서 빔비사라는 매우 중요한 위치를 차지하고 있는 것이다.

빔비사라는 지바카가 왕족의 주치의뿐만 아니라, 붓다와 승단의 주치의도 겸하도록 재규정한다. 붓다와 승려들을 위하는 빔비사라의 마음이 잘 드러나는 대목이다. 그런데 이는 이후 전혀 예기치 못한 문제를 촉발한다. 환자들이 병을

낫기 위해서 위장 출가하는 사건이 발생했던 것이다. 이에 지바카가 짜증이 나서 붓다에게 하소연하자, 붓다의 현명한 해법 제시로 사건은 일단락된다. 그러나 이러한 과정 속에서도 빔비사라는 전혀 후회하는 일이 없었다. 즉 빔비사라의 굳은 신심은 위장 출가자를 대할 때도 전혀 문제될 것이 없었던 것이다.

이외에도 빔비사라와 불교의 관계에 대한 일화는 여러 가지가 있다. 그중 오늘날까지 불교 교단과 관련된 것으로 포살(布薩, uposadha)이 있다. 한국 불교는 초하루와 보름에 기도하며 붓다를 생각하고 마음을 바로 한다. 이의 시원이 바로 포살인 것이다. 포살은 본래 다른 수행 집단에 있던 문화였는데 빔비사라왕이 붓다에게 건의하여 불교적으로도 수용된 문화이다. 즉 우리가 초하루와 보름에 절에 가는 풍속은 빔비사라왕에 의해 시작된 것이다.

_ 죽림정사의 미스터리

빔비사라왕과 관련해서 불교적으로 가장 널리 알려진 것은 불교 최초의 사원인 죽림정사의 기증이다. 죽림정사는 후일 건축되는 사위성의 기원정사와 더불어 초기 불교의 2대 정사로 칭해지는 중요한 사원이다. 그런데 여기에는 가란타 장자가 보시한 것이라는 설도 전해지고 있어 주의가 요구된다. 죽림정사의 다른 이름이 가란타 죽원인데, 이것은 가란타가 기증하였기 때문이라는 것이다. 물론 여기에는 죽림정사에 가란타 새가 많이 살았기 때문에 가란타 죽원이라고 했다는 설도 있다. 가란타 새는 매와 같이 뱀을 잡아 먹는 새인데, 죽림정사가 대숲이므로 시원한 장소를 찾는 뱀이 많아서 가란타 새 역시 많다는 주장이다.

종교 기록의 특성상 두 가지 전승이 있다면, 왕에 의한 것이 허구일 가능성이 더 크다. 왜냐하면 왕에 의한 가탁으로 권위를 높이려는 측면은 모든 종교 기록물에 나타나는 공통점 중 하나이기 때문이다. 특히 그 왕이 빔비사라와 같이 신심 깊은 인물이라면 이러한 왜곡의 요소는 더욱 커진다.

전승들 중에는 가란타가 터를 잡고 빔비사라가 그 위에 건물 60동을 세운 것으로 되어 있는 것이 있는데, 이 정도가 가장 타당하지 않은가 한다. 이러한 두 사람의 연합 과정에서 빔비사라가 부각되면서 가란타의 기증은 세인들 사이에서 잊힌 것으로 파악된다. 그런데 놀라운 것은 불교 기록이 이러한 서로 다른 내용들을 모두 기록해서 전하고 있다는 것이다. 이런 점이야말로 그 어떤 종교 기록보다도 불교의 기록을 신뢰할 수 있는 이유가 아닌가 한다.

가란타의 기증이 상대적으로 잊혔다 해도 따지고 보면 그렇게까지 억울한 일은 아니다. 왜냐하면 고대사회에서 땅값은 요즘처럼 높은 재화 가치를 가지는 것이 아니기 때문이다. 다시 말해 빔비사라에 의한 사원 건축의 비중이 훨씬 더 컸다는 말이다. 또 인도의 대나무는 중국 문화권의 대나무처럼 긍정적인 이미지만 있는 것이 아니다. 그곳은 뱀의 소굴인 동시에 대나무는 뿌리를 통한 번식력이 매우 좋아서 대밭은 갈아엎어도 다른 농작물을 일구기 어렵다. 이런 점을 고려한다면, 가란타의 대숲 기증은 그렇게 비중 있는 것은 아니었다고 하겠다.

그런데 수행자에게는 이와 같은 환경이 오히려 호젓하며 좋을 수가 있다. 특히 대나무는 물성이 차기 때문에 인도의 무더운 기후 속에서 대숲은 상대적으로 시원하게 된다. 물론 이 때문에 뱀이 꼬이게 되지만, 진정한 명상가는 독사에 물리지 않는다. 이렇게 놓고 본다면 일반인들은 꺼려하여 호젓하고, 승려들은 뱀의 위협으로부터 벗어나기 위해 열심히 수행해야 했으므로 수행처로는 최상이라고 하겠다. 더구나 빔비사라왕이 건물을 지어서 권위를 부여해 주고, 이러한 과정에서 많은 장애가 사라졌을 것이라는 점도 고려한다면 말이다.

이렇게 놓고 본다면, 가란타의 기증이 빔비사라에게 묻힌 것은 오히려 가란타의 복덕과 공덕을 증대시키는 결과가 되지 않았을까? 죽림정사의 기증이 가란타의 대숲 기증에서만 끝났다면 그것은 쉽게 버려지거나 불교사적으로 잊혀졌을 수 있다. 그러나 빔비사라가 있었기 때문에 죽림정사는 불교사의 첫 페이지에서 두드러진 가치로 영원히 남게 되는 것이다.

사리불과 목건련의
이름을 아시나요?

마가다국의 최대 교단인 가섭 삼 형제와 국왕 빔비사라의 귀의는 왕사성에 붓다라는 거대한 쓰나미가 몰아닥쳤음을 의미한다. 실제로 당시 왕사성에서 붓다의 인기는 오늘날 아이돌을 능가하는 폭발적인 것이었다.

남성들이 붓다의 가르침을 따르기 위해 앞다퉈 출가하는 것이 대유행을 하였다. 이로 말미암아 일종의 사회문제가 촉발된다. 이를 방증하는 기록이 『사분율』 권33 등에 붓다를 가정 파탄자로 비판하는 여성들의 말로 전해지고 있다. "붓다가 왕사성에 와서 아들과 남편을 빼앗아 가니, 가정이 파탄 나고 여자들은 생과부가 된다. ……이제 또 누구의 자식과 남편을 데려갈지 모르니, 우리는 자식과 남편을 지켜야 한다."

일 나갔다가 출가한 남편이나 아들을 둔 여성들의 당혹감과 절박한 외침이 귓

전에 들리는 듯하다. 실제로 여성들은 불교 교단을 물리치기 위해서 승려들에게 음식 공양을 거부하는 집단행동을 보이기도 했다. 이에 제자들이 당황하자 붓다는 7일 안에 해결되니 걱정하지 말라며, 신통을 통한 카리스마의 영도력을 보인다.

_ 수제자 사리불과 목건련의 귀의

범비사라왕의 귀의와 죽림정사의 기증은 불교에 반석과 같은 거점 기반이 성립됐다는 것을 의미한다. 바로 이곳에서 출가한 분이 붓다의 수제자인 사리불과 목건련이다.

녹야원 다섯 비구 중에 위의제일(威儀第一) 마승이라는 분이 있다. 위의란 거룩한 자태를 의미하는 것이니, 기품과 품격이 흠뻑 묻어나는 인물이라고 하겠다. 하루는 마승이 탁발을 하고 있는데, 다른 교단의 수행자였던 사리불이 마승의 자태를 보고 그 비범함을 직감한다. 그래서 스승이 누구이며, 무엇을 가르치는지 묻는다. 마승은 붓다와 인연법에 관해서 말해 준다. 그러면서 자신도 배운지 얼마 안 되어 정확한 것은 잘 모른다고 답한다. 바닷물이 짠지를 알기 위해서 바닷물을 다 먹어 볼 필요는 없다. 총명한 사리불은 마승의 말만 듣고도 자신이 진정한 스승을 찾았다는 것을 직감한다. 그래서 고향 친구로 같이 수행 생활을 하고 있던 목건련을 찾아가 붓다를 만나 가르침을 받자고 종용하게 된다.

사리불과 목건련이 붓다를 찾아간 곳이 바로 죽림정사이다. 전승에 따르면 사리불과 목건련이 찾아오는 것을 붓다가 멀리서 보고, "저기, 내 수제자가 온다."라고 했다고 한다. 또 이들이 붓다 앞에 이르자, 머리카락이 흩날려 떨어지면서 승려의 복색이 갖추어졌다고 기록되어 있다. 이는 이분들의 교단 내에서의 무게 비중을 잘 나타내 주는 상징적인 대목이라고 하겠다.

　사리불과 목건련은 본래 산자야라는 회의론자의 수제자였다. 그래서 이들이 관리하는 제자가 200명 혹은 250명이나 되었다. 사리불과 목건련은 자신들이 붓다에게 귀의할 것이므로 제자들에게 자발적인 선택권을 주었다. 그런데 사리불과 목건련이 관리하던 제자들은 산자야를 등지고 붓다에게로 출가해 버리고 만다. 흔히 불교 경전에서 1,250제자나 약해서 1,200제자라고 하는 말이 보이곤 한다. 이 1,250이라는 숫자는 녹야원의 다섯 비구, 야사와 55인, 그리고 가섭 삼 형제와 1,000제자 그리고 사리불과 목건련의 200제자를 더해서 간략히 일컫는 말이다. 즉 이들 제자는 붓다의 모든 제자 중에서 최고로 우수한 제자들

사리불과 목건련의 고향인근에
건립된 세계 최대의 사원인 나란다
대학. 나란타라는 명칭은 사원이
들어서기 전 이곳에 살던 용의
이름에서 유래됐다. 1만 명의 승려가
수학할 정도의 위용을 자랑하던
인도불교의 대표 사찰이다.

을 가리키는 것이 아니라, 출가한 순서에 따른 초기 제자들을 지칭하는 표현인 것이다.

회의론자 산자야의 비극

유사 이래로 다양한 철학적 견해 중 가장 많은 부분을 차지하는 것이 바로 회의론, 즉 불가지론(不可知論)이다. 산자야는 당시 인도 사상계를 대표하는 회의론자로, '뱀장어와 같이 요리조리 잘 빠져 나가는 논리의 달인'이었다고 기록되어 있다. 제자들이 붓다에게 귀의해 버리자 분노한 산자야는 붓다를 찾아온다. 그리고는 붓다에게 논쟁으로 대결할 것을 신청한다. 그러나 이것이 진짜 비극이 될 줄을 산자야는 미처 알지 못했다.

나란타의 대스투파는 흔히 사리불의 탑이라고 알려져 있다. 그러나 사실 이것은 붓다가 이곳에서 3개월 동안 설법하신 것을 기념하기 위해 건립된 불탑이다. 주변에 고승들의 탑이 잔잔한 조화를 이루고 있다.

산자야가 붓다에게 던진 말은 "나는 어떠한 논리도 세우지 않는다. 이러한 나의 논리를 당신은 깰 수 있겠는가?"라는 것이었다. 없는 논리를 깨라, 이것은 다소 황당한 주문이다. 그러나 정각자 붓다에게 이것은 들판에 부는 바람과 같이 너무나 쉬운 요구였다. 붓다는 "당신의 그 말은 지금 논리를 세우고 있는 것인가, 세우지 않은 것인가?"라고 되묻는다. 그리고는 "만일 그것이 논리를 세운 것이라면, 당신은 스스로 자신의 주장을 어긴 것이니 당신의 논리는 이미 깨진 것이다. 만일 세우지 않은 것이라면, 주장이 없는데 깨트릴 것이 무엇이 있겠는가?"라고 반문한다. 산자야 평생의 논리가 단칼에 무너지는 순간이다. 산자야는 너무 속절없이 패배하자, 뭐라고 대답도 못한 채 벌겋게 상기된 채 피를 뿜으며 죽었다고 한다.

산자야 역시 매우 뛰어난 인물이었다. 이는 산자야가 붓다 당시의 대표적인 다른 학파의 여섯 명(육사외도) 스승 중 한 명으로 거론되는 것을 통해서 알 수가 있다. 그러나 붓다에 견주면 이는 반딧불과 태양의 차이였다.

_ '사리'라는 여인의 아들, 사리불

사리불은 아난 및 마하가섭과 함께 붓다의 제자 중 가장 널리 알려진 인물이다. 또 붓다의 수제자로서 『대지도론』 권2에서는 '제2의 붓다'로까지 칭해질 정도로 초기 불교와 대승불교에 막대한 영향력을 행사하는 분이다. 그러나 이보다도 우리에게 널리 알려지게 되는 것은 역시 『반야심경』을 통한 '사리자'라는 이름일 것이다. 사리불이라는 번역은 구역(舊譯)이고, 사리자는 신역(新譯)이다. 사리불의 인도식 발음은 사리푸트라(Sāriputra)로 사리불은 이를 음사한 것이다. 즉 푸트라(Putra)를 '아닐 불(弗)'로 음사한 것인데, 이는 붓다(Buddha)를 '부처 불(佛)'로 음사하는 것과는 다른 것으로, 양자는 음역 글자를 달리하여 차이를 부여하고 있다. 푸트라는 번역하면 '~의 아들'이라는 뜻이다. 그래서 현장 법사는 신역에서 이를 '아들 자(子)'로 번역했다. 즉 신역의 사리자는 음역과 의역의 결합 양태인 것이다.

그런데 푸트라, 즉 불(弗)이 '~의 아들'이라는 뜻이라면, 사리자란 '사리의 아들'이라는 의미가 되므로 우리는 이것이 사람 이름이 아니라 별명과 같은 칭호라는 것을 알게 된다. 우리식으로 표현하자면, '안성댁 아들'이나 '천안댁 자식'과 같은 칭호라고 이해하면 되겠다. '사리의 아들'이라는 표현에서 사리는 어머니의 이름이다. 그런데 어머니의 이름이 사리라는 것도 재미있다. 왜냐하면 사리라는 명칭은 본래 사리조(舍利鳥)라는 앵무새와 같은 새의 이름이기 때문이다. 외할아버지가 사리불의 어머니를 낳고 보니 눈이 사리조라는 새 눈과 같이 동그랬다고 한다. 그래서 그 특징을 잡아 여자애 이름을 사리라고 한 것이다.

사리불이 '사리라는 여인의 아들'이라는 의미의 별명이라면, 사리불의 이름은 당연히 따로 있게 된다. 그 이름이 바로 우파팃사(Upatiṣya)로, 음사하여 우바저사나 우바제사라고 한다. 이는 '큰 광명(大光)'이라는 의미이다. 우리나라 사찰에서 가장 많이 읽히는 경전은 단연 『반야심경』이다. 그리고 그곳에는 언제나 붓다의 수제자인 사리자가 등장한다. 그러나 이분의 이름을 아는 사람이 거의 없다는 것은 무척 안타까운 일이 아닐 수 없다.

_ 목건련과 마하가섭의 이름

이런 안타까운 일은 비단 사리불에서 끝나는 것이 아니다. 이는 목건련에서
도 나타나는 양상이다. 목건련은 마우드갈리아야나(Maudgalyāyana)를 음사한 것
이다. 그런데 이것은 이름이 아니라 종족의 명칭이다. 인도는 땅이 넓기 때문에
종족명을 사용해서 사람들을 구분하고는 한다. 즉 우리식으로 치면 성(姓) 정도
라고 이해하면 쉽겠다. 목건련이라는 명칭이 이름이 아니라 성에 해당하기 때문
에 동일하게 불리는 사람도 여럿 있게 된다. 실제로 붓다의 제자 중 산수목건련
과 같은 경우가 대표적이다. 그래서 불교 안에서는 이러한 착오를 줄이기 위해서
목건련 중에 대표적이라고 해서 마하목건련이라고 하게 된다. 마하가섭이나 마
하가전연과 같이 '마하(Mahā)'가 들어가는 경우는 모두가 동일하다.

목건련과 같은 경우는 이름이 콜리타(Kolita)로, 음사하여 구율타나 구리다가
된다. 번역하면 '하늘을 품는다(天抱)'는 뜻이다. 마하가섭 역시 이름이 아니라면,
당연히 본명은 따로 있게 된다. 마하가섭의 이름은 핍팔리(Pippali)인데 필발라(畢
鉢羅)로 음사되고는 한다. 이는 본래 필발라라는 나무를 가리키는 것이다. 마하가
섭이 바로 이 나무 밑에서 태어났기 때문에, 이를 이름으로 삼았다고 기록은 전
하고 있다. _❀

선종 관점으로
재정립된 인물,
왕사성파와 마하가섭

___ 신령한 독수리의 산, 영취산

왕사성의 불교 거점은 빔비사라왕과 관련된 죽림정사이다. 그런데 이와 더불어 반드시 언급되어야 할 곳이 왕사성 동북쪽에 위치한 영취산이다. 영취산은 신령한 독수리 산이라는 의미이다. 명칭의 유래는 이 산에 사는 독수리들 때문이라고도 하고, 산정에 독수리가 날개를 접고 앉아 있는 것 같은 바위가 있기 때문이라고 한다. 영취산은 결이 있는 바위들이 파손되면서 생긴 자연 동굴들이 곳곳에 산재해 있어, 신령한 자취와 더불어 곳곳에 수행자들의 의지처를 내포하고 있다.

영취산에는 붓다와 제자들 이외에도 많은 수행자들이 항상 운집했고, 붓다

영취산의 독수리 바위.
독수리가 날개를 접고
있는 것 같은 자태가
자못 신령스럽다.

영취산 곳곳에 있는
수행동굴.
붓다도 어느 때는
이곳에서 수행하셨을
것이다.

역시 이곳을 주로 찾았던 것으로 기록은 전한다. 대승불교에서는 이를 차용해 『법화경』의 설법처로 영취산을 설정하고, 이곳을 '영산정토(靈山淨土)'로까지 승화시킨다. 즉 영취산은 『법화경』과 함께라면 영원한 이상세계로 우리 곁에 언제나 함께하는 것이다.

_ 초기 교단의 주류 왕사성파와 마하가섭

왕사성의 충만한 기운은 많은 불제자들이 왕사성과 그 인근 출신이라는 것을 통해서도 확인된다. 사리불과 목건련이 그렇고, 또 마하가섭이 그렇다. 이들은 붓다 당시 많은 제자들을 거느리고 있었는데, 이들에 의해 일종의 왕사성파와 같은 집단이 만들어지게 된다. 붓다의 열반 이후 왕사성에서 1차 결집이 이루어지게 되는 것도, 왕사성파인 마하가섭이 당시 교단의 주도권을 가지고 있었기 때문이다.

초기 제자인 1,250제자의 대다수는 왕사성파이다. 이는 1,250제자라는 표현 자체가 초기 교단의 주류였던 왕사성파에 대한 특칭이라는 이해도 가능하게 한다. 실제로 1,250제자와 관련해서 이들을 가섭 삼 형제와 1,000명, 그리고 사리불·목건련과 250명을 가리키는 것이라는 관점도 있다.

왕사성파가 강력한 힘을 가지는 이유에는, 이들이 초기 제자라는 것 말고도 사리불이라는 붓다에게 인정받는 수제자와 이를 보충해 주는 목건련이 있었기 때문이다. 이는 왕사성파의 결속력을 강하게 하기에 충분했다. 그리고 사리불과 목건련은 붓다 만년에 함께 열반에 들게 되는데, 그 세력의 상당수는 마하가섭에게로 옮겨진다.

마하가섭은 왕사성 인근 출신으로 아버지는 농장을 경영하는 대부호였다. 마하가섭은 장성하자 출가하여 수행자가 될 것을 원하였으나, 결혼하여 아이를 낳은 후에 출가하라는 부모의 반대에 봉착한다. 마하가섭은 부모의 요구를 피하기 위해 금 세공업자를 시켜 아름다운 여인의 상(像)을 만들게 한 후, 그와 같은 여인이 있다면 결혼하겠다고 제안한다.

그런데 적극적으로 수소문하니, 실제로 그와 똑같은 발타라(跋陀羅)라는 여인이 찾아지면서 마하가섭은 결혼하지 않을 수 없게 된다. 거부하기 위해서 내세운 조건으로 도리어 결혼하게 되었으니, 참으로 인생은 아이러니하다고 하겠다. 그런데 결혼을 하고 보니, 그 여인 역시 결혼을 원했던 사람이 아니었다. 그래서 두 사람은 같이 자지만 함께 잠들지는 않았다고 한다. 그렇게 세월이 흘러 부모님이 돌아가시자, 마하가섭과 아내는 출가의 길로 나아간다. 그러나 두 사람의 길은 사뭇 달랐다. 마하가섭은 왕사성의 붓다를 뵙게 되면서 곧장 붓다의 제자가 된다. 아내인 발타라는 다른 교단에서 수행 생활을 하다가, 붓다께서 여인의 출가를 허락하신 후에 마하가섭의 인도로 불교 교단에 들어온다. 그리고는 열심히 정진하여 비구니 중 숙명제일(宿命第一)이라는 칭호를 받기에 이른다.

마하가섭이 처음 붓다와 만났을 때, 그는 최고급 천으로 된 가사를 착용하고 있었다. 흔히 두타제일로 알려진 마하가섭의 검소한 모습과는 다른 익숙하지 않은 양상이 나타나고 있어 흥미롭다. 이때 붓다께서는 거친 누더기를 입고 계셨는데, 이를 마하가섭의 가사와 바꾸어 입으셨다. 이는 마하가섭에게 수행자의 근본을 보이신 것인 동시에, 교단의 미래를 안배하신 상징으로도 이해할 수 있다.

_ 마하가섭에 대한 오류

마하가섭과 관련해서 가장 많이 퍼져 있는 오류는 마하가섭이 붓다보다도 연배가 위라는 것이다. 이는 〈영산회상도〉와 같은 대표적인 탱화에서 장년층의 붓다를 중심으로, 마하가섭은 좌측에 백수 비구의 모습으로 묘사하고 아난은 우측에 젊은 청년으로 표현되기 때문에 발생한 문제이다. 그러나 『대당서역기』 권9에 따르면, 마하가섭은 1차 결집 후 20년 뒤에 계족산(鷄足山)에 들어가 정(定)에 들었다고 되어 있으니, 붓다에 비해서 상당히 어린 인물이다. 즉 이는 불화를 그리면서 나타나는 표현상의 문제에서 기인한 오류인 것이다.

마하가섭과 관련된 또 다른 오해로는 마하가섭이 붓다 가르침의 진정한 계승자라는 것이다. 그러나 붓다의 수제자는 언제나 사리불이었으며, 마하가섭은 사리불의 비교 대상이 되지 못한다. 마하가섭이 본격적으로 대두하는 것은 붓다보다 연배가 위인 사리불이 붓다에 앞서 열반에 든 이후 왕사성파의 수장이 되면서이다. 실제로 『마하승기율』 권32에는 마하가섭이 1차 결집을 주도하면서, 결집에 앞서 붓다의 자리를 꾸미고 그 좌우로 사리불과 목건련의 자리도 안배했다는 기록이 있다. 즉 마하가섭은 사리불의 경쟁자가 아닌 계승자와 같은 인물이었던 것이다.

마하가섭이 붓다의 열반 이후 불교 교단 상당 지역의 지도자였던 것은 사실이다. 그러나 붓다는 기독교의 교황제와 같은 교단의 통솔자를 인정하지 않았다.

영취산 정상의 『법화경』 설법지로
유명한 여래향실(如來香室).
여래향실이란, 붓다가 계시는
곳은 향 연기가 끊이지 않았다고
해서 붙여진 붓다의 공간에 대한
별칭이다.

붓다는 열반 3개월 전 '자주법주(自洲法洲)'의 가르침을 통해서, 불교 교단에는 통솔자가 없다는 점을 분명하게 천명하신다. 그럼에도 불교 교단의 상당 지역에서는 붓다의 열반 이후에도 지도자를 원했다. 그래서 왕사성파의 계승자인 마하가섭이 지도자가 되었고, 이것이 다시금 아난에게 전해지게 된다.

이러한 전승 기록에 착안하여, 여기에 중국의 혈연적인 족보 문화를 융합시킨 것이 천태종의 정통성을 주장한 '금구상승설(金口相承說)'이다. 이는 후대에 등장한 천태종의 정당성을 변증하는 한 방식이었다. 그리고 이것을 흡수하여 개량한 것이 선종의 마하가섭에서 달마에 이르는 28조설이다. 이러한 과정에서 마하가섭은 천태종과 선종의 종파적인 우위를 주장하기 위한 차원에서 진리의 상속자로 확정되기에 이른다.

그러나 불교에서 진리는 공개되는 가치이지 소수에 의해서 상전(相傳)되는 것이 아니다. 이는 붓다에게는 숨기고 있는 가르침, 즉 '사권(師拳)이 없다'는 교설을 통해서 분명해진다. 또 이것은 붓다가 우파니샤드, 즉 '무릎과 무릎을 맞댄 사제 간의 은밀한 상전'에 반대해서 불교를 세웠다는 점을 통해서도 이론의 여지가 없다.

삼처전심의 진실

마하가섭을 진리의 상속자라는 주장에는 언제나 중국 불교에서 집취된 삼처전심(三處傳心)이 언급되곤 한다. 삼처전심은 염화미소(拈花微笑), 다자탑전반분좌(多子塔前半分座), 곽시쌍부(槨示雙趺)이다.

이 중 염화미소는 영취산에서 붓다께서 꽃을 들어 보이시자, 대중들은 그 뜻을 몰라 어리둥절하는데 마하가섭만이 빙긋이 웃었다는 것이다. 이는 철학적이라기보다는 미학적이고, 인도적이라기보다는 철저히 중국적이다. 즉 중국적 사고에 의해서 만들어진 후대의 가치일 뿐이라는 말이다.

다음의 다자탑전반분좌는 바이샬리에서 '많은 아들을 두어 명성을 떨친 어머니의 탑[多子塔]' 앞에서 붓다가 설법하시는 도중에 발생한 사건이다. 두타행을 행하던 마하가섭이 누더기를 걸치고 늦게 도착하자, 다른 제자들이 경시하는 마음을 가져 자리를 내주지 않았다. 그러자 붓다께서 친히 자리를 나누어 대중들에게 수행자의 본을 보이고, 선배를 존중하지 않는 승려들로 하여금 부끄러움을 알게 한 내용이다. 다자탑은 마하가섭이 제자가 된 곳이자 9일만에 깨달음을 얻은 곳으로 불교적으로는 마하가섭의 성지이다. 또 이 인근의 차바라탑묘(遮婆羅塔廟)에서 붓다는 마지막 안거를 마치고 열반에 들 것을 천명한다. 이로 인해서 바이샬리는 후일 8대 성지 중 한 곳이 된다.

끝으로 곽시쌍부는 쿠시나가라에 늦게 도착해서 붓다의 임종을 보지 못한 마하가섭의 당위성을 주장하는 기록이다. 임종을 보지 못하면 장례의 주관자가 될 수 없으며, 이는 교단의 지도자가 될 수 없다는 것을 의미한다. 그래서 곽시쌍부와 같은 내용이 부가되는 것이다. 실제로『십송율』권60에는 천신이 관을 열고 염습을 풀어헤친 것으로 되어 있다. 또『마하승기율』권32에는 마하가섭이 붓다의 발에 예를 표한 후, 자신이 장례의 주관자임을 선포하는 구절이 있다. 이미 열반에 든 붓다가 특정한 의지를 가지고 관 밖으로 발을 내보였다는 것은 열반의

2부 깨침의 빛, 성스러운 폭류가 되다

이치상 맞지 않는다. 그러므로 이 구절은 교단의 지도자와 관련된 교권의 관점에서 이해되어야 할 대목이라고 하겠다.

삼처전심의 내용을 살펴보면 진리의 상속이라는 측면이 크게 부각되지 않는다는 것을 알 수 있다. 그럼에도 중국 불교에서 이를 애써 집취하고 있는 것은, 역으로 마하가섭이 붓다 당시에 크게 부각된 인물이 아니었다는 점을 분명히 해 준다. 즉 우리가 일반적으로 아는 마하가섭은 중국 불교, 특히 선종의 관점에 의해서 재정립된 인물인 것이다. ✽

3부

진정한
왕,
새
시대를
열다

왕이 아닌
완성자로의 귀환

_ 불교판 함흥차사

붓다가 왕사성에서 명성을 떨쳐 석가족의 나라인 가비라에까지 이르자, 부친인 정반왕은 붓다에 대한 그리움이 더욱 깊어지게 된다. 붓다 역시도 자신이 태자였다가 떠나온 조국에 대한 부담감으로부터 완전히 자유롭지는 못했을 것이다.

이때 부친이 귀국을 종용하는 사람을 보내온다. 그런데 이들은 붓다에게 오면 자신들의 임무를 잊어버리고는 붓다의 가르침에 빠져 출가 수행자가 되었다. 보고가 오지 않자 정반왕은 계속해서 사람들을 보내게 되는데, 이들 모두는 출가하여 자신의 완성을 위해서 노력했다고 한다. 즉 불교판 함흥차사인 것이다. 소속된 집단의 의무보다 개인의 수행을 더 앞세우고 있다는 점에서, 이 이야기는 참으로 인도적이다. 또 이를 통해서 당시 불교의 윤회론은 다음 생에 대한 보장보다는 기약이 없는 윤회론이었다는 점을 분명히 알 수 있다.

오늘날 우리가 생각하는 윤회론은 초등학교를 졸업하고 중학교에 가며, 다시금 고등학교를 진학하는 것과 같은 것이다. 그러나 이런 윤회론은 훨씬 후대의 것일 뿐이다. 사실, 이러한 윤회론의 변화 때문에 불교는 팽팽한 긴장감 자체를 잃어버렸다. 붓다의 초기 윤회론은 운전면허 시험과 같다. 70점이라는 커트라인을 통과하지 못하면 결시생과 마찬가지의 불합격자일 뿐이다. 즉 한 문제 때문에 탈락했다고 하더라도 이는 전혀 반영되지 않는다. 그래서 다음 시험에 그 사람은 처음 응시하는 사람과 같은 위치에서 평가받아야만 한다.

누적 점수제가 아닌 단일 평가제일 경우 어떻게든 커트라인에 맞춰야 한다는 점 때문에 사람은 심리적으로 다급해진다. 이것이 붓다와 만난 사람들이 그 즉시 출가할 수밖에 없었던 이유인 것이다. 즉 이들은 언제까지 살지를 장담할 수 없는 상황에서, 수다원이라는 커트라인을 넘기 위해 다른 행동을 할 여유가 없었다. 이것이 '머리에 붙은 불을 끄듯이'라는 표현이 현실화될 수 있었던 이유이다. 그런데 이러한 윤회론은 인간을 끊임없이 불안하게 하기 때문에, 후일 누적 점수제와 같은 윤회론으로 관점이 바뀌게 된다. 그 결과 불교는 '오늘 못 하면 내일 하고, 금생에 못 하면 내생에 하지'라는 안일한 모습으로 변모한다. 그러나 붓다의 본생담을 보면 전생과 금생, 그리고 금생과 내생의 상속적인 연관 관계는 살펴지지 않는다. 즉 깨달음이 없다면 옥석구분(玉石區分, 옥과 돌이 구분됨)이 아니라 옥석구분(玉石俱焚, 옥과 돌이 함께 불타 버림)될 뿐이라는 말이다.

_ 가비라로의 귀향

　정반왕이 마지막으로 생각한 인물은 우다인이다. 우다인은 붓다의 죽마고우로 누구보다도 붓다를 잘 아는, 시쳇말로 붓다에게 내성(耐性)을 가진 사람인 것이다. 정반왕의 요구에 우다인은 임무를 마치면 출가하겠다는 조건을 제시하고 붓다에게로 간다. 그리고 우다인은 약속을 지키고 출가하게 된다.

　불전에는 붓다의 귀향 시 정반왕이 왕이었으며, 석가족들의 열렬한 환영이 있었다고 한다. 그러나 붓다가 열렬한 환영을 받은 것은 맞지만, 당시 정반왕은 석가족의 왕이 아니었다. 가비라국은 전제군주제 국가가 아니라, 화백 제도에 의해서 국왕이 뽑히던 신라와 같은 공화제 국가였다. 그러므로 왕은 종신제가 아니었다.

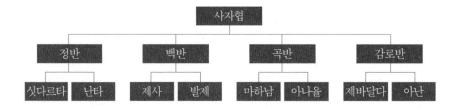

　정반왕 이후 백반, 곡반, 감로반이 잠깐이라도 왕위에 있었는지는 분명치 않다. 그러나 다음 항렬에서 붓다의 출가로 인해 제사가 왕이 되고, 이것을 발제가 계승한 것으로 파악된다. 붓다의 귀향 시 왕은 분명 발제였고, 발제가 왕이 된 시점은 그리 오래지 않았다는 점은 분명하다. 난타가 왕위 계승에서 배제된 것은 의문인데, 일종의 적서 차별과 같은 측면이 작용했지 않았나 하는 추정도 가능하다. 왜냐하면 나이가 크게 어리지 않은 상황에서 난타가 제외되고 있다는 것은 일반적인 상

3부 진정한 왕, 새 시대를 열다

황은 분명 아니기 때문이다. 이 부분은 붓다에 의한 난타의 강제 출가와도 일정 부분 관련이 있어 보이지만, 정확한 상황을 적고 있는 기록은 전해지는 것이 없다.

또 붓다의 귀향 이후 석가족들이 대거 출가하는 과정에서 발제, 아나율, 제바달다, 아난이 출가하게 된다. 이로 인하여 석가족의 왕은 마하남이 되는데, 이 사람은 자신의 외손자이기도 한 코살라국의 비유리왕에 의해 석가족이 멸망할 때까지 왕위에 있는 인물이다. 석가족의 멸망은 붓다 만년의 일이다. 이렇게 놓고 본다면, 붓다께서 80세를 사셨다고 전제할 때 마하남은 최소 35년 정도를 왕위에 있었다는 말이 된다. 이는 공화제 국가에서는 쉬운 일이 아니다. 그러므로 이 시기 가비라국은 점차 전제군주제 체제로 변모했을 개연성을 생각해 볼 수 있다.

붓다의 귀향 시 정반왕은 왕이라기보다는 왕을 지낸 국가의 최고 원로에 있었다. 그리고 붓다의 고국으로의 초대는 이러한 국가 원로의 위치에서 이루어진 것이다.

_ 고향에서 인정받는 붓다

'동가구(東家丘)'라는 말이 있다. 『공자가어(孔子家語)』에 나오는 말로, 공자 서쪽 집에 살던 사람이 공자의 학덕을 전혀 알아보지 못하고, '동쪽 집의 공구(공자의 이름)'라고 할 뿐이었다는 이야기다. 예수도 "예언자는 고향에서 인정받지 못한다."라고 했다. 그리고 『마조어록』에도 "평상심이 곧 진리"라는 말로 유명한 당대의 선지식인 마조를 보고, 동네 할머니가 "대단하다는 게 누군가 했더니, 마씨 아들놈이구먼." 했다는 내용이 있다. 그만큼 어린 시절부터 봐 온 사람들을 감화시킨다는 것은 어려운 일이다. 왜냐하면 사람은 커 가면서 성숙하고 변화하지만 한 번 박힌 이미지는 쉽사리 바뀌지 않기 때문이다.

붓다는 고향에서 인정받은 유일한 성인이다. 마가다국에서의 성공은 소국인 가비라와 친척들의 인식을 크게 바꾸는 계기가 되었을 것이다. 또 당시 강대국에 밀리던 가비라국에 있어서 붓다는 대안의 길을 제시해 주는 새로운 관점의 영웅이었다. 이는 이후 다수의 석가 귀족들이 붓다를 따라서 출가하게 되는 한 이유가 된다.

그러나 부친인 정반왕에게 있어서 붓다는 '붓다' 라기보다는 그저 크게 성공한 장한 아들이었을 뿐이었다. 붓다와 상면한 정반왕은 붓다의 수행자 행색에 크게 실망했다. 그래서 탁발 나온 붓다에게 우리 석가 귀족의 전통에는 탁발과 같은 측면은 없다고 단호히 말한다. 또 당시 붓다의 시자로 있던 사리불을 보고도 영 마음에 들어 하지 않았다. 연만한 보수 귀족의 시각에서 수행자의 행색은 분명 초라한 것이었을 것이다. 이를 보충하기 위해서 정반왕은 최대한의 후원을 해 주고, 석가 귀족들의 출가를 종용해 붓다에게 도움이 될 수 있도록 배려한다. 정반왕의 아들에 대한 사랑이 느껴지는 대목이다. 그러나 그것뿐, 정반왕이 붓다에 의해서 교화되거나 한 것 같지는 않다. 정반왕이 붓다에게 의지해서 교화되는 것은 죽음에 직면했을 때이다. 이러한 긴박한 상황이 되자 비로소 아들이 아닌 붓다로 보였던 것이다. 붓다에게 있어서 정반왕은 가장 애착이 가는 사람인 동시에 교화하기 힘든 인물이었다. 그러나 정반왕은 마지막으로나마 붓다에게 마음을 열었기 때문에 평온한 안심입명을 얻게 된다.

선녀를 얻을 욕심으로
수행에 전념한 난타.
그러나 깨달음을 얻게
되자 붓다에게 자신의
어리석음을 고백하며
스스로 여성을
포기한다. 난타의
이야기는 인간의
욕망과 관련된 문제를
잘 나타내 주는 듯하다.

_ 난타의 출가

붓다의 귀향 후 석가족 중 가장 먼저 출가하는 사람은 난타이다. 그런데 난타의 경우는 붓다에 의해서 강제적으로 출가한다는 점에서 흥미롭다. 출가는 강제로 이루어질 수 있는 성질의 것이 아니다. 그런데 붓다가 이복동생인 난타에게 이렇게 강압적인 행동을 보인 것은, 당시 난타가 순다리와의 결혼 직전에 있었기 때문이었다.

붓다는 난타와 공양을 마친 후 일부러 발우를 놔두고 간다. 난타는 발우를 가져다 드리기 위해 절을 찾아가게 되는데, 이때 강제로 출가시키고 삭발을 단행한다. 난타는 순다리가 보고 싶어 탈출을 감행하지만, 귀족으로 성장한 난타에게 아무도 모르게 탈출한다는 것은 쉽지 않았다. 결국 울적해하며 붓다를 원망하고 있는데, 붓다는 난타의 성욕이 강한 것을 알고 신통으로 천상의 선녀들을 보게 해 준다.

그러자 선녀에 꽂힌 난타는 선녀를 얻을 수 있는 방법을 붓다에게 묻고, 붓다는 수행법을 지도하게 된다. 후일 난타가 깨달음을 얻자, 난타는 스스로 이 약속을 취소하는 아름다움을 보인다. 난타의 강제 출가는 위태로운 가비라국의 멸망으로부터 이복동생을 구하려는 붓다의 손길이었을 수도 있다. 실제로 가비라국이 멸망할 때 붓다의 지친들은 모두 출가한 상태여서 피해를 입은 사람이 거의 없었다. 그러나 '노블리스 오블리주'의 정신을 생각한다면, 이는 결코 옳은 것일 수 없다. 그래서 왕위 계승에서 배제된 난타의 석가족 내 입장과 관련해서 강제 출가가 이루어진 것이 아닌가 하는 해석이 더 유력한 것으로 판단된다. ❀

라후라,
왜곡의 그늘에
가려진 수행자

_ · 라후라와 관련된 미스터리

　　라후라는 붓다의 아들임에도 불구하고 정확한 내용을 파악하기 가장 어려운 인물이다. 이유는 붓다에 대한 후대 불교 교단의 관점에 의해서, 라후라에 대한 인식이 요동치기 때문이다. 라후라의 탄생과 관련해서도 '붓다의 출가 이전이라는 것'과 '출가 직후라는 것', 그리고 '붓다가 성도할 때라는 것'의 세 가지가 있다.

　　붓다가 아들을 낳아 가계를 계승하고 출가했다는 것은, 붓다 당시에는 당연한 것으로 문제가 아니었다. 그러나 후일 불교가 종교화되고 비결혼 출가에 의한 독신주의가 주류가 되면서, 붓다에 대한 관점이 변모하게 된다. 즉 인간적인 일

야수다라는 아들인
라후라에게 아버지인
붓다에게 가서 유산을
달라고 하라고 시킨다.
그러자 붓다는
라후라를 강제로
출가시켜 사리불의
제자로 만들어 버린다.
아잔타 석굴의 회화는
라후라에게 유산을
달라고 지시하는
야수다라의 모습이 잘
표현되어 있다.

상의 삶이 붓다의 위대성을 저해한다는 판단이 불교 교단 안에 존재하게 된 것이다. 이러한 과정에서 라후라를 붓다와 유리시키려는 움직임이 발생한다.

라후라만 붓다와 분리시킬 수 있다면, 붓다와 야수다라의 관계를 마하가섭과 발타라에서와 같이 부모의 뜻에 의해서 결혼만 했지 동침하지는 않았다고 주장할 수 있기 때문이다. 실제로 붓다의 잉태와 관련해서 불교의 전승에도 기독교 마리아의 무염수태(無染受胎)와 같은 관점이 등장하고 있어 주목된다. 즉 마야부인의 잉태는 도리천에 머물던 붓다의 선택에 의한 것이었지 정반왕에 의한 것이 아니었다는 것이다. 또 이와 연관시켜 생각해 볼 수 있는 것으로, 마야부인이 붓다를 낳고 7일 만에 사망하는 사건이 있다.

마야부인의 출산 직후 조속한 사망은, 평생 동정과 더 이상의 후사가 있을 수 없게 하는 완성으로 작용한다는 점에서 주목된다. 그런데 고대 인도에서 7이라는 숫자는 실질적인 숫자뿐만이 아니라 상징적으로 '충분한'이라는 의미도 확보한다. 그러므로 우리는 마야부인의 사망이 그보다 더 오랜 뒤였을 개연성도 상정할 수 있다. 그러나 이는 불교라는 종교적인 관점과는 어긋나는 것이다. 즉 종교적인 관점에서 마야부인은 붓다 출산 직후 곧 사망해야만 한다는 말이다.

_ 예수와 공자의 신성 확보 노력

예수와 연관된 기독교의 전승은 후대 종교 교단의 고민이 무엇이었는지를 잘 나타내 준다. 예수는 목수인 요셉과 결혼한 마리아에게서 태어났지만, 그것은 무염수태에 의한 것이라고 한다. 그런데 문제가 되는 것은 마리아가 마야부인처럼 일찍 사망하지 않는다는 것이다. 그 결과『신약』에는 야고보, 요셉, 유다, 시몬 같은 예수 동생들에 대한 이야기가 기록되어 있다. 이는 현실적일 수 있는 부분이다. 그러나 동시에 종교적으로는 하나님이 선택한 마리아가 요셉과의 사이에서 또다른 자식들을 낳고 있다는 점에서, 이는 예수의 신성을 무너트리는 일이다. 그 결과 마리아는 평생 동정이며, 예수의 형제들은 사촌이라는 주장이 초기부터 제기된다. 그리고 제2차 바티칸공의회(1962~1965)에 의해서 정론으로 승인되기에 이른다. 또 요셉과 같은 경우도 일찍 사망했다는 관점이 제시된다. 마리아가 죽지 않으니, 요셉이라도 일찍 죽어서 관계가 정리돼야 하는 종교적 필연성이 요청된 것이다. 이로 인하여 요셉은 결국 마리아와 결혼했지만, 이유 없는 평생 수절 끝에 조기 사망한 비운의 인물이 되고 만다.

신성에 의한 수태 전승은 공자의 어머니가 흑제(黑帝)와의 사이에서 공자를 낳은 것이라는『춘추』의 위서(緯書)들에서도 확인된다. 이는 유교가 종교화되는 한나라의 관점에 의한 것이다. 이 주장은 유교의 인본주의적인 관점에 의해 곧 배척되지만, 이를 통해서도 우리는 종교적인 관점이 요청하는 것이 무엇인지를 정확하게 인지해 볼 수 있다.

_ 신성 확보와 인본주의

신성의 확보는 종교적인 인물이나 헤라클레스와 같은 신화적인 부분들에서도 쉽게 확인된다. 또 이는 개국 군주나 왕조의 중흥조들에게서도 요청되는 가치이다. 백제 무왕이 어머니가 용과 관계를 해서 태어났다는 것이나, 후백제 견훤을 잉태시킨 주체가 지렁이였다는 것 등이 그것이다. 견훤과 같은 경우는 왕조가 당대에 멸망했으니 지렁이로 그치지만, 고려가 아닌 후백제가 주도권을 가졌다면 그 지렁이는 분명 하늘로 승천하는 비룡이 되었을 것이다. 고대에는 한 걸음 더 나아가 부모가 다 신성을 가졌다거나, 부모 없이 독생(獨生)하였다는 기록들도 다수 있다. 이는 고주몽이나 박혁거세, 김알지 등을 통해서 확인 가능하다.

과거 인류는 인간이 생식을 통해서 태어난다는 것은 비범하지 못한 것으로 보았다. 그렇기 때문에 위대한 존재는 반드시 신성과 결부된 탄생이어야 한다고 주장하는 것이다. 그러나 인간이 위대한 것은 평범함에서 태어나 비범함을 이루기 때문이다. 신이(神異)로 탄생한 존재는 존경의 대상이 될 수는 있다. 그러나 그들은 근본이 우리와 다르기 때문에 우리가 닮아 갈 모범이나 기준이 될 수는 없다.

그러므로 진정한 신성 확보는 태생적이어서는 안 된다. 재벌의 자녀가 돈이 많다는 것은 자랑이 되는 동시에 자랑이 안 된다. 진정으로 재화를 자랑하기 위해서는 동일한 선상에서 노력을 통해 이룩한 가치여야만 하기 때문이다. 불교의 정신은 신적인 초월을 거부한다. 그것은 인간에 의한 노력의 결과로서의 신적인 가치일 뿐이다. 그렇기 때문에 붓다에 대한 후대 교단의 신성화 노력이 있었음에도, 붓다는 인간적인 면모를 잃지 않는다. 이 점이 붓다 정신의 위대한 빛인 것이다.

자이나교는 '공의(空衣)'라고 해서
옷을 입지 않는다. 그러다 보니
존상들 역시 성기를 노출한 다소
민망스러운 모습으로 조각된다.
무더운 인도의 문화에서나 가능한
일이다. 붓다는 당시 이들을
부끄러움을 모르는 이들이라고
비판했다.

붓다가 라후라와 관련 없다는 일부 불교 교단의 종교적인 주장은, 전혀 엉뚱한 방향에서 재미있는 문제를 초래한다. 동진으로 출가해서 독신의 수행자로 산다는 것은 불교와 같은 수행 문화에서는 긍정적이다. 그러나 동시에 브라만교와 같이 결혼을 한 뒤에 수행자가 되는 문화에서는 이질적인 것이 된다. 인도의 신화와 전설에 등장하는 능력 있는 신이나 왕들은 많은 아들을 둔 것으로 되어 있다. 남성의 능력은 생식과 직결된다는 판단이 고대 인식에 존재하는 것이다. 실제로 불교 역시 이를 수용해서, 덕으로 대제국을 건설하는 전륜성왕은 1,000명의 아들을 둔다고 기록하고 있다. 그로 인하여 라후라가 붓다와 관계없다는 주장은, 브라만교 측에서 붓다의 생식 능력 문제를 제기하는 결과를 낳게 된다.

브라만교의 시비에 기원후가 되면 자이나교의 시비가 더해진다. 자이나교와 같은 나체파의 수행자들은 그들의 존상들도 나체로 조각하는 관점이 있다. 이럴 경우 생식기가 밖으로 노출되어 표현된다. 그런데 불교와 같은 경우는 가사를 착용한 상태로 제작되기 때문에 외설스럽지 않다. 덕분에 불상을 본 이들에 의해 붓다에게 생식기가 있느냐는 시비가 제기된다. 그 결과 불상은 점차 생식기 부분이 두둑해지는 변화 양상을 겪게 된다. 또 붓다를 표현하는 삼십이상(三十二相)에는 음마장상(陰馬藏相)이 수용된다. 음마장상이란, 붓다의 생식기는 말처럼 거대하지만 보통 때는 몸속으로 들어가 감추어져 있다는 것이다. 참으로 재미있는 변증이다.

라후라를 붓다와 분리시키는 일부 불교 교단의 관점이 음마장상의 결과까지 초래한 것이다. 그러나 붓다에 의한 라후라의 강제 출가와, 어린 나이에 출가한 후 라후라가 문제를 일으키자 다른 제자들이 제지하지 못하고 붓다에 의해 처리되는 부분을 보면, 붓다의 아들이라는 것이 분명하다.

후일 라후라는 오온법을 통해서 깨닫고 난 뒤에는, 붓다에게 부담을 주지 않기 위해 교단으로부터 한 발짝 물러난 삶을 살게 된다. 이것이 라후라에게 밀행 제일의 칭호가 붙는 한 이유가 아닌가 한다. 그렇게 라후라는 점차 교단에서 신비화된다. 그리고 최후로는 마하가섭이나 빈두루 존자 등과 더불어 영원히 열반하지 않는 성자가 되었다고 기록은 전한다. 예수의 부활보다 더한 보상이 라후라에게 주어진 것이다. ░

석가족의 출가와
왕의 즐거움

_ 아나율의 출가 시도

붓다의 가비라국 귀향은 석가족 젊은이들에게 정신적 폭류(暴流)를 일으킨다. 출가를 통한 수행자의 삶은 내면으로 떠나는 여행인 동시에 진정한 자유의 길이다. 명상과 사색이 부여하는 충만한 행복은 분명 이상적인 매력이 있음에 틀림없다. 이와 같은 대열에 석가 귀족인 붓다의 사촌 동생들도 있었다.

아나율은 붓다의 숙부인 곡반왕의 둘째 아들로, 위로는 형인 마하남이 있다. 아나율은 특히나 부모의 사랑을 많이 받는 아들이었다. 아나율이 출가하려는 뜻을 세우고 형인 마하남에게 부모님과 가계를 부탁하자, 부모는 펄쩍 뛰면서 마하남이 출가하고 아나율이 남으라는 말까지 했다고 한다. 마하남의 입장에서는 매우 섭섭한 내용이 아닐 수 없다.

아나율이 뜻을 굽히지 않자, 어머니는 아나율과 동갑으로 지친인 사촌 발제가 출가하면 허락하겠다고 한발 양보하는 척한다. 그러나 백반왕의 차남인 발제는 당시 석가족의 왕(라자)이었고, 그것도 즉위한 지 얼마 안 되는 시점이었다. 즉 어머니는 발제가 출가하지 않을 거라는 판단 하에 아나율을 붙들어 두고 싶었던 것이다.

출가의 마음이 간절한 아나율은 발제를 찾아간다. 그러나 발제는 왕의 즐거움에 취해 아나율의 출가 제의를 가볍게 웃어넘긴다. 그렇지만 아나율이 언제 죽을지 모르는 상황에서 쾌락이라는 것은 결국 유한하며 제한적일 수밖에 없다고 끈질기게 설득하자, 발제는 한발 양보해서 즐길 만큼(7년) 즐긴 뒤에 출가하자고 한다.

그러나 아나율은 발제를 계속 설득해서 그 기간은 6년에서 5년 그리고 다시 3년, 2년, 1년으로 줄고, 또다시 7개월에서 1개월로 축소되었다가 마침내 7일에까지 이르게 된다. 마침내 7일로 최종 낙찰되자 다른 석가 귀족들과 더불어 이들은 7일 동안을 진탕 놀았다고 한다. 결혼 전의 총각 파티에서와 같이 석가 귀족들은 마지막 일탈을 즐기고는 정신적 즐거움이 있는 출가로 나가게 되는 것이다.

출가는 진정한 자유를 찾아가는 걸림 없는 삶으로, 인생의 방향을 전환하는 자발적인 행위이다. 이러한 삶의 변화는 마치 코미디 프로를 보다가 장엄한 연극을 보는 것과 같은 변화이다. 연극의 장엄함을 위해서 코미디의 재미를 희생할 필요는 없다. 코미디는 어디까지나 코미디로서 즐기는 것이고, 연극은 연극으로서 또 다른 즐거움을 내포하는 것이다. 인도인들의 생각은 이렇게 양자를

석가 귀족들은 7일간의
광란의 축제를 열고 난
후 출가한다. 출가 전에
마음을 가다듬는다는
우리 문화와는 다른
것이어서 흥미롭다.

분절한다. 이것이 출가 전의 유희라는 다소 이질적인 모습을 만들어 내고 있는
것이다.

_ 천안제일, 아나율

석가족의 왕이었던 발제와 석가 귀족들의 동반 출가로 인해 왕위는 아나율
의 형인 마하남에게 돌아간다. 마하남은 처음부터 출가 의사가 별로 없었던 인물
이라는 점을 고려한다면, 동생인 아나율의 출가 바람 몰이가 마하남에게는 왕위
를 선사한 격이 된다. 아나율 때문에 부모에게 서운했던 감정도 이때쯤에 이르면
사그라질 만도 하지 않았을까?

발제와 같은 경우는 왕위를 버리고 출가했기 때문에, 붓다는 『증일아함경』의
「제자품」에서 "내 제자 중에서 신분이 높고 부귀하며 천성이 부드럽고 화순한 이
는 발제 비구다."라고 평가하고 있다. 아나율에게 한없이 양보하는 걸 보면 천성
이 부드럽고 화순한 것도 맞는 것 같다.

아나율은 출가를 동경해서 바람을 일으킨 이였지만, 한때 방일했던 적이 있
었다. 그러다 급기야 붓다의 설법 시에 조는 사건이 발생한다. 이때 붓다는 절적
한 비유로 아나율을 경책했다고 『증일아함경』에는 기록되어 있다. 그러나 아나
율은 심한 자책과 충격 속에서 10여일 동안이나 잠을 자지 않고 정진하다가 결국
실명하기에 이른다.

종교적인 기록을 읽기 쉽지 않은 것이 바로 이런 대목이다. 후일 미화되어 크
게 나무라지 않은 것으로 되어 있지만, 사람이 충격으로 잠을 자지 않을 정도라

면 당시에 매우 심한 질책이 있었음을 짐작해 볼 수 있다. 종교적인 관점에서 붓다는 마음씨 좋은 '허허 노인' 같지만, 현실의 붓다는 카리스마로 뭉친 엄격한 지도자였던 것이다.

『논어』에는 재여라는 제자의 낮잠에 대한 공자의 질책이 기록되어 있다. 이때 공자는 "썩은 나무에는 조각을 할 수 없고, 무너지는 흙 담장은 손 볼 방법이 없다."라고 하였다. 썩은 나무를 가지고 조각할 수 없다는 것은 이해가 쉽다. 무너지는 흙 담장이란, 흙이 오래되어 찰기를 잃고 팽창해서 무너지는 것을 말한다. 이럴 경우 겉에 미장을 해서 될 일이 아니고, 흙 자체를 바꾸어야만 일이 해결된다. 즉 '너같이 정신 자세가 글러 먹은 놈은 안 된다'는 강도 높은 모욕인 것이다. 이러한 질책 때문이었는지, 재여는 후일 공자의 십대제자로까지 성장한다. 그런데 아나율 또한 발분망식하여 실명하게 되지만, 그로 인해 천안을 얻어 천안제일(天眼第一)의 붓다 십대제자가 된다. 이렇게 놓고 본다면, 적절한 상황에서의 엄격한 질책은 반드시 필요한 것이다. 또 붓다와 같은 위대한 교육자를 만난 아나율은 희대의 행운이라고 할 만하다.

_ 석가족의 출가와 우바리

7일간의 유희 뒤에 출가하는 석가족은 발제, 아나율, 제바달다, 아난과 같은 붓다의 종제들과 금비라와 같은 석가 귀족들이 대부분이었다. 이들은 출가하기 위해서 이발사인 우바리에게 머리를 깎고, 이제는 더 이상 필요 없게 된 많은 장신구들을 우바리에게 준다.

우바리는 보석들을 받고 기뻐하다가, 문득 타인이 버린 가래침과 같은 것을 가지고 자신이 기뻐하고 있다는 '비극적인 자각'에 도달한다. 그로 인하여 출가를 결심하고 붓다를 찾아간다. 혼자 간 우바리는 석가 귀족들의 집단적인 움직임에 비해서 빨랐던 것 같다. 그 결과 늦게 출발했지만 엇비슷하게 도착하게 된다.

경전에서는 석가 귀족들이 스스로의 교만을 제어하기 위해서 신분이 낮은 우바리를 먼저 출가하도록 해 자발적으로 밑에 위치했다고 한다. 그로 인해 우바리가 석가 귀족들에 비해서 선배가 된다. 그런데 선배에 대해 차례로 예를 올리는 과정에서 왕이었던 발제는 우바리 앞에 와서 주저한다.

불과 얼마 전까지 석가족의 왕이었던 발제에게 있어서 하인이었던 우바리의 발에 예배한다는 것은 분명 어려운 일이었을 것이다. 그러나 발제는 스스로를 제어하여 결국 우바리의 발에 예를 갖춘다. 이때 경전에는 신들의 찬탄이 있었다고 적고 있다. 이는 종교적으로 미화된 것이지만, 분명 보통 사람으로서는 하기 힘든 일임에 분명하다. 붓다에게 출가하는 사촌들 중 발제는 가장 드러나지 않은 인물이다. 그러나 여러 정황으로 볼 때, 발제야말로 진정한 인격자임에 틀림없는 분이다.

발제는 출가 후에 나무 밑에서 명상하다가 가끔 "참으로 즐겁구나, 참으로 즐겁구나."라는 독백을 하곤 한다. 이를 들은 승려들 중 일부가 붓다에게, 발제가 과거 왕이었을 때의 쾌락을 생각하고 있는 것 같다고 말해 준다. 아마도 왕이었던 사람이니, 발제로 인하여 소외되거나 심적인 상처를 입었던 사람들도 있었으리라. 이들이 붓다에게 발제를 고자질하고 있는 것이다. 붓다는 발제를 불러서 먼저 사실관계를 확인한다. 그러자 발제는 자신이 그렇게 말했다고 했고, 붓다는 다시금 왜 그렇게 했는지를 묻는다. 이때 발제는 "왕일 때에는 모든 것을 갖추고 무사들의 보호 속에서도 혹은 지위를 잃을까, 혹은 죽임을 당하지 않을까 하여 막연한 두려움이 있었습니다. 그런데 이제 출가하고 나니 나무 밑에서 홀로 밤을 지내도 두려움이 없으니, 이것을 즐겁다고 한 것입니다."라고 말한다. 이것은 진정 모든 것을 떨쳐 버린 자의 참다운 행복의 외침이었던 것이다. ⊗

붓다 당시 전 인도 최고
재벌이었던 급고독 장자의 집터.
아직도 금을 넣었던 창고라고
전해지는 공간이 여러 곳 있어,
과거의 이야기를 현대화하고 있다.

최대 부자
급고독 장자와
붓다의 만남

붓다 당시 인도는 동쪽의 왕사성을 수도로 하는 마가다국과 서쪽의 사위성을 수도로 하는 코살라국이 주도하는 양강 체제에, 바이샬리나 밤사와 같은 중강 국가들이 치열하게 경쟁하던 시기였다.

그렇기 때문에 왕사성을 휩쓴 붓다에게 있어서 사위성은 반드시 확보해야만 하는 중요한 포교 거점이었다. 바로 이 무렵 사위성에서 급고독 장자가 왕사성으로 오게 된다. 붓다의 뜻이 급고독 장자에 의해서 구현되는 아름다운 이야기는 또다시 이렇게 우연처럼 시작되는 것이다.

당시 전 인도의 최대 부자는 사위성의 급고독 장자였다. 장자(長子)라는 칭호는 불교 경전에 많이 보이는데, 대상(隊商) 무역으로 많은 자산을 확보한, 요즘으로 치면 재벌을 의미한다. 장자 말고 남자 신도에 대한 칭호 중 유마 거사에서와 같은 거사(居士)라는 것도 있는데, 이 말은 목축이나 농업경제를 기반으로 하는 부유한 사람을 일컫는 표현이다. 즉 상업 자본가에 대한 표현이 장자이며, 목축이나 농업 자산가는 거사로 불린 것이다. 그러나 후대에 오면 양자는 혼용되면서 차이는 사라진다.

붓다 주위에 이런 분들이 많았다는 것은, 붓다가 유연한 사고와 개방적 가치관을 가지고 당시의 새로운 변화를 주도해 가고 있었다는 것을 의미한다. 즉 붓다에게는 시대를 읽는 눈이 있었고, 최첨단의 경제 인식을 가진 재벌들은 붓다를 멘토로 삼고 싶어 했던 것이다.

급고독 장자의 이름은 수닷타이다. 급고독(給孤獨)이라는 것은 그가 고독, 즉 외롭고 쓸쓸한 이들을 잘 도와주었기 때문에 생긴 일종의 별명과 같은 존칭이다.

고독한 사람은 두 부류이다. 첫째는 고독에 처해 있는 사람들이다. 고아나 과부, 노인과 같은 이들로 물질적인 도움을 필요로 하는 이들이다. 둘째는 고독을 즐기는 사람들이다. 이들은 수행자로 사유를 통해 정신적인 고독을 관조한다. 물론 이들에게도 물질적인 도움이 필요하다. 급고독 장자는 많은 자산을 바탕으로 고독한 이들을 외호하고 보살폈다. 그래서 급고독이라는 아름다운 칭호〔美稱〕를 얻게 된 것이다. 급고독 장자야말로 단순히 잘사는 것이 목적이 아닌, 어떻게 사는 것이 잘 사는 것인지를 정확하게 아는 분이었다고 하겠다.

급고독 장자는 요즘으로 치면 다국적 기업을 거느린 거대 대상에 해당한다.

그러므로 사위성에 총본부를 두고 있지만, 왕사성에도 지부를 두는 것은 당연하다. 그 지부의 관리자는 호미(護彌)라는 이름의 손위 처남이었다. 전후 상황으로 유추해 보면, 호미가 처음부터 급고독 장자의 처남이었을 가능성은 낮다. 왕사성으로 무역을 확장하는 과정에서, 결혼 관계를 통한 결속이 있었던 것으로 판단된다. 요즘으로 치면 재벌들끼리의 정략결혼과 같은 상황이라고 하겠다. 특히 당시에는 여러 부인을 둘 수 있었으니, 이러한 관계를 통해서 가진 자들이 결속을 강화하고 서로의 이익을 공유하는 것은 당연한 수순이었으리라. 급고독 장자는 주기적으로 사업과 관련해서 왕사성을 방문했다. 이럴 경우 당연히 호미의 환대는 극진했다.

그런데 어느 날 급고독 장자가 왔음에도 불구하고, 호미 장자는 다른 일을 지시하느라 바빠서 환대가 예전만 못했다. 급고독 장자가 일찍이 받아 보지 못한 소홀함에 화를 내자, 호미 장자는 황급히 사과하면서 내일 붓다와 스님들을 모셔서 공양하기로 해 준비가 바빠서 그랬다고 대답했다. 급고독 장자는 그 말을 듣고 붓다가 어떤 분인지에 대해서 물었고, 호미 장자는 왕사성에서의 붓다의 활약과 가르침에 대해서 말해 주었다.

_ "급고독 장자여, 이리로 오라"

급고독 장자는 거대한 사업을 경영하는 매우 영민한 사람이다. 그러다 보니 붓다에 대해서 조금밖에 듣지 못했지만 붓다가 대단한 인물임을 직감한다. 마치 바닷물을 조금만 맛보아도 바닷물은 전부 짜다는 것을 아는 것처럼. 그래서 호미 장자에게 붓다와의 만남을 주선해 줄 것을 요청한다. 그러자 호미 장자는 붓다가 내일 오시기로 되어 있으니 조금만 기다리면 된다고 말한다.

잠자리에 든 급고독 장자는 새벽에 잠을 깬다. 붓다에 대한 간절함, 그리고 바른 가르침에 대한 절실함이 잠을 떨쳐 냈기 때문이다. 잠에서 깬 급고독 장자는 새벽을 거닐다가 멀리에서 뿜어져 나오는 빛을 보게 된다.

그것은 진리로 인도하는 빛, 즉 붓다의 후광이었다. 급고독 장자와 붓다의 만남에는 극적인 아름다움이 있다. 인도 최고의 재벌이지만 스스로 교만하거나 만족하지 않고, 진리를 찾아 잠을 떨치고 나서는 주체적 노력. 그 결실로 그는 시끄러움을 이긴 고요의 붓다를 보게 된다. 급고독 장자에게 스승은 그렇게 다가온 것이다.

당시 붓다는 시타림에 계셨다. 인도 말 시타(sīta)는 '차다'는 의미다. 그러므로 시타림은 한림(寒林), 즉 '찬 숲'으로 번역된다. 이 숲은 왕사성 북쪽에 위치하는데, 숲이 우거져 찬 기운이 서려 있기 때문이라고도 하고, 또 사람들이 시체를 많이 유기해서 으스스한 기운이 겹쳐 이런 이름이 붙었다고도 한다.

시타에 대한 음사로 시타(尸陀)가 주로 사용되지만, 때에 따라서는 시다(尸多)로 된 경우도 있다. 이런 경우 시타림은 '시체가 많은 숲'이라는 의미가 된다. 이러한 의미가 오늘날까지도 불교적으로 사용되면서, 스님들이 상갓집에 가서 염불하는 것을 시다림(일반적으로 사찰에서는 시달림으로 발음함)이라고 한다. 참으로 절묘한 음사이다. 이러한 음사를 음의겸역(音意兼譯)이라고 하는데, 한자와 같은 뜻 글자만 가능하다. 오늘날 코카콜라를 커코우커러(可口可樂, 가구가락)로 음사하여,

'맛있고 즐겁다'는 뜻으로도 해석될 수 있도록 한 경우 등이 여기에 해당한다. 이렇게 놓고 본다면 시타림이야말로 가장 오랜 생명력을 가지는 음의겸역의 최고봉이 아닐까 하는 생각이 든다.

시타림에 이르렀을 때, 급고독 장자는 본능적인 두려움을 느꼈던 듯하다. 아무래도 잃을 것이 많은 사람일수록 두려움도 많은 법이다. 그때 저 멀리에서 "급고독 장자여, 이리로 오라."는 붓다의 인도 말씀이 들렸다. 그러자 두려움은 사라지고 온화한 밝음이 고였다고 한다.

_ 사위성으로의 초청과 사리불과의 인연

급고독 장자는 붓다를 뵙고 가르침을 듣자, 곧 진리의 눈이 청정해지는 수다원을 증득한다. 급고독이라는 미칭이 붙을 정도의 선근과 그쳐서 기다리지 않고 곧장 찾아 나서는 주체적인 문제 해결의 의지가 붓다를 만나 그의 영혼을 각성시켰던 것이다.

급고독 장자는 붓다를 자신의 활동 무대인 사위성으로 초청한다. 여기에는 붓다를 가까이 모시고 싶은 애틋함과 더불어 자신의 재력을 드러내 보이려는 자랑의 마음도 공존하고 있었으리라. 그러나 붓다는 이러한 초청을 단번에 수락하지 않는다. 붓다에게도 사위성은 전 인도로 가르침을 펼치는 데 있어서 필연적인 곳이었다. 그럼에도 붓다는 거듭되는 급고독 장자의 요청을 쉽사리 받아들이지 않으셨다.

사위성은 동쪽에 위치하여 개방적이었던 왕사성에 비해, 아리안의 문화가

붓다가 사위성의 외도들과
신통을 겨루어 승리하는
과정에서, 천의 모습으로
분신한 것을 기념해 건립한
스투파 유적. 사위성이 8대
성지가 되는 것은 바로 이곳
때문이다. 붓다는 이곳에서
신통을 보이고 어머니를
제도하기 위해 곧장 천상으로
올라가셨다.

3부 진정한 왕, 새 시대를 열다

강하게 남은 보수적인 곳이었다. 즉 새로운 가르침을 전파하기에 쉽지 않은 면이 있다는 말이다. 이는 붓다가 사위성에서 기적을 일으켜 외도들을 굴복시키는 천불화현(千佛化現) 등의 이야기를 통해서 단적으로 알 수 있다. 바로 그렇기 때문에 붓다는 사위성에 처음부터 든든한 포교 거점이 만들어지기를 바랐던 것 같다. 급고독 장자의 영민함은 결국 이를 눈치 채고, 붓다께 사찰을 지으면 낙성식에 참석해 주실 것을 요청하게 된다.

급고독 장자가 사위성으로 돌아가 절을 지어 부처님을 모시기로 했지만, 문제는 어떻게 지어야 하는지를 알 수 없다는 것이다. 당시는 불교가 생긴 지 얼마 지나지 않았으므로, 사찰 건축과 같은 개념이 채 정립되어 있지 않았기 때문이다. 그래서 전체를 감독해 줄 스님을 요청했다. 붓다께서는 사리불과 함께 가도록 지시하신다. 급고독 장자와 사리불의 깊은 인연은 이렇게 시작된다.

그런데 사리불을 만난 급고독 장자는 사리불에게 "스님께서는 제가 출발한 뒤 하루 있다가 출발하시지요."라는 다소 황당한 요청을 한다. 사리불은 영문을 잘 몰랐지만 일단 수락하는데, 알고 보니 그것은 급고독 장자가 하루 먼저 가면서 가는 곳마다 임시 숙소를 만들기 위한 배려였다. 마치 황제가 순행할 때 먼저 신하가 앞서 가면서 머물 수 있는 임시 행궁을 만들고 황제가 그곳에 도착해서 쉬듯이, 급고독 장자는 사리불을 위해 스스로 길잡이를 자처한 것이었다. 급고독 장자의 이러한 존경심은 복이 어떤 사람에게 깃드는지를 잘 알게 해 준다. 물이 낮은 곳으로 고이듯, 복 역시 스스로를 낮추는 사람에게만 모이는 것이다. ▨

급고독 장자가 금을 깔아서
확보했다는 기원정사 유적.
당시 7층의 건물이 들어서
있었으며, 붓다는 이곳에서
19~25년 동안 안거하며
대다수의 경전들을 설하셨다.

사위성과
기원정사의 건립

─ 코살라국의 사위성과 우리의 서울

급고독 장자는 사리불을 인도하여 코살라국의 수도인 사위성으로 오게 된
다. 사위성은 사위국(舍衛國)이라고도 불리는데, 이는 도시국가의 발전이 고대국
가로 전개되면서 남긴 역사적 흔적이다.

사위성의 인도 지명은 슈라바스티(Śrāvastī)이다. 이를 음사한 것이 실라벌(室羅
伐)인데, '모든 것을 다 갖춘 번영의 땅'이라는 의미이다. 그런데 이러한 실라벌이
라는 발음에서 파생된 것이, 바로 우리의 고대국가인 '서라벌=신라'이다. 이 중 신
라는 계율(戒律)에서 '계'를 나타내는 인도 말인 '시라(śīla)'에서 왔다는 주장이 최치
원에 의해 제기되기도 하였다. 그러나 서라벌이 곧 신라라는 점과 실라벌과 신라
발음의 상호 유사성을 고려한다면, 전자가 더 타당한 것이 아닌가 한다. 즉 우리의

고대국가이자 '로마'와 '중국 주(周)나라'와 더불어 전 세계 3대 천년왕국으로 꼽히는 신라(992년간 존속)는, 붓다의 인연처이자 진정한 불교 왕국이었던 것이다.

이 문제는 비단 여기에서 끝나는 것이 아니다. 후일 고려의 남경(南京)이었던 한양(漢陽)은, 조선 건국과 함께 수도로 정해지면서 서울로 거듭난다. 그런데 한양이라는 명칭은 풍수지리설에서 사대문을 위시로 하는 도성이 한강의 북쪽, 즉 양택(陽宅)에 위치한다는 의미에서 한양이 된다. 그런데 우리는 이러한 한양이라는 한문적 표기와는 다른 서울이라는 명칭을 사용하고 있어 주의가 요구된다.

이는 서라벌이 수도라는 1,000년의 문화적 보편 관념 속에서, 수도는 곧 서라벌이라는 인식에 기인한 것이다. 서라벌이라는 발음은 이후 '서벌'로 바뀌고, 이것이 다시금 '서울'이 된다. 즉 수도라는 공통된 측면에 의해서 한양이 서울로 불리게 되는 것이다. 이렇게 놓고 본다면, 서울 역시 붓다의 인연처가 된다. 바로 이러한 보이지 않는 불교의 숨결이 오늘도 고요히 서울을 감싸고 있는 것이다.

_   사리불의 선택과 급고독 장자의 고뇌

사위성으로 온 급고독 장자는 사리불과 함께 승원지로 적합한 곳을 찾아다녔다. 급고독 장자는 당시 전 인도의 최고 재벌이었으니, 뱃심 좋게 아무 곳이나 고르라고 호언했다. 그러나 사리불의 선택은 전혀 예상치 못했던 최악이었다.

사리불이 선택한 장소는 도심 안임에도, 유독 한가롭고 아름다운 공원과 같은 곳이었다. 이러한 조건이 갖추어진 것은, 이곳이 코살라국의 태자인 제타가 쉬는 휴식 동산이었기 때문이다. 인도는 날씨가 무덥기 때문에 귀족들은 시원한

기원정사의 아난 보리수.
붓다가 계시지 않을 때
제자들이 붓다를
그리워하자 시자인 아난이
의해 부다가야의 보리수
일부를 이식한 것이라고
한다.

숲을 찾아 쉬고는 하는데, 이를 유희원(遊戲園)이라고 한다. 사리불이 택한 곳이 바로 제타 태자의 유희원이었던 것이다.

『사분율』 권50의 「방사건도(房舍揵度)」에는, 붓다가 정해 놓은 사찰의 입지 조건에 대한 내용이 기록되어 있다. 이때 살펴지는 것을 보면, '도시에서 너무 멀거나 가깝지 않은 한적한 곳이어야 한다'고 되어 있다. 이는 당시 인도 승단이 '탁발과 사회성을 통한 민중 교화'와 '수행'이라는 두 가지를 새의 두 날개처럼 여겼기 때문이다.

사리불이 선택한 곳은 이러한 붓다의 관점과 잘 상응한다. 이는 사리불이 붓다의 의지를 잘 파악한 분이라는 점을 분명히 한다. 그러나 도심지 속에 너무도 아름다운 그린벨트가 있다면, 한 번 정도는 '왜?'라는 생각을 했어야 했다. 그러나 급고독 장자의 호언은 사리불의 왜라는 의심 발생을 차단했고, 그 결과 급고독 장자의 고민은 새롭게 시작된다.

급고독 장자가 제타 태자를 찾아가 땅을 팔라고 했을 때, 태자의 반응은 '당신 지금 제정신인가?' 하는 것이었다. 제아무리 재벌이라고 해도 고대의 신분제 사회에서 태자에게 유희원을 팔라는 요구는 분명 목숨을 건 무모함임에 다름 아니다.

만일 통일기에 이러한 요청이 있었다면 그 대가는 곧 죽음이었을 것이다. 그러나 당시는 여러 열강들이 경쟁하는 상황이었다. 이때 재벌은 오늘날의 다국적 기업과 같은 구조 속에서 초국가적인 기반을 가지고 있었다. 이는 오늘날 재벌들이 특정 국가에서 자본을 철수시킬 경우, 그 국가 역시 위험에 빠질 수 있는 것과 유사한 상황이라고 보면 된다. 바로 이 점이 급고독 장자가 태자에게 유희원의 매매를 청할 수 있는 배경이었다. 그러나 그럼에도 이것은 매우 위태로운, 얼음판을 걷는것과 같은 행동이었다.

급고독 장자의 집요한 요구에 더위 속에서 짜증이 난 태자는, 마침내 '금으로 깔아 보든지'라는 무모한 요구를 하게 된다. 오늘날 땅값이 비싼 것은 건축 기술의 발달로 인해 땅의 크기와는 상관없이 고층 건물을 세울 수 있기 때문이다. 그렇기 때문에 기술이 발전할수록 땅값의 편차는 더욱 커져, 수만 배를 넘어서 수억 배로까지 벌어지게 된다. 그러나 과거로 거슬러 올라가게 되면, 땅값의 편차는 그렇게까지 크게 차이나지 않는다.

그러나 금값과 같은 경우는 반대로 고대로 올라갈수록 더 비싸진다. 오늘날 금광이라는 명칭이 사용되는 기준은, 바위 1톤당 금 1돈 정도가 매장되어 있을 때이다. 이러한 바위를 잘게 깨트려 용해하고 그런 과정에서 금을 추출하게 된다. 언뜻 생각해도 이는 결코 쉬운 일이 아니다. 물론 고대에는 지표의 금맥들이 존재했기 때문에 이렇게까지 금의 채취가 어렵지는 않았다. 그러나 과거에는 기술이 부족했기 때문에 정제와 관련해서 그 가치는 더욱 높을 수밖에 없다.

이렇게 놓고 본다면, 땅을 금으로 덮으라는 요구는 매우 허황된 것임을 알 수 있다. 즉 이는 귀찮게 하는 상대를 피하기 위한 태자의 방편적인 언어 구사였던 것이다. 그런데 급고독 장자는 곧장 그 말을 받아서 '가격은 정해졌다'고 대답한다. 붓다에 대한 간절한 신심이 이익을 근본으로 삼는 재벌로 하여금 이익의 가치를 초월하게 했던 것이다.

급고독 장자는 약속대로 하인들을 동원해 사금으로 땅을 깔기 시작한다. 오늘날도 금으로 땅을 덮는다면 해외 토픽감일 것이다. 그런데 고대에 이런 일이 있었으니, 사람들이 앞다투어 구경하는 것은 당연한 일이리라.

구경꾼 속에는 태자도 끼여 있었다. 태자는 하인들을 시켜 휘장을 친 침대 자체를 이동해, 먼 발치에서 한 재벌의 미친 것 같은 행동을 구경하고 있었다. 그런데 반쯤 땅이 덮이자 일이 멈춰지면서 급고독 장자가 생각에 잠겨 있는 것이 아닌가. 태자는 급고독 장자가 이제야 제정신을 차리고 후회한다고 판단했다. 그래서 장자를 불러 "후회하는 모양인데, 나에게 맞서려던 잘못만 빌면 금은 다시 가져가도 좋다."라고 말한다. 그러자 급고독 장자는 무슨 소리냐는 듯 웃으며, "금이 든 창고가 너무 많아서 어떤 창고부터 열어야 할까를 고민하고 있었을 뿐입니다."라고 대답한다. 그리고는 다시 금을 깔기 시작한다.

결국 전체 땅의 80퍼센트 정도가 금으로 뒤덮이게 되자, 태자는 급고독 장자가 멈추지 않을 것임과 자신이 이 기 싸움에서 패배했다는 것을 인지하게 된다. 그래서 다시금 급고독 장자를 불러, "당신이 하는 일이 얼마나 미친 짓인지 아는가? 도대체 어디에 쓰려고 이 땅을 이렇게 허황된 가격에 사려고 하는가?"라고 묻는다. 그러자 급고독 장자는 그것이 붓다를 위한 정사의 건립에 쓰일 것임을 설명한다.

그러자 태자는 붓다가 누구인가에 대해서 묻고는 이렇게 말한다. "나는 네 말을 듣고도 붓다가 어떤 분인지 정확하게 모르겠다. 그러나 당신과 같은 사람이 이 정도로 존중하는 인물이라면, 그분이 충분히 훌륭하다는 것은 알 수 있다. 이 내기는 내가 졌다. 그러나 나에게는 아직도 이곳의 나무에 대한 소유권이 있다. 이 나무들을 나는 붓다에게 바친다. 그리고 정사의 정문도 내가 보시하고 싶다."

제타 태자는 이렇게 재벌에게 굴복당했다. 그러나 이것이 자신의 일생에 있어서 가장 큰 영광임을 그때 태자는 전혀 모르고 있었다. 오늘날 불교도에게 가장 널리 알려진 사원인 기수급고독원(祇樹給孤獨園)은 바로 이렇게 탄생한다. 기수(祇樹)는 제타의 한자식 표기이다. 즉 기수 태자와 급고독 장자의 보시로 이룩된 사찰이라는 의미인 것이다. 이렇게 제타 태자의 이름은 불교의 전파와 더불어 세계적인 인물로 거듭나게 된다.

현대의 조지 루카스 감독은 영화 〈스타워즈〉에서 특이한 수행 집단을 생각해 낸다. 그러나 그 명칭을 붙이는 것이 쉽지 않았다. 이때 불교도였던 조지 루카스 감독에게 선택되는 것이 '기수 + 급고독원'에서의 기수, 즉 제타였다. 그 결과 '제다이'라는 말이 만들어지게 된다. 이를 통해서 제타 태자는 전 세계인에게 알려진 몇 안 되는 인물의 반열에까지 올라서기에 이른다.

지난 역사 속을 거닐었던 태자들을 헤아린다는 것은 불가능하다. 그중 이름을 남기는 경우는 극소수이다. 이렇게 놓고 본다면, 제타 태자의 패배야말로 그의 인생에서 가장 큰 축복인 동시에 영광이라고 하겠다. ※

기원 정사 숲에서의 사유

수보리의 교화와
세계 최초의
다이어트 경전

_ 기수급고독원, 사위성의 랜드마크가 되다

사위성의 기수급고독원은 7층으로 건축되었고, 여기에는 화려한 회화 장식이 설치되었다. 초기 불교 최대의 사원인 것이다. 이러한 건축이 2,500년 전의 일이라는 점을 고려한다면, 두바이의 7성급 호텔인 버즈 알 아랍에 비견할 만하다. 명실 공히 사위성의 랜드마크인 것이다.

사찰이 대도시를 압도하는 화려한 건물이라는 말을 들으면, 의아해하는 분들이 있을 수 있다. 이렇게 되는 이유는 두 가지로, 불교 '내적인 측면'과 '외적인 불가피성'을 들 수 있다.

첫째, 불교는 검소나 청빈이 목적이 아니라 집착을 여의는 것을 목표로 한다.

그러므로 환경이 문제가 아니라, 마음가짐에 초점이 맞추어진다. 실례로 천수보리(天須菩提)는 붓다의 수행에 이끌려 출가했지만, 귀족 출신이었기 때문에 누더기 가사를 입는 것이 창피하고 신경 쓰여서 수행을 할 수 없었다. 그대로 속퇴하고자 했는데, 붓다가 이 소식을 듣고 천수보리만은 특별히 화려한 의복을 입어도 좋다는 배려를 해 주신다. 천수보리는 화려한 비단 옷을 입게 되자, 의복에 대한 집착이 사라져 금방 수행의 결과인 깨달음을 성취한다. 이로 인해 천수보리는 붓다의 제자 중 호의제일(好衣第一), 즉 '좋은 옷 입는 제일'이라고 칭해진다. 천수보리의 깨달음은 붓다가 형식이 아니라 내용과 깨달음에 초점을 맞추고 있다는 것을 잘 나타내 준다. 바로 이 점이, 사찰이 사위성의 랜드마크가 될 수 있는 불교 내적인 이유이다.

둘째, 사위성은 보수적이어서 불교를 공격하는 이교도들이 많았다. 실제로 개방적인 왕사성과는 달리 사위성에서는 붓다에 대한 도전과 음해가 끊이지 않았다. 그러므로 불교라는 내용도 중요하지만, 외형적인 거창함으로 좌중을 압도할 필연성도 존재하는 것이다.

기록에 따라 차이가 있는데, 붓다는 기수급고독원에서 19~25년을 안거하신 것으로 나타난다. 이는 불교적으로 사위성이 결코 포기할 수 없는 대도시이며, 동시에 계속된 잡음으로 인해 붓다께서 친히 안정을 도모하실 필요가 있었다는 것을 의미한다. 즉 이교도와의 경쟁에서 기수급고독원의 웅장한 규모는 유형적으로 상당한 역할을 했던 것이다. 이와 같은 측면이 고려된 것이 바로 7층의 화려한 건축물이라고 하겠다.

_ 기수급고독원과 기원정사

기수급고독원의 낙성식 때 붓다가 제자들을 대동하고 개막식 테이프를 끊기 위해 오게 된다. 그때 제타 태자 역시 붓다가 도대체 누구인가 싶어 먼발치에서 구경하고 있었다. 그러다 붓다를 보는 순간 그 거룩함에 감화된다. 태자와 같이 일생 동안 꺾여 본 적이 없는 사람에게는 대단한 카리스마가 존재한다. 그런데 붓다를 보자마자 굴복되었다는 것은 붓다에게서 발산되는 깨달음의 아우라가 대단히 강렬했음을 나타내 준다.

제타 태자는 붓다가 테이프를 끊고 사찰 명칭을 선포할 때, '나도 절을 짓는 데 기부하고 도움을 주었으니, 내 이름도 불러 주면 좋으련만' 하고 생각을 했다. 이때 붓다는, "이 절은 제타 태자와 급고독 장자가 연합해서 지은 절이므로 기수급고독원이라고 한다."라고 천명한다. 그러자 제타 태자는 붓다가 자신의 마음을 안다고 매우 환희로워하며 불교에 귀의하게 된다.

그런데 급고독 장자의 기부가 더 많았음에도 불구하고 제타 태자의 이름을 먼저 불러 준 이유는 무엇일까? 이는 잡은 물고기와 잡아야 할 물고기의 차이 때문으로 판단된다. 붓다의 포교적인 판단과 역량을 확인해 볼 수 있는 대목이다. 그런데 이로 인하여 기원정사라는 말이 파생하게 되는데, 이는 좀 지나친 것이 아닌가 판단된다. 기원정사는 제타의 한문 음사인 '기타'와 '기수'에서의 '기'를 차용한 것으로, '기수 태자의 동산에 지은 사찰'이라는 의미이다. 이렇게 될 경우 급고독 장자의 역할은 완전히 묻혀 버린다. 이는 붓다의 근본 의도와는 분명 다른 것이다. 그러므로 기원정사보다는 기수급고독원이라는 용어를 사용하는 것

거대한 사찰이 유지되기
위해서 우물은 필수적이다.
기원정사의 우물에는 아직도
붓다 당시와 연결된 물길이
솟구치고 있다.

이 더 타당한 것이 아닌가 한다.

_   급고독 장자와 수보리

이 날의 법회와 관련해서 주목되는 인물로는 수보리가 있다. 이 수보리는 앞의 천수보리와는 다른 분으로, 후일 십대제자 중 한 분이 되는 수보리 존자이다. 수보리는 급고독 장자의 동생으로 본래는 성격이 난폭했다. 그러나 이때 붓다를 뵙고 출가하여 다툼이 없는 무쟁제일(無諍第一)이라는 칭호를 얻고 있으니, 교화의 힘이야말로 참으로 위대한 것이다.

수보리는 흔히 해공제일(解空第一)로 알려져 있다. 이는 수보리가 일체에는 불변하는 실체가 없다는 무자성의 이치를 잘 깨우친 분이라는 의미이다. 『증일아함경』 권28에는 비구니 중의 신통제일인 연화색이 천상의 도리천에서 내려오는 붓다를 맞이한다는 내용이 나온다. 그러나 수보리는 붓다의 위대성은 육신에 있는 것이 아니라는 점을 생각하여, 진리의 본질에 대해 관조한다. 연화색은 자신이 붓다를 가장 먼저 마중 나왔다고 기뻐했으나, 붓다는 당신을 가장 먼저 맞이한 것은 수보리라고 답한다. 이 대목은 관점에 따라서는 여성 차별적인 인상이 있어서 붓다 당시의 기록인지 의심스럽다.

그러나 이를 통해서 우리는 수보리가 붓다에게 교화된 이후 난폭한 성격을 완전히 고치고, 숲에서 고요히 명상하는 진리의 수행자가 되었다는 것을 알 수 있다. 이와 같은 수보리의 인상은 후일 남인도에서 반야공 사상의 성립과 더불어 주된 역할을 하는 인물로 재규정되면서 주요하게 작용한다.

기원정사의 여래향실.
이곳이 붓다가 거처하며
『금강경』등을 설법하신
장소이다. 바사닉왕이
붓다를 그리워하면서 만든
전단향 불상이 모셔져 있었던
곳이기도 하다. 그러나 불상은
붓다 당대가 아닌 기원 전후에
만들어지는 것으로 이 불상
이야기는 후대의 가치가
소급된 것이다.

사위성에서 제일 재벌인 급고독 장자와 기타 태자의 귀의를 얻게 된 붓다에게 남은 1인은, 왕인 바사닉뿐이다. 바사닉왕은 붓다와 동갑으로 자존심이 세고 거만하며 잔인한 인물이었다. 사위성의 전도를 위해 붓다에게 있어서 바사닉왕의 교화는 필수적이었다. 그런데 그런 왕에게 당시 붓다와 관련된 이야기가 흘러 들어갔던 것 같다. 재벌과 태자가 붓다에게 귀의한 상황에서, 왕에게 붓다라는 새로운 물결의 소리가 전해진 것은 어찌 보면 당연한 일이라고 하겠다. 이렇게 해서 왕의 초청으로 붓다와의 최초 대면이 이루어지게 된다.

바사닉왕은 붓다를 처음 만났을 때 상당히 실망했던 것 같다. 왕이 생각하는 붓다의 이미지는 산신령과 같은 연로하면서도 신비로운 인물이었는데, 그에 비해서 붓다는 너무 젊었다. 그래서 왕은 '저 젊은 사람이 무엇을 알겠나?'라는 교만한 생각을 일으키게 된다.

그러자 붓다는 왕에게, "이 세상에는 나이가 어리고 작아도 무시할 수 없는 것이 네 가지가 있다."라고 말한다. 왕은 무슨 뜻인지 몰라, 그것이 무엇인지를 묻는다. 그러자 붓다는 "첫째, 태자는 나이가 어려도 무시할 수 없다. 장래 왕위에 오를 것이므로."라고 말하자, 바사닉왕이 동의한다. 이어서 "둘째, 독사는 작아도 무시할 수 없다. 물리면 거대한 동물도 죽음에 이르므로.", 왕은 또다시 동의한다. 그 다음 "셋째, 불씨는 작아도 무시할 수 없다. 잘못하면 모든 것을 불태울 수 있으므로.", 왕은 이 역시 동의한다. 끝으로 "넷째, 수행자는 나이가 어려도 무시할 수 없다. 그 속에 깨달음이 깃들어 있으므로."라고 말한다. 이때가 되어서야 바사닉왕은, 이것이 붓다가 자신의 교만한 마음을 알고서 설한 가르침이라는 것을 파악한다. 그리고는 옷깃을 여미고 진실한 존경의 마음을 가지게 된다.

바사닉왕은 이후로 붓다에 대한 존경이 깊어져, 나중에는 개인적인 고민들을 이야기하는 지경에까지 이른다. 그중에는 왕의 고도 비만과 관련된 것도 있다. 비만은 오늘날도 많은 사람들의 고민거리 중 대표적인 것이다. 당시 바사닉왕은 고도 비만으로 인하여 조금만 움직여도 땀이 비 오듯 하고, 숨이 차서 헐떡거렸다. 이로 인한 창피스러움과 고통을 호소하자, 붓다는 살을 빼는 방법에 관한 세계 최초의 다이어트 경전을 설하게 된다.

이 경전은 현재 『잡아함경』 권42의 「1150 천식경(喘息經)」으로 수록되어 있다. 왕은 이 가르침을 새겨듣고, 식사 시간마다 시종에게 외우게 하는 충격요법을 사용해 체중 조절에 성공한다. 이 경전은 붓다가 비단 깨달음의 명인을 넘어서, 세속적인 가치에 있어서도 매우 현명한 분이었다는 것을 유감없이 드러낸다.

또한 이 기록은 교만한 왕이 붓다에게 교화되어 얼마만큼 솔직해지게 되는지를 잘 나타내 준다. 붓다의 교화는 이렇게도 위대하고 친절했던 것이다. 붓다에 대한 당시 대중들의 폭넓은 지지는, 중생들의 작은 고통도 해결해 주려는 붓다의 따듯한 마음에 있었던 것이다.

이교도들의 질시와
붓다의 신통

_ 사위성에서의 붓다를 향한 모략과 음해

붓다가 동쪽의 왕사성에서 풀 위를 달리는 바람처럼 전승 가도를 구가했던
것과는 달리, 사위성에서는 많은 보수 세력의 반발과 충돌 양상을 겪게 된다. 붓
다는 이를 신통과 지혜로 극복한다. 즉 사위성은 도처에 붓다의 신통이 서려 있
는 도시인 것이다. 보수적인 사위성에 기수급고독원이 건립되면서 개혁적인 불
교가 세력을 확대하게 된다. 이를 위협으로 인식한 타 종교에서 불교를 모략하는
것은 어찌 보면 당연하다.

독신 수행자에게 있어서 예나 지금이나 여성과의 문제는 치명적이다. 붓다
역시 제자들에게 '여성과 단 둘이서 가려진 장소에 있지 말고', 또 '보이는 곳이라
도 다른 사람에게 말소리가 들리지 않는 먼 위치에 있지 마라'고 하셨다. 이는 불

3부 진정한 왕, 새 시대를 열다

필요한 오해를 살 수 있기 때문이다. 그런데 이런 기록은 바꾸어 생각해 보면, 당시 남성 수행자들에 대한 사회 인식을 반영하는 것으로도 이해될 수 있다.

붓다는 사회적 약자에게 보다 관대하신 분이다. 이는 불교가 여성에게 있어서 더욱 친절했다는 것을 의미한다. 왜냐하면 당시 인도에서의 여성은 독립된 인격이라기보다는 남성에게 부가된 재산과 같은 관점에서 이해되고 있었기 때문이다. 붓다는 신분제의 부당함을 주장하듯, 성차별에 대해서도 단호한 의지를 보인다. 이는 후일 세계종교 중 가장 오래된 불교에서, 오히려 최초로 여성 성직자를 인정하는 결과로 나타나게 된다. 붓다의 여성에 대한 관대함과 연민의 자세는, 당시의 남성 수행자에 대한 사회적 인식과 결부되어 여성을 통한 붓다 모략 사건을 초래한다. 타 종교에서 여성을 이용해 붓다를 음해한 사건은 두 가지가 기록되어 있다.

첫째는 여성을 매수해서 정기적으로 기수급고독원의 붓다 설법을 들으러 가게 한 후, 그녀를 죽여 정사 밖의 북쪽 나무 밑에 암매장한 사건이다. 이후 실종된 여성의 문제가 대두되고, 이 여성의 시체를 타 종교인들이 찾게 되면서 불교로 혐의가 쏠리게 된다. 이 사건은 붓다와 승단 전체의 청정성과 윤리 문제를 부각하고, 사회법의 징계를 요청하는 것이다.

이는 당시 사위성을 뒤흔들 정도의 매우 큰 위력을 보였을 것이다. 사실 이 여성의 사체가 기수급고독원 인근에서 발견되고, 타 종교인들이 주도하여 여성의 시체를 발견하고 있다는 것은 사건의 왜곡된 실상을 잘 나타내 준다. 그러나 당시 사람들의 지적 수준에서, 이는 불교의 문제로 받아들여졌다. 그 결과 오랫 동안 불교를 괴롭히는 비방거리로 작용했던 것 같다.

현장은 『대당서역기』에서 사건의 결말을, 하늘의 신들이 붓다의 결백을 증명해 주는 것으로 마무리 짓고 있다. 이는 이 사건이 당시 미제로 남아 불교를 곤혹스럽게 했다는 것을 의미한다. 그러나 이 기록은 동시에, 타 종교에서 살인을 해야 할 정도로 불교가 세력을 급격히 확대하고 있었다는 점에 대해서도 알게 해 준다. 즉 이 사건을 통해서 우리는 불교의 확대와 타 종교의 위기의식을 함께 읽을 수가 있는 것이다.

두 번째는 붓다의 아이를 임신했다고 주장하는 전차(戰遮) 브라만녀와 관련된 사건이다. 이 여성은 타 종교인의 제자였는데, 붓다를 모략하기 위해 옷 속의 배에 발우를 묶고 많은 사람들 속에서 붓다의 아이임을 외쳤다. 첫째 사건이 붓다를 중심으로 불교 승단 전체를 겨냥한 것이었다면, 이 사건은 붓다 개인을 정조준하고 있다는 점에서 차이가 있다.

그러나 이는 임신을 가장한 것이었기 때문에 현장에서 거짓이 폭로되어, 상황이 급반전하면서 붓다의 명성이 도리어 올라가는 것으로 일단락된다. 관련 기록에는 제석천이 흰 쥐로 변신해 여성이 묶고 있던 복대를 끊어서 거짓이 만천하에 드러나고, 전차 브라만녀는 그대로 지옥으로 갔다고 적혀 있다. 불교 기록의 특성상 이렇게 묘사되어 있으면, 사건의 결과가 뚜렷해서 판단이 완료되었다는 것을 의미한다. 즉 첫째 사건이 미제로 불교를 상당 기간 괴롭혔다면, 둘째 사건은 처리가 명백히 끝났던 것이다.

_ 망고 나무의 신통과 천불화현

불교에는 붓다의 탄생, 성도, 첫 설법, 열반과 관련된 4대 성지에, 왕사성, 사위성, 광엄성(바이샬리), 곡녀성(상카시아)의 네 곳의 신통 장소가 더해진 8대 성지가 존재한다. 이러한 8대 성지는 오늘날까지도 인도 성지순례의 주요 코스가 되고 있다. 사위성이 8대 성지로 들어가는 이유는, 붓다가 이곳에서 타 종교인들과 겨루는 과정에서 '위대한 신통'을 보였기 때문이다.

이 신통이 붓다의 일생에서 가장 대표적인 것이기 때문에 이를 '대신변(大神變)'이라고 하며, 사위성에서 발생했다고 해서 '사위성 신변'이라고도 한다. 또 신통의 시작이 망고 나무와 관련된다고 해서 '망고 나무의 신통'이라고도 하고, 신통의 방법상에서 다양한 변화와 화신들이 나타나므로 이를 '붓다의 다양한 기적 양상들'이라는 의미의 천불화현(千佛化現)이라고도 한다. 천불화현은 후일 간다라미술에서 붓다의 일생을 나타내는 중요 부조 중 하나로 정착되면서 강력한 영향을 미치게 된다. 이는 『사분율』 권51이나 『비나야잡사』 권26 등에서 그 내용이 살펴지는데, 이를 정리해 보면 다음과 같다. (252쪽 사진 참조)

타 종교의 수행자들이 사위성의 바사닉왕에게 붓다와 신통으로 겨룰 것을 요청하자, 붓다는 이를 듣고 망고 나무 밑에서 대결할 것을 천명한다. 타 종교 수행자들이 붓다가 망고 나무를 이용해서 신통을 나타낼 것을 우려하여 주변의 모든 망고 나무를 베어 버리지만, 붓다는 당일 망고를 드시고 그 씨를 심어서 그 즉시 무성한 나무가 되도록 한다. 이후 붓다는 '허공으로 솟구쳐 올라 몸에서 물과 불을 쏟아 내는 등 여러 신통 변화(雙神變)'를 보이며, 동시에 다양한 화신불이 나투게 하셨다. 이로써 타 종교 수행자들을 완파하고 불교의 존엄성은 사위성을 진동하게 된다.

천불화현이 의미하는 것은, 타 종교를 중심으로 하는 보수 세력들이 불교의 정착을 방해했고 붓다가 신통으로 이를 극복한다는 것이다. 망고 나무를 베어 버렸다는 것은 '음식'과 '나무가 주는 그늘'을 박탈했다는 것을 의미한다. 그러나 붓다는 신통으로 이를 역전시키고, 결국 사위성을 불교 도시로 만들어 버린다.

＿ 살인마 앙굴리말라를 굴복시키다

사위성은 신통을 통한 타 종교와의 충돌 극복 이외에도, 앙굴리말라와 관련된 '기쁜 비극'이 서려 있는 곳이다. 앙굴리말라는 젊고 준수한 수행자였는데, 스승의 젊은 부인이 그의 외모에 반하면서 문제가 발생한다. 결국 젊은 부인의 유혹을 앙굴리말라가 거절하면서 상황은 극단적으로 치닫게 된다.

부인의 입장에서는 앙굴리말라가 먼저 스승에게 자신의 행실을 말하게 될 경우, 당시의 법률상 죽음을 감수해야 했다. 그래서 남편에게 오히려 앙굴리말라가 자신을 유혹했다고 누명을 씌웠고, 스승은 제자의 행동에 분노하게 된다. 그 결과 깨달음을 얻기 위해서는 100명을 죽여서 그 손가락으로 목걸이를 만들면 된다는 기형적인 비방을 가르쳐 준다. 그러나 스승을 의심하지 않았던 앙굴리말라는 이를 신뢰해서 무차별적인 살인을 하기에 이른다.

경전에는 100명이라고 되어 있지만 당시의 인구수나 살인의 사회적 충격 등을 고려한다면, 10명 정도가 타당하지 않은가 싶다. 또 10명의 손가락이면 100

희대의 살인자에서
붓다를 만나 성자가 된
앙굴리말라의 스투파.

"나는 멈추어 있는데
네가 오히려 멈추질
않는구나."라는 붓다의
음성이 들리는 듯하다.

개가 되기 때문에 충분히 목걸이가 될 수 있다. 앙굴리말라라는 명칭은 '손가락 목걸이'라는 의미의 '지만(指鬘)'이다.

극적인 상황은 마지막 살인을 앞두고 앙굴리말라의 어머니가 아들을 말리기 위해서 오면서 발생한다. 그때 붓다께서 신통으로 이러한 내용을 아시고, 어머니를 해치려는 앙굴리말라의 앞으로 나서게 된다. 그러자 앙굴리말라는 어머니 대신 붓다를 쫓게 되는데, 여기에서 걸어가는 붓다를 뛰는 앙굴리말라가 따라잡지 못하는 이적이 발생한다.

이때 뒤쫓던 앙굴리말라가 "사문아, 게 섰거라."라고 하자, 붓다는 "나는 멈추어 있는데 네가 오히려 멈추질 않는구나."라고 답하신다. 이는 붓다는 고요의 깨달음에 멈추어 있는데, 앙굴리말라는 혼란 속을 방황하고 있다는 것을 의미한다. 붓다의 이 말은 앙굴리말라의 어리석음을 자각시켜, 결국 그가 불교로 들어와 진정한 수행자가 되어 깨달음에 이르도록 한다.

그러나 앙굴리말라가 마음을 고쳐먹었어도 그의 살인 행위는 지워지지 않아, 탁발을 나가면 사람들의 모진 돌팔매를 당하곤 하였다. 그러나 진정한 깨달음을 얻은 앙굴리말라는 분노하지 않고 자신의 잘못을 받아들여 얼마 뒤 죽음에 이른다. 어리석고 삿된 판단이 앙굴리말라를 죽음으로 인도한 것이다. 그러나 붓다를 만났기 때문에 그는 최후에 기쁘게 죽음을 맞이할 수 있었다. 🕉

저주받은 땅에서
최고의 성지로 거듭난
상카시아

_ 어머니와의 해후

사위성에서 붓다는 위대한 신통인 대신변(大神變)을 통해, 다른 종교인들의 오만과 잘못된 견해를 일시에 꺾어 버린다. 그런데 『비나야잡사』권29 등에는 이 사건 이후에, 붓다께서 어머니인 마야부인에게 가르침을 주기 위해서 천상인 도리천으로 가셨다는 내용이 기록되어 있다.

도리천은 제석천을 중심으로 서른두 분의 신이 함께하는 천상 세계이다. 붓다는 어머니를 위해 도리천의 공회당인 선법당(善法堂)에서 3개월 동안 가르침을 설하신다. 마야부인은 붓다를 낳은 분이지만, 붓다 탄생 후 7일 만에 돌아가시기 때문에 모자는 이때서야 처음으로 상면하게 된다. 그러나 그것은 눈물의 상봉이

상카시아의 계단 탑 위
정상에 건립되어 있는
조그마한 사원. 계단 탑은
아직 발굴되지 않았지만,
방형으로 된 특이한
구조를 하고 있다.

수천 년에 걸쳐
상카시아를 지켜 낸
아소카 석주 정상의
코끼리 조각. 토실토실한
모습이 복스럽고 귀엽다.

3부 진정한 왕, 새 시대를 열다

아닌 기쁨과 환희의 해후였다.

'낳은 아들'과 '붓다가 된 아들', 좋은 아들은 멀리 떨어져 있어도 그 은혜를 언제나 두터운 덕으로 갚는 법이다. 마야부인으로 인하여 도리천의 신들은 이때 오래도록 붓다의 가르침을 입게 되니, 이것은 마야부인의 또 다른 뿌듯함이었으리라.

3개월에 걸친 가르침이 끝날 무렵, 붓다는 7일을 남겨 둔 시점에서 제석천에게 신통을 사용하지 않는 지상으로의 하강 의도를 피력하신다. 이로 인하여 도리천에서 지상인 상카시아(Saṅkāśya)에 이르는 보배 계단이 제석천의 신력으로 만들어지게 된다. 천상의 도리천에서 지상에 이르는 무지개와 같은 계단이 펼쳐진 것이다. 붓다는 이 계단의 중앙에서 좌우의 제석천과 범천의 시중을 받으며 걸어서 내려오신다.

8대 성지 중 이 상카시아의 신통이 가장 이해하기 어렵다. 그러나 천상으로 연결된 계단은 상카시아에 실제로 있었다. 이는 인도의 성적을 순례한 법현이나 현장, 그리고 우리나라 혜초의 기록을 통해서 확인된다. 법현은『고승법현전(불국기)』에서 '7개의 계단이 남아 있다'고 기록하고 있다. 그러나 200년 뒤에 같은 유적을 순례한 현장은 '수백 년 전까지도 계단이 있었으나 모두 무너졌고, 이를 신심 깊은 왕들이 애석하게 여겨 벽돌과 돌로 쌓고 진보(珍寶)로 장식해 놓았다'고 적고 있다. 오늘날에는 방형의 벽돌로 된 거대한 기단 구조가 존재하고 있지만, 힌두교도들의 반대로 아직 발굴되지 못한 채 방치되어 있다.

역사적으로 상카시아의 신통과 관련해서 가장 이른 시기의 유물은, 상부가 코끼리로 되어 있는 아소카왕의 석주이다. 이는 상카시아의 유적이 매우 오랜 기원을 가지고 있다는 것을 의미한다. 이 석주는 현재까지도 파괴된 채로나마 남아 있다. 그러나 계단 유적 위로는 힌두교의 작은 사원도 건립되어 있어, 순례자들로 하여금 깊은 탄식과 서글픈 상념에 잠기게 한다.

_ 저주받은 땅, 곡녀성

상카시아의 한문 명칭은 곡녀성(曲女成)이다. 곡녀성이란, '허리가 굽은 노파들의 성'이라는 의미이다. 이러한 명칭이 생긴 데는 한 수행자의 애욕과 저주에 얽힌 사연이 있다.

예전 범수(梵授)왕이 다스리던 시절에 대수(大樹)라는 수행자가 살고 있었다. 이 수행자는 열심히 수행해서 큰 위신력을 가지고 있었는데, 하루는 100명의 공주가 노니는 모습을 보고 결혼을 결심한다. 그래서 왕에게 공주와 혼인시켜 줄 것을 요청했으나, 젊은 공주들은 수행자의 늙고 추한 모습을 싫어하여 거절한다. 그러자 왕은 수행자의 신통을 이용한 보복을 두려워해 깊은 시름에 잠기고, 가장 어린 딸이 부왕을 위해서 시집갈 것을 자청하기에 이른다. 그렇게 어린 공주가 가마를 타고 수행자에게 가지만, 수행자는 모욕당했다는 분노 속에서 99명의 젊고 예쁜 공주들을 하루아침에 허리 굽은 노파로 변하게 한다. 가장 아름다운 청춘에서 가장 추한 노파로의 순간적인 변화, 이것이 애욕의 저주가 서린 곡녀성인 것이다.

우리는 이 이야기를 통해서 '잘못된 수행자의 한계'와 '풀잎 위의 이슬과도 같은 청춘의 덧없음'을 생각해 볼 수 있다. 이는 이 이야기가 주는 교훈이다. 합리적으로 생각해 본다면, 이와 같은 지명의 유래는 이곳에 꼽추와 같은 여성 장애인들이 특별히 더 많았다는 것을 의미하는 것으로 해석된다. 아마도 이러한 선천적인 장애의 원인은 오염된 식수와 관련된 것이었으리라.

붓다가 천상에서 이곳으로 하강했다는 내용은, 이러한 저주받은 환경을 해소하고픈 상카시아 사람들의 종교적인 열망과 관련된 것은 아니었을까? 붓다가 이곳으로 오시면서 상카시아의 저주는 해결된 것 같다. 붓다의 도리천 하강과 관련된 천상에서 지상으로 통하는 통로란, 성스러움과 속됨을 연결하는 '우주의 축(軸)'을 상징한다. 즉 이를 통해서 이곳은 가장 신령한 땅으로 거듭나는 것이다. 이는 붓다와 관련된 모종의 이적이 상카시아의 문제를 해소했으며, 이것이 신화

계단 탑의 정상으로
올라가는 길.

화되고 있다는 것을 의미한다.

627년 중국 당나라를 떠난 현장의 목적은, 학문적으로는 유식학의 성전인
『유가사지론』을 배우는 것이었다. 그러나 성지 참배와 관련해서는 '천제도수(天
梯道樹)'에 참배하기 위함이라고『자은전』은 말하고 있다. 여기에서 '도수(道樹)'
는 부처님께서 깨달음을 성취하신 부다가야의 보리수를 의미한다. 그리고 이러
한 도수에 앞서 등장하는 '천제(天梯)'가 바로 상카시아의 계단이다. 즉 상카시아
는 저주받은 땅에서 부다가야보다도 더한 유명세를 타는 성지로 거듭난 것이다.

상카시아의 계단 유적은 바르후트대탑이나 간다라의 부조 등에서 다양하게
묘사되며, 8대 성지로서의 유명세를 뽐내게 된다. 또 이는『해룡왕경』의 성립 구
조에 깊은 영향을 주기도 했다. 상카시아는 붓다의 신통이 어려 있는 곳이다. 그
리고 그 신통은, 모든 악독을 걷어 내는 복됨이 붓다의 권능 속에 존재한다는 것
을 여실히 드러내 주고 있다.

_ 연화색, 슬픔의 인생을 산 여인

상카시아와 관련해서는『증일아함경』권28에 나오는 연화색 비구니에 관해
서 얘기하지 않을 수 없다. 비구 중에 신통제일은 목건련이며, 이와 비견될 수 있
는 비구니 신통제일이 바로 연화색이다.『사분율』권6 등에 의하면, 연화색은 대
단한 미모의 소유자였다. 그러나 미모만큼 인생은 순탄하지 않았다. 아니 순탄하
지 않은 정도가 아니라 더할 수 없는 기구함이 그녀의 삶에 존재한다.

처음 연화색은 울선(鬱禪)으로 시집을 가 얼마 지나지 않아 임신을 하기에 이

른다. 그래서 남편과 함께 친정으로 해산하러 와 딸을 낳게 되는데, 이 과정에서 연화색의 어머니와 남편이 불륜 관계를 맺게 된다. 연화색은 이 사실을 여종에게 듣고는 안고 있던 딸을 집어 던졌다. 이때 아이의 머리에 상처가 생긴다. 얼마 후 연화색은 모녀가 한 남자와 산다는 것은 도저히 있을 수 없다고 자탄하면서 집을 떠나게 된다.

이후 바라나시로 갔다가 그곳에서 연화색의 미모에 반한 상인을 만나 재혼한다. 그런데 상인은 후일 울선으로 무역을 하러 갔다가 그곳에 현지처를 두게 된다. 이후 연화색은 이를 눈치 채지만, 자신도 재혼이었으므로 울선의 현지처를 데려와서 함께 살자고 한다. 이렇게 두 부인이 형님, 동생하면서 살게 되는데, 하루는 머리를 빗겨 주다가 머리의 상처를 보고는 그녀가 자신의 친딸임을 알게 된다.

결국 연화색은 운명의 무게를 이기지 못하고 또다시 집을 뛰쳐나가, 정처 없이 떠돌다 반쯤 실성해서 도착한 곳이 우연찮게도 왕사성의 죽림정사였다. 연화색을 본 붓다는 이 여인의 문제를 한눈에 파악하고, 수행자를 만들어 교화한다. 연화색은 현실에 대한 애착이 없었기 때문에 빠르게 깨달아 비구니 중 신통제일의 위치에 오르게 된다.

그러나 출가한 이후 연화색의 미모는 또 다른 장애가 된다. 홀로 수행하는 과정에서 미모에 반한 일반인과 실랑이가 발생하고, 과격한 다툼 속에서 결국 눈이 빠지는 상처를 입기에 이른 것이다. 오늘날 모두가 원하는 미모의 가치가 때론 슬픔으로 다가올 수 있다는 점은, 인생의 또 다른 아이러니가 아닌가 싶다.

붓다가 상카시아로 내려오실 때, 연화색은 지상의 제자로는 자신이 가장 먼저 붓다를 맞이하고자 했다. 이때 이곳에는 목건련이 없었기 때문에 연화색을 능가하는 신통의 비구는 없었다. 그래서 비구 교단이 발칵 뒤집어지게 된다. 붓다께서 3개월 만에 오시는데, 비구가 아닌 비구니가 가장 먼저 맞이한다는 것에 자존심이 상한 것이다.

이때 왕사성 영취산의 수보리는 가사를 깁다가 이 소식을 듣고는, 잠시 붓다는 형상의 존재가 아님을 관상한다. 그러고는 다시금 가사를 마저 기웠다. 이때 연화색이 붓다를 맞이하면서 자신이 가장 먼저 마중 나왔다고 하자, 붓다께서는 '나를 가장 먼저 맞이한 것은 수보리'라고 답하신다.『증일아함경』권28에 나오는 이 이야기는 참으로 아름답다. 그러나 연화색의 일생을 생각하면 왠지 서글프다. 이렇게라도 해서 인정받고 싶어 했던 연화색을 붓다가 용인해 줬다면, 이야기는 아름답지 않더라도 더 따뜻하지 않았을까?

어머니를 위한 애틋함을 보이기 위해 도리천으로 가신 붓다라는 점을 생각한다면, 수보리에 대한 이야기는 후대에 부가된 것은 아닐까? 특히 수보리가 상카시아가 아닌 왕사성에 있었다는 점에서, 왠지 남성 우월주의에 의한 왜곡의 그림자가 느껴지곤 한다. ✿

붓다,
세계 종교 최초로
여성을 받아들이다

_ 인류 최초의 양성 평등

남성과 여성은 해와 달처럼 각기 다른 고유한 기능 속에서 인류의 전체를 구성한다. 다름 속에 내재한 조화의 완성, 이것이 바로 남성과 여성의 진정한 가치이다. 그러나 인류가 이것을 자각하는 데는 매우 오랜 시간이 걸렸다.

인류의 문명 발달이란 필연적으로 전쟁과 계급을 수반한다. 이러한 과정에서 남성주의 사회가 만들어지게 되며 여성은 소외된다. 덕분에 문명이 오래된 지역일수록 여성 차별은 보다 심하고 가혹한 양상을 띤다.

중국 문명의 유교는 촌수를 바탕으로 주변인을 대우한다. 그러므로 일촌인 부자간의 덕목인 '효(孝)'와 이촌인 형제간의 관계인 '제(悌)'가 그 근간이 된다.

그러나 부인은 무촌으로 특별히 정해진 형식이 없다. 덕분에 첩을 두거나 불합리한 이유로 내쳐도 윤리적으로 큰 문제가 되지 않는다. 중동의 메소포타미아에서 여호와는, 남성인 아담은 신의 의지로 만들지만 여성인 이브는 아담의 일부인 갈비뼈로 만든다. 이로 인해 서구에서는 오늘날까지, 결혼한 여성은 남편의 성씨를 따르는 종속적 구조가 유지된다.

문명이 오래되었다는 점에서 인도 역시 예외는 아니다. 붓다 당시 집안에 남성 구성원이 없고 여성만 존재할 경우, 그 집의 가산을 적몰하는 법이 공공연히 시행되고는 했다. 즉 여성은 독립된 인간으로 간주되지 않았던 것이다. 또 힌두교에서는 불과 얼마 전까지만 해도 사티(sati)라고 해서, 남편이 죽은 후 화장하는 불길 속으로 아내가 뛰어 들어가 자살하는 것을 권장하며 이를 미덕으로 여기곤 했다. 이는 조선 시대에 수절과 자결을 권장했던 것과 유사한 것이라 하겠다.

불교는 세계에서 가장 오래된 종교이다. 그러나 붓다의 창조적인 정신은 가장 현대적인 새로움을 내포하고 있어 주목된다. 그 단적인 예가 여성을 출가 수행자로 받아들여 독립적인 인격으로 대우한 사건이다.

여성의 출가는 붓다의 부친인 정반왕의 사후에 이루어진다. 정반왕의 직계인 붓다와 이복동생 난타, 그리고 붓다의 아들인 라후라는 모두 출가한다. 그러므로 정반왕의 임종은 붓다의 이모이자 양모인 대애도와 부인 야수다라에게 더 이상 의존할 석가족 남성이 없다는 것을 의미한다. 여기에 붓다를 따라서 출가한 다수의 석가족 남성들로 인해서 의지할 대상이 없던 석가족 여성들이, 대애도를 필두로 붓다에게 출가를 요청하게 된다. 즉 불교의 여성 출가에는 그들의 바람도 있었지만 당시의 문화 배경적인 측면 역시 존재하고 있었던 것이다. 이와 같은 상황을 고려한다면, 우리는 당시 석가족 여성들의 출가에 원치 않는 출가자들도 있었으리라는 점을 생각해 볼 수 있다. 그러나 이것이야말로 또 다른 측면에서의 붓다의 배려였다는 점에서 우리는 놀라움을 금할 수 없다.

이후 석가족의 역사는, 강대한 코살라국 비유리왕의 원한에 사무친 무자비한 대량 학살의 상황을 맞게 된다. 당시는 국력의 정도로 보아 석가족이 제아무리 단합한다고 해도 코살라군을 막을 수 없는 상황이었다. 그러나 붓다의 지친들은 모두 출가한 상태였기 때문에 비극의 화를 입지 않는다. 물질과 분노의 애욕이 부른 불길이 제아무리 치성해도, 출가의 고요함을 태울 수는 없기 때문일까? 붓다는 당신의 입장에서 그들의 생명을 그렇게나마 구하셨던 것이다.

여성의 출가를 허용한 대사건의 전말

대애도의 출가 요구에 대해 붓다는 냉담한 반응을 보인다. 그리고는 여성의 출가를 허락하지 않고 석가족의 땅인 가비라를 떠나 바이샬리로 이동한다. 이때 대애도와 500명의 석가족 여성들은, 머리를 깎고 가사를 착용한 채 결연한 출가 의지를 보이면서 묵묵히 붓다를 따른다. 즉 가비라국과 바이샬리에 이르는 수백 킬로미터에서 여성 출가의 허용과 관련된 길고긴 줄다리기가 시작된 것이다.

이 같은 상황에서 석가족의 귀족 여성들은 많은 고초를 겪게 된다. 이를 안쓰럽게 생각한 것은 마음이 부드러운 시자, 아난이었다. 아난이 붓다의 사촌 동생이라는 점은, 아난 역시 석가족의 여성들과 무관한 인물이 아니라는 점을 분명히 한다.

아난은 붓다에게 대애도가 양육한 은혜를 부각시키며 인간적인 호소를 한다. 그러나 붓다는 진리의 가르침을 전해 준 것으로 그 은혜는 덮고도 남는다고 대답한다. 이는 사적인 감정에 의해서 여성 출가가 결정될 수 있는 사안이 아님을 분명히 하고 있다.

그러자 아난은 다시금 여성도 깨달음을 얻을 수 있는지에 대해서 여쭙는다. 붓다가 그렇다고 대답하자, 아난은 그렇다면 출가를 허락해서 여성도 깨달음을 얻을 수 있도록 해 달라고 요청한다. 즉 이성적인 관점에서의 여성 권리를 주장한 것이다. 그러자 붓다는 여성 출가자들이 남성 출가자들에게 종속되는 팔경계법(八敬戒法)을 수용할 경우, 여성도 출가할 수 있다는 조건부 출가를 허용한다. 대애도가 이를 수용하면서 여성 출가는 마침내 이루어지게 된다.

여기에서 중요한 것은 대애도를 필두로 하는 여성 출가는 붓다에 의해서가 아니라, 팔경계법의 수용에 의한 것이라는 점이다. 즉 붓다가 여성 출가를 허용하면서 팔경계법을 지니라고 하는 구조가 아니라, 팔경계법을 수용하면 출가가 이루어지는 구조인 것이다. 이는 여성 출가의 발생이, 붓다에 의해 출가가 시작되는 남성 출가와는 전혀 다른 입각점을 가진다는 것을 의미한다. 즉 여성과 같은 경우는 출가의 성립 조건 자체가 팔경계법이라는 말이다. 그러므로 팔경계법을 빼 버릴 경우 여성 출가는 일종의 원천 무효(戒體의 소멸)가 된다. 즉 조약이 우선이고 그 내용으로 팔경계법이 존재하는 것이 아니라, 팔경계법 자체의 수용이 곧 조약의 성립이라는 말이다.

또 여성 출가와 관련해서 과거부터 오늘에 이르는 일관된 인식에는 아난의 공로 문제가 있다. 실제로 붓다 재세 당시 여성 출가자인 비구니들은, 아난의 따듯한 성격 및 박식함과 더불어 은혜를 입었다는 점에서 매우 호의적이었다. 이에 반해서 엄격한 원칙적 입장을 고수한 마하가섭은 붓다의 열반 이후 여성 출가 문제를 들어서 아난을 힐책하는 양상이 확인된다.

그러나 당시 아난은 깨달음을 얻은 상태가 아닌 수다원에 불과했다. 그러므로 붓다가 이러한 아난의 말에 의해서 판단에 변화를 일으켰다는 것은 있을 수 없다. 이는 대애도를 비롯한 당시의 석가 귀족 여성들의 교만을 바로잡고, 효율적으로 팔경계법을 받게 하기 위한 치밀한 의도였다고 이해하는 것이 옳다. 즉 이것은 붓다의 여성 출가 용인과 관련된 일종의 방법론이었다는 말이다.

_ 차별 너머의 깊숙한 존중

오늘날 한국 승단의 가장 큰 쟁점 중 하나이면서, 암묵적으로 표면화되지 않는 문제가 바로 팔경계법이다. 팔경계법에는 '출가한 지 100년 된 비구니라도 이제 갓 계를 받은 비구에게 절을 해야 한다'거나, '비구는 비구니를 경책할 수 있지만, 비구니는 비구를 경책해서는 안 된다'와 같은 여성 차별 조항이 들어 있기 때문이다.

지나간 과거를 이해하는 데 있어서 우리가 흔히 범하는 오류는, 오늘날의 관점에서 과거를 재단한다는 것이다. 역사는 과거 속에서 산출된 과거 속의 결과일 뿐이다. 그러므로 오늘날의 관점에서 정당성에 문제가 있다고 해서, 덮어놓고 문제를 제기하는 것 역시 잘못된 것이다.

붓다의 시대에 여성은 독립된 인격적 존재가 아니었다. 그러므로 붓다가 여성을 수용해서 완성된 존재로 만들기 위해서는 최소한의 사회적인 공감대 형성이 필요했다. 이러한 과정의 일환이 바로 팔경계법인 것이다. 즉 팔경계법은 죽은 사람을 살리는 방법으로 팔을 하나 자르는 정도에 해당한다는 말이다. 그러므로 오늘날 팔경계법을 비판하는 것은, 이때 살아난 사람이 생명의 은인에게 '왜 팔을 잘랐느냐'고 비난하는 것과 같다.

실제로 붓다가 여성 출가를 용인하자 당시의 사회적 인식이 붓다를 강렬하게 비판하는 양상이 확인된다. 이는 여성 출가의 용인으로 인하여 붓다가 많은 어려움에 직면했다는 것을 의미한다. 붓다는 이를 감수하면서 여성 문제를 계몽하신 선각자라는 점을 우리는 잊지 말아야 할 것이다. ⸙

만년의
풍광,
영원의
빛으로
새겨지다

보수주의의 반대와
왕사성의 기적

_ 왕사성파와 석가파

붓다의 만년인 72세 때 불교 교단은 보수주의자인 제바달다에 의해 커다란 혼란을 겪게 된다. 이는 분명 비극적인 사건이지만 불교의 정체성과 붓다의 관점을 알 수 있게 해 준다는 점에서는 긍정적인 면도 있다. 왜냐하면 언제나 잃음과 얻음은 동시적이며 또한 상보적이기 때문이다.

붓다의 만년에 불교 교단 안에서 가장 큰 세력은 수제자인 사리불과 목건련을 필두로 하는 왕사성과 그 주변 지역 출신자들에 의한 왕사성파였다. 그러나 석가족들도 이에 못지않은 세력을 확보하고 있었는데, 석가파들의 가장 큰 장점은 붓다가 석가족이라는 것이다. 실제로 후대에 만들어진 것이기는 하지만, 십대 제자와 이들의 출신지를 살펴보면 우리는 이와 관련된 시사점을 얻을 수 있다.

사리불	마가다국의 왕사성 인근
목건련	마가다국의 왕사성 인근
마하가섭	마가다국의 왕사성 인근
수보리	코살라국의 사위성
부루나	가비라국
가전연	아반제국
아나율	가비라국
우바리	가비라국
라후라	가비라국
아난	가비라국

　이를 통해 본다면, 사리불과 목건련, 마하가섭, 이렇게 앞의 세 분이 왕사성파이고, 부루나, 아나율, 우바리, 라후라, 아난, 이렇게 뒤의 다섯 분이 석가파라는 것을 알 수 있다. 즉 중요도는 왕사성파가 높고 숫자에 있어서는 석가파가더 많은 것이다. 이는 두 파의 영향이 후대까지도 유전하고 있었다는 것을 의미한다.

　석가족인 제바달다는 붓다의 사촌 동생이자 아난의 친형이다. 그는 붓다 만년에 자신이 석가파의 지도자라고 생각했던 것 같다. 물론 그것은 그만의 착각이었다. 여기에 석가족은 공화제였기 때문에 국왕(라자)은 종신제가 아닌 윤번제였다. 또 석가족에게는 혈통적인 우월감에 근거한 교만함이 있었다. 실제로『선

견율비바사』 권13에는 붓다의 마부였다가 출가한 차익이 붓다와 불교를 가리켜 "우리 집안(종족)의 붓다이며 우리 집안의 법(진리)"이라고 하며, 다른 승려들을 억압하고 으스대는 대목이 살펴진다.

제바달다는 이상의 정황을 고려하여, 붓다 만년에 자신이 교단을 승계할 수 있다고 판단했다. 그러나 붓다의 입장은 달랐다. 불교는 모든 인류의 완성을 위해서 복무하는 것이므로 자칫 군림의 대상이 될 수 있는 교주를 인정하지 않았다. 즉 각각의 수행자가 진리를 기준으로 스스로의 옳음으로 나아가기만을 바랐던 것이다. 바로 이 점이 천주교의 교황제와는 다른 불교의 인간 중심적인 평등관이다.

_ 제바달다의 오법과 붓다의 중도

제바달다는 동조자를 모으기 위해서 자신의 주장을 전개하게 되는데, 이것이 총 다섯 개 조항으로 된 오법(五法)이다. 오법은 평생 누더기만 입을 것, 탁발만 할 것, 고기와 생선을 먹지 않을 것, 우유나 요구르트 및 치즈 등의 유제품을 먹지 않을 것, 절에 살지 않고 나무 밑을 옮겨 다니며 생활할 것이다. 이 중 세 번째 육식 금지는 후일 대승불교에서는 일반화되는 것이지만, 탁발이 일상적이었던 붓다 당시에는 현실적으로 용이한 부분이 아니었다. 그래서 붓다는 이를 취하지 않고 있었다. 또 네 번째 유제품 금지는 당시 젖소의 개념이 없는 상황에서 우유 소비가 송아지를 굶게 한다는 이유이며, 치즈와 같은 식품은 고급 식품이었기 때문에 금지하자고 한 것이다.

제바달다가 주장한 다섯 개 조항은 오늘날 불교도들이 붓다 당시의 '수행자' 하면 떠올리는 이미지와 상당 부분 일치한다. 그러나 이는 사실 붓다의 주장과는 거리가 있다. 붓다는 외부적인 형식을 규정하는 것이 아니라, 내면적인 집착을 떨치는 데 중점을 둔다. 이것이 바로 적절성, 즉 중도이다. 붓다는 제바달다가 다섯 개 조항을 수용해서 불교의 규율로 삼자고 주장하자, "그렇게 하고 싶은 사람은 해도 되지만, 그렇지 않은 사람은 하지 않아도 된다."라는 유연한 견해를 피력한다. 왜냐하면 과도한 엄격성 역시 느슨함에서 오는 나태처럼 또 다른 삶의 굴레(집착)가 될 수 있기 때문이다.

　제바달다의 다섯 개 조항 요구는 인도 전통의 엄격한 수행법인 두타행법에 근거한다. 즉 붓다의 중도주의에 대한, 새로운 2대 붓다로서의 엄격성이라는 비전 제시를 제바달다가 한 것이다. 그러나 이는 붓다의 정신을 이해하지 못한 보수주의적인 생각일 뿐이었다. 그 결과 붓다의 가르침에 충실한 왕사성파의 지도자 사리불이 이를 바로잡으려고 시도하게 되고, 붓다는 이를 지지한다.

　붓다는 제바달다의 스승이자 혈연으로 사촌형이 되지만, 그를 인정해 주지 않고 사리불을 지지했다. 붓다는 진리에 입각한 분이지 혈연에 끌리는 분이 아니었기 때문이다. 그러자 제바달다는 깊은 배신감에 휩싸인다. 제바달다의 붓다에 대한 배신감은 전적으로 자신의 착각에서 비롯된 것이다. 그러나 제바달다는 그것을 자각하지 못하고 붓다에게 분노한다. 자신을 먼저 살피지 못하고 잘못을 외부로 돌리는 전형적인 소인의 작태인 것이다.

_ 제바달다와 아사세의 권력 야망

이때 마가다국의 왕사성에는, 노년의 빔비사라왕을 제거하고 새로운 왕이 되고 싶어 한 야심찬 왕자 아사세가 있었다. 아사세는 제바달다와 친밀했는데, 이는 미래 권력에 대한 야망이 두 사람에게 공통분모를 만들어 주었기 때문이다.

아사세는 빔비사라왕과 붓다가 친밀한 관계 속에서는 쿠데타를 일으키기가 쉽지 않다고 판단하고 있었다. 그래서 제바달다와 모의해, 각기 붓다와 빔비사라왕을 시해하고 새로운 붓다와 새로운 왕이 되자는 음모를 획책한다. 즉 아사세는 제바달다를 통해서 붓다와 불교를 견제하기를 원했고, 제바달다는 아사세의 경제적 지원이 필요했던 것이다.

불교 전적들에는 제바달다가 일방적으로 아사세를 부추겨 사건이 발생한 것

으로 기록되어 있다. 그러나 이는 아사세가 후일 붓다에게 전향해서 참회하는데, 제바달다는 끝내 거부한 것에 대한 종교적인 판단 서술일 뿐이다. 자세한 행간을 보면, 제바달다보다는 아사세가 부추겼을 개연성이 더 크다. 왜냐하면 아사세는 부왕을 시해하고 새로운 왕이 되는 반면, 제바달다는 왕이 되어 목적을 달성한 아사세에 의해 토사구팽당하는 것으로 끝나기 때문이다. 즉 아사세는 목적을 이루지만 제바달다는 목표를 성취하지 못한 것이다.

특히 빔비사라왕과 아사세 간에는 아버지와 아들의 친밀한 관계를 넘어서는, 빔비사라왕의 탐욕에 얼룩진 살인의 기록도 있어 주의가 요구된다. 늦도록 아들이 없었던 빔비사라왕이 자식을 원하는 조급한 마음에서, 다음 생에 자신의 아들이 될 수 있는 수행자를 확인한 후 자객을 보내 암살한다. 수행자는 죽음에

이르러 자신이 왜 죽는지를 인지하고, 다시 태어나면 빔비사라왕을 죽이겠다는 최후의 다짐을 한다. 이렇게 죽고 죽이는 운명의 사슬로 태어난 아들이 바로 아사세이다. 아사세의 이름을 번역하면 미생원(未生怨), 즉 '태어나기 전부터 원수'라는 의미이다.

이러한 또 다른 계통의 이야기가 전하는 것으로 미루어, 이 사건이 제바달다가 아사세를 부추겨 돌발적으로 발생한 것만은 아니라는 점을 분명히 한다. 또 목숨을 걸고 행해야 하는 쿠데타를 단순히 종교인의 부추김에서 시작할 왕자는 별로 없다는 점에서, 제바달다가 모든 문제를 일으켰다는 기록은 신뢰하기 어렵다. 『논어』에는 자공(子貢)의 말로, "군자는 낮은 곳에 처하는 것을 꺼려하는데, 천하의 악한 것이 모두 다 모여들기 때문"이라는 내용이 있다. 일종의 '깨진 유리창 법칙(Broken Windows Theory)'이라고나 할까? 제바달다에게 아사세의 잘못까지 씌워지는 것 역시 바로 이러한 소치이리라.

_ 왕사성의 기적

왕사성은 붓다의 8대 성지 중 한 곳이다. 이는 제바달다가 아사세의 지원으로 흑상(黑象)이라는 거대한 코끼리를 술 취하게 해서 붓다를 시해하려고 한 사건에서 연유한다. 제바달다는 붓다가 자신을 지지하지 않는 것에 앙심을 품고, 사고를 가장하여 붓다를 시해해 단번에 국면을 전환하고자 한다. 고대 인도의 전쟁 양상에는 술 취한 코끼리를 적진으로 돌진시키는 방법으로 상대진을 교란하는 작전이 있었다. 이 사건은 이와 같은 방식을 살인에 차용한 것이다.

불교 교단의 일원이었던 제바달다는 붓다의 탁발 경로를 잘 알고 있었다. 그래서 중간에 갈림길이 없는 일방 통로의 끝에서 술 취한 코끼리를 돌진시켜 붓다를 밟아 죽이게 하는 방법을 취한다. 그러나 신도들에 의해서 이러한 음모가 사전에 파악되고 붓다에게까지 전해진다. 그들은 붓다가 탁발 경로를 변경할 것을 요청했다.

그러나 붓다는 담담하게 "이 세상에 붓다를 해칠 수 있는 것은 없다."라고 단호히 말하며 준비된 길로 나아간다. 그리고 술 취한 흑상이 돌진하자 가만히 오른손을 들어서 코끼리를 제지한다. 그러자 코끼리는 그 순간 붓다의 거역할 수 없는 거대한 위엄 속에서 서서히 멈추며 무릎을 꿇게 된다. 이것을 취상조복(醉象調伏), 즉 술 취한 코끼리를 조복시킨 사건이라고 한다. 이 사건으로 인해 왕사성은 붓다의 8대 성지 중 한 곳으로 거듭나게 된다. 기적의 성지는 또 이렇게 만들어진 것이다. ▩

제바달다의 최후와
왕사성의 비극

_ 시무외인, 두려움을 없애 주는 손 모양

술 취한 코끼리를 이용해 우발적인 방법으로 붓다를 시해하려는 제바달다의
계획은, 붓다가 폭주하는 코끼리를 향해 오른손을 들어 올리자 불꽃 위의 눈송이
처럼 허무하게 끝이 난다. 이때 붓다가 오른손을 든 영웅적인 모습을 동아시아
불교도들은 오늘날까지도 기념해, 이를 시무외인(施無畏印)이라고 칭하며 존중한
다. 즉 '두려움을 없애 주는 손 모습'이라는 것이다.

인도에서 불상이 만들어질 때, 입상의 경우 왼손으로는 가사를 잡고 오른손
은 앞으로 들어 올린 모습을 취한다. 이러한 불상 양식은 이후 동아시아에도 전
파된다. 왼손으로 가사를 잡는 이유는, 착용 방법이 긴 보자기와 같은 천을 기술
적으로 말아 입은 것이기 때문에 자칫 벗겨질 우려가 있기 때문이다. 그런데 오

아잔타 석굴의
시무외인을
취하고 있는 불상.
동아시아
불교에서는 이를
술 취한 코끼리를
조복시킨
왕사성의 기적과
연관시켜
이해하곤 한다.

른손은 무엇을 의미하는지 동아시아 불교도들은 이해하지 못했다. 그래서 이를 술 취한 코끼리를 조복시키는 모습과 연관시켜 파악한 것이다.

그런데 사실 이런 손 모양은 인도에서 수행자가 인사를 받아 주는 것을 나타 낸다. 즉 오른손을 든 불입상은 신도의 예배를 받아 주는 모습이 표현된 것이다. 이렇게 놓고 본다면, 오른손을 든 불상이야말로 '친절한 부처님'이라고 하겠다. '친절한 부처님'을 '두려움을 없애 주는 부처님'으로 만든 것은 동아시아의 오해 라고 볼 수 있다. 이는 붓다의 따사로움 속에 내재하는, 거역할 수 없는 위엄을 직 시한 탁견은 아니었을까? 때론 오해가 역동적인 창조의 어머니가 되기도 한다.

＿ 제바달다의 좌절과 승단 분열

코끼리를 이용한 시해가 실패하자 자연히 배후에 대한 말이 무성해진다. 그 러자 새롭게 왕이 된 아사세는 더 이상 제바달다와 연대하는 것은 무가치하다고 판단하여 일방적인 결별을 단행한다. 정권에 이용당한 수행자의 비감한 결말이 라고 하겠다. 제바달다는 이러한 위축된 환경에서 붓다만 제거되면 모든 문제가 해결될 것이라는 어리석은 판단을 한다. 그 결과 붓다를 직접 시해하려는 대담한 행동을 감행하기에 이른다.

그 장소는 영취산 위, 붓다가 평소 명상하다가 거니는 경행처였다. 같은 승 단의 일원이었던 제바달다는 붓다의 행동 양식을 잘 알고 있었다. 그렇기 때문에 높은 곳에 미리 매복했다가 붓다를 향해 바위를 던지는 방법을 택했는데 이는 유 효했다. 후대의 붓다 전기는, 이때 붓다가 바위 파편에 의해 발가락이 상해 피가

났다고 되어 있다. 그러나 율장이 전하는 초기의 기록에는, 이때 다리를 심하게 다쳐 들 것이 필요했으며 지바카의 치료를 받은 것으로 나타난다. 바위와 같은 무정물은 코끼리와 같은 생물과는 달랐던 것이다.

그런데 이 사건을 통해서 제바달다가 붓다를 시해하려고 한다는 혐의가 사실로 드러나게 된다. 오늘날 영취산에 가보면 산이 작고 은폐·엄폐가 가능한 장소가 많지 않다는 것을 알 수 있다. 이는 제바달다가 이 사건 직후에 발각되었을 개연성을 상정케 한다.

제바달다가 붓다 시해의 주체라는 것이 밝혀졌다는 것은, 붓다가 시해된다고 해도 불교 교단이 제바달다를 받아들이지 않는다는 것을 의미한다. 결국 제바달다는 승단 계승을 포기하고, 자신을 지지하는 소수의 밧지족 출신 지지자들과 함께 별도의 수행 공동체를 만들게 된다. 이를 파승가(破僧伽), 즉 승단 분열이라고 한다.

_ 초법적인 오역죄와 제바달다의 최후

제바달다가 소수의 지지 세력과 함께 이탈한 것은, 화합승이라는 만장일치를 최상의 덕목으로 내세운 불교의 승가로서는 커다란 충격이었다. 이것은 붓다의 시해 문제와는 또 다른 관점에서의 승단 완전성과 관련된 문제였다. 이로 인해 불교 승단은 별도로 율장의 범주를 넘어서는 오역죄(五逆罪)를 규정해 최고의 종교적 단죄를 시도하기에 이른다. 왜냐하면 제바달다가 불교로부터 독립하자 율장이라는 불교 안의 규칙은 더 이상 의미를 가질 수 없기 때문이다. 그래서 초법적이고 초율적인 오역죄가 요청되는 것이다.

오역죄란, '어머니를 살해하는 것'과 '아버지를 살해하는 것', 그리고 '깨달은 사람을 살해하는 것'과 '붓다의 몸에 상처를 입혀 피를 내는 것', 마지막으로 '승단을 분열시키는 것'을 의미한다. 이 중 앞에 세 가지는 일반적인 사회윤리를 바탕으로 한 것이고, 네 번째와 다섯 번째는 제바달다를 겨냥한 것이다. 즉 당시의 일반 사회적 관점에서의 극악(極惡)에, 승단의 문제의식을 덧붙인 것이 오역죄라는 말이다. 이와 같은 비상수단이 강구되고 있다는 것은, 당시 제바달다가 던진 충격이 실로 엄청났다는 것을 방증해 준다.

오역죄를 범한 과보는 아비지옥, 즉 가장 극심한 고통이 쉼 없이 몰아닥치는 무간지옥에서 1겁이라는 긴 시간을 지내야 하는 것이다. 그러나 불교는 그 속에서도 잘못을 만회할 수 있는 변화를 말한다. 그렇기 때문에 제바달다 역시 오랜 고통과 반성 뒤에는, 다시금 올바른 존재가 될 수 있다. 이는 기독교의 단죄와는 다른 불교적인 특징이라고 하겠다.

후대의 불교 자료에는 제바달다의 최후가 기록된 것도 있다. 이는 제바달다가 던진 충격과 문제의식이 후대까지도 승단을 유전하고 있었다는 것을 의미한다. 흥미로운 것은 여기에 제바달다가 산 채로 아비지옥에 떨어졌다는 내용이 있다는 것이다. 그런데 그 장소로 거론되는 곳이 다름 아닌 사위성이다. 제바달다가 붓다를 시해하려고 획책하고 승단 분열을 일으킨 장소가 왕사성이라는 점을 감안한다면 뭔가 앞뒤가 맞지 않는다. 사위성에는 깊이를 파악하기 힘든 늪지가 여러 곳 있는데, 이와 얽혀서 후대에 이러한 이야기가 만들어진 것으로 추정된다. 왜냐하면 400~600년대에 인도를 순례한 법현과 현장 및 의정은 그들의 기행문에서, 당시에도 존속하고 있던 제바달다 교단의 존재를 기록하고 있기 때문이다. 이는 제바달다의 무리가 불교와 갈라진 후에도 오래도록 유지되었다는 것을 의미한다.

그런데 여기에서 재미있는 것은 제바달다 교단이 불교와 유사하다는 내용의 기록이다. 제바달다는 붓다라는 보물섬에 들어갔으나 빈손으로 나온 어리석은 자이다. 그럼에도 후대까지 그가 존재 이유를 가질 수 있었던 것은, 붓다에게서 배운 가르침 때문이었던 것이다. 이렇게 놓고 본다면, 붓다의 공능은 자신을 시해하고 승단을 분열시킨 악마저도 초월했다는 것을 알 수 있다.

_ 대승이 피워 낸 자비의 꽃

제바달다 사건과 관련해서 가장 많이 언급되는 것은 '왕사성의 비극'이다. 왕사성의 비극은 아사세가 부왕인 빔비사라왕을 유폐하여 굶겨 죽이는 과정과, 이러한 운명의 굴레에서 슬퍼하는 어머니 위제희 부인의 고뇌를 담고 있다. 이는 후일 극적(劇的)으로 변형되어 대승 경전인 『관무량수경』의 「서품」으로 형상화된다.

여기에서 위제희 부인은 남편인 빔비사라왕을 살릴 수도, 그렇다고 아들을 저주할 수도 없는 딜레마 속에서 현실을 초월한 이상세계의 가르침을 붓다께 요청한다. 이렇게 해서 드러나는 것이 바로 아미타불의 극락세계이다. 이 세상의 현실에서는 도저히 해법이 없는 세 사람의 기구한 운명이, 극락이라는 불국토에서는 모두 다 평화로운 안온을 얻게 된다는 것이 이 경을 관통하는 내용이다.

빔비사라왕은 붓다를 가장 공경했던 왕이자 성군이었다. 그런데 이러한 빔비사라왕이 아들인 아사세의 정변에 의해 비극적인 최후를 맞게 된다. 이 문제에 대한 일반적인 답은 아사세의 탐욕에 대한 질타일 것이다. 그러나 아사세는 제바달다와 결별한 후, 공허함과 두려움 속에서 지바카에 의해 붓다에게로 인도되어 불교에 귀의한다. 미친 듯이 권력을 쫓다가 그것을 얻자, 성취의 허탈 속에서 부왕을 시해한 두려움이 표면화돼 붓다를 찾게 된 것이다.

이때의 정황이 『장아함경』 권17의 「사문과경」에 수록되어 있다. 붓다를 친견한 아사세는 부왕 시해를 절절하게 참회한다. 불교는 이러한 아사세에게 더 이상 돌을 던질 수 없었다. 그러나 이렇게 되자 이제는 빔비사라왕의 죽음이 상대적으로 묻히는 문제가 발생하게 된다.

빔비사라왕과 아사세 사이의 악연은 빔비사라왕이 아들을 빨리 얻으려는 탐욕에서 전생의 아사세를 살해한 것에서 기인한다. 즉 두 사람은 각각 아들과 왕위라는 탐욕에 눈이 멀어 서로가 서로를 죽고 죽인 것이다. 그러나 그러니까 어쩔 수 없는 것이라고 불교가 손을 놓아 버린다면, 불교는 종교이기를 포기한 것이다. 악연의 굴레에 갇힌 두 사람을 모두 구원할 수 있는 빛이 불교에는 있어야 한다. 그리고 동시에 위제희 부인까지도 구제해야 한다. 이러한 관점이 대승불교에서 적극적으로 작용한 것이 바로 『관무량수경』이다. 그러므로 이는 초기 불교의 문제를 완성시킨, 대승이 피워 낸 자비의 꽃이라고 하겠다. ⊛

4부 만년의 풍광, 영원의 빛으로 새겨지다

가비라국의 멸망과
노블레스 오블리주

___ 석가족의 혈통주의와 교만

인도 성지순례를 가면, 붓다의 나라인 가비라국으로 '네팔 티라우라코트'와 '인도의 피프리하와'의 두 곳을 가게 된다. 붓다의 나라는 한 곳인데 현재 그곳으로 추정되는 곳이 네팔과 인도의 두 곳에 나뉘어 있는 것이다.

붓다의 탄생지인 룸비니에 대해서는 전혀 이견이 없다. 왜냐하면 이곳에는 전 인도를 최초로 통일한 불교 왕 아소카의 기념 석주가 서 있기 때문이다. 그러나 가비라국에는 이를 판단할 만한 아소카 석주가 없다. 더구나 그곳이 네팔과 인도라는 서로 다른 나라에 위치하고 있다는 점은 문제를 보다 복잡하게 만든다. 불교 성지라는 많은 이익이 결부된 상황에서 국가 간의 첨예한 대립은 피할 수 없기 때문이다.

그러나 이 문제를 해결하는 기록이 붓다의 생애에 나타난다. 붓다는 만년에 이르러 세 가지의 비극과 마주하게 된다. 그것은 '제바달다의 반역'과 '가비라국의 멸망', 그리고 '수제자인 사리불·목건련의 열반'이다. 이 중 가비라국의 멸망과 관련된 기록에서 우리는 두 개의 가비라국에 대한 단서를 살펴볼 수 있다.

가비라국의 멸망은 당시 변화하던 국제 정세를 제대로 파악하지 못한 변방 국가의 문제에서부터 시작된다. 가비라국은 서남쪽에 위치한 대국 코살라국의 영향권에 있었다. 그런데 붓다의 사촌인 마하남이 왕위에 있을 때, 코살라국의 바사닉왕으로부터 공주를 아내로 맞고 싶다는 요청을 받게 된다. 이는 고려의 왕건처럼 여러 혼인 관계를 통해 세력을 공고히 하려는 목적에 의한 것이다.

당시 코살라국의 요구는 거절할 수 있는 것이 아니었다. 그런데 석가족은 변방에 위치한, 귀족 혼을 유지하던 종족이었기 때문에 혈통의 순수성을 엄격히 따졌다. 이는 코살라가 개방화되어 혈통의 순수성이 무너진 것과 대비된다.

군주들은 여인을 취할 때 미모를 우선으로 보기 때문에 왕가의 혈통에는 종종 문제가 발생하곤 한다. 일반적으로 신분은 어머니를 따르는데, 이를 종모법(從母法)이라고 한다. 특히 인도는 동아시아와 달리 왕가(王家)라고 하더라도 어머니의 신분이 우선적으로 적용된다. 때문에 왕이라고 하더라도 혈통적인 신분이 낮은 경우가 존재한다.

인도는 강력한 신분제 사회이다. 그렇기 때문에 석가족은 혈통이 불순한 바사닉왕에게 석가족의 공주를 보낼 수 없다고 판단한다. 마치 청나라를 야만으로 보고 광해군을 폐위시켰던 조선의 오만함과 흡사하다고나 할까? 그 결과는 우리가 잘 아는 병자호란과 삼전도의 치욕이다. 가비라국의 최후도 바로 이런 것이다. 이는 국제 정세와 시대 변화에 둔감한, 자존심 강한 민족의 피할 수 없는 숙명이었다.

비유리왕의 치욕과 분노

석가족이 교만했다는 것은 불교 경전에서도 다수 발견된다. 마하남은 신료들의 의견을 받아들여 자기 첩의 딸을 공주로 속이는 것으로 일을 마무리한다. 이런 경우 왕의 혈육이기는 하지만 신분은 낮게 된다. 후일 바사닉왕과 이 여인의 사이에서 태어난 이가 바로 비유리이다. 비유리가 8세 정도 되었을 무렵 석가족의 탁월한 활 기술을 익히기 위해 외가인 가비라로 오게 된다.

이때 마침 가비라에서는 공회당을 완성하고, 붓다를 모시고 낙성식을 하려고 준비하고 있었다. 그런데 비유리가 석가 귀족의 아이들과 놀다가, 자신은 대국의 왕자라고 으스대면서 중앙의 자리에 앉는다. 이를 본 석가 귀족 아이들이 '천한 피를 가진 놈이 부정한 행동을 한다'고 하면서, 집단적으로 모욕하며 폭력을 행사한다. 이때 비유리는 비로소 자신의 혈통 문제를 알게 된다.

인도에서는 오늘날까지도 신분 질서에 따라, 식당에서도 식탁을 청소하는 사람과 바닥을 청소하는 사람이 나뉘어 있다. 그래서 식탁을 청소하는 사람은 찌꺼기를 밑으로 훔쳐내면 그만이다. 그러면 하위 신분의 사람이 바닥을 청소하는 구조로 일이 진행된다. 석가 귀족 아이들에 의해서 비유리가 끌려 나가자, 그가 앉았던 자리를 우유로 닦았다는 기록도 있다. 이는 우리식으로 치면 소금을 뿌려서 부정을 털어 내는 행동에 해당한다.

이때 비유리는 자신이 왕이 되면 가장 먼저 가비라국을 무너트리고 석가족을 전멸시키겠다는 처절한 다짐을 한다. 후일 비유리는 바사닉왕이 자리를 비운 틈을 타 정변에 성공한다. 바사닉왕은 마가다국의 아사세 왕에게 도움을 구했으나, 채 이루어지지 않은 상황에서 돌아오다가 코살라국의 성문 앞에서 굶어 죽었다고 전한다.

비유리는 왕이 되자 석가족 공격에 나선다. 이 전쟁은 일방적인 것이었다. 경전에는 이때 석가족이 충분한 방어 능력이 있었으나 전쟁을 싫어해서 양보한 것이라고 되어 있지만 이는 명백한 왜곡이다.

당시 붓다는 비유리의 진군 소식을 듣고 진군하는 군대 앞에 나타난다. 그때 붓다는 말라 죽은 고목 밑에 앉아 계셨다. 붓다를 본 비유리가 말에서 내려, "왜 잎이 무성해 그늘이 많은 나무들도 많은데 하필 말라죽어서 그늘이 없는 나무에 계십니까?"라고 묻자, 붓다는 "친족의 그늘은 시원하다."라고 답하신다. 당신의 친족을 살려 달라고 하신 것이다. 출가를 했지만 친족에 대한 연민은 어쩔 수 없었던 모양이다. 비유리는 붓다의 의중을 파악하고는 군대를 돌린다. 이는 비폭력적인 수행자를 볼 경우 전쟁에 불길하다는 당시의 관습이 영향을 미친 결과이다.

그러나 비유리는 도저히 참을 수 없어 다시금 진군을 하게 되고, 붓다 역시 고목에 앉아서 시위한다. 이렇게 세 번째가 되자 붓다는 인연이 무르익어 어찌할 수 없음을 판단하고는 더 이상 고목으로 나가지 않는다. 전생에서부터 얽힌 죽고

인도의 피프라와와 유적.
흔히 이 연못에서 마하남이
죽었다고 하지만, 실제
그곳은 티라우라코트
인근이었을 것이다.

인도의 가비라성
유직인 간와리아 유적.
비유리왕에게 패한
석가족들이 옮겨 온
곳으로 추정된다.

죽이는 살육의 굴레가 완성된 것이다. 이때 목건련이 붓다께 자신이 신통으로 전쟁을 막아 보겠다고 하자, 붓다께서는 이미 피할 수 없는 고리가 완성되었다고 하시며 물리치셨다고 한다.

_ 진정한 노블레스 오블리주

양국의 전쟁은 일방적인 양상으로 끝난다. 비유리의 대군에 의해서 가비라의 도성이 포위되면서 석가족은 옴짝달싹도 못한 채 갇히게 된다. 이때 왕인 마하남이 성문을 열고 나와서 비유리와 독대를 청한다. 혈통이 다소 불순하지만 마하남은 비유리의 외할아버지가 된다.

비유리와 만난 마하남은 최대한의 저자세로 인근의 연못을 가리키면서, 자신이 물에 들어갔다 나오는 시간만 포위를 풀고 도망치는 사람을 살려 달라고 부탁한다. '사람의 잠수 시간이 뭐 대단하랴'고 생각한 비유리는 외할아버지의 부탁을 수용한다. 그러나 마하남은 연못으로 들어간 직후 곧장 머리칼을 풀어서 물풀에 묶어 익사하는 방법을 택한다. 이로 인하여 상당히 오랜 시간이 지체되면서 많은 석가족들이 탈출하게 된다. 이때 도망 나온 석가족들이 다시금 건립하게 되는 것이 인도의 가비라국, 즉 '피프리하와'이다. 두 개의 가비라국 문제는 바로 이러한 비극적 사연을 안고서 존재하는 것이다.

혈통에 문제가 있기는 하지만 마하남이 비유리의 외할아버지라는 점을 고려한다면, 마하남은 어떠한 경우에도 죽임을 당하지 않을 사람이다. 그런데도 석가족의 왕으로서 자신의 종족을 위한 거룩한 희생을 택한 것이다. 이것이야말로 진정한 노블레스 오블리주가 아니겠는가!

　가비라를 함락한 비유리는 성내의 모든 생명체를 도륙했다. 이 전쟁이 지배가 목적이 아닌 원한에 의한 것이라는 점에서 처절함은 그 어떤 전쟁보다도 참혹했다. 이후 붓다는 비유리에 의해 철저히 파괴된 가비라를 찾게 된다. 이때 만년의 붓다가 받은 충격은 말할 수 없는 것이었다. 붓다는 "내가 이제 다시는 가비라를 찾지 않겠다."라는 비장한 슬픔의 말을 남긴다. 그리고 비유리는 몇 월 며칟날 불에 타 죽을 것이라는 분노의 예언을 한다. 붓다의 일생에서 감정이 드러나는 경우는 거의 없다는 점에서, 우리는 이때 붓다의 심사가 어떠했는지를 파악해 볼 수 있다.

　묵은 원한을 갚은 쾌감도 잠시, 비유리는 붓다의 예언을 전해 듣고 극심한 공포와 두려움에 떨게 된다. 그러다가 붓다가 날짜까지도 못 박았다는 것을 상기하며, 배를 준비해 강으로 들어간다. 불에 타 죽지 않고 그날만 지나면 된다고 생각한 것이다. 그러나 막상 그날이 되자 강 속에서 화산이 폭발하면서 비유리는 최후를 맞는다. '원한은 원한으로 풀리지 않고, 또 다른 비극만을 초래할 뿐'이라는 붓다의 말이 상기되는 죽음이다. ▨

사리불, 목건련의
열반과 붓다의 슬픔

_ 붓다의 으뜸가는 제자와 관점 차이

한국 불교에서는 석가모니 붓다를 존상이나 회화로 모실 때, 그 좌우의 제자로 마하가섭과 아난을 배치한다. 이는 중국 불교의 선종에서, 붓다의 가르침을 전수받아 전개한 법의 상속자로서 이분들을 꼽기 때문이다. 그러나 남방불교나 티베트 불교에서는 좌우의 제자로 사리불과 목건련을 모신다. 이는 붓다 재세 시의 역할을 더 크게 본 것이다.

불교에는 진리의 상속과 전개라는 법통(法統)의 시간성과, 붓다와 함께한 공간성에 대한 인식 차이라는 이중성이 존재한다. 예컨대, 조선으로 말하자면 세종이나 영·정조와 같은 흐름을 우선으로 볼 것이냐, 정도전이나 이방원과 같은 개국공신을 높게 볼 것이냐의 차이가 존재하는 것이다.

붓다의 제자 중 가장 중요한 인물을 두 분 꼽으라면 나는 주저 없이 사리불과 아난을 든다. 사리불이 교단의 총리로 비유될 수 있다면, 아난은 비서실장으로 이해될 수 있다.

사리불은 붓다와 함께 교단의 주축을 완성한 영웅 중의 영웅이다. 그래서 사리불을 '진리의 장수(法將)'라고 하는 것이다. 또 아난과 같은 경우는 붓다의 25년 시자로서의 역할을 충실히 하고, 붓다께서 돌아가신 후에는 교단의 확장과 안정을 위해서 주력한다. 때문에 『잡아함경』권23의 「아육왕경」에는, 아소카왕이 기원정사에서 붓다 제자들의 부도를 참배할 때 사리불, 목건련, 마하가섭의 부도에는 10만 냥을 공양했으나, 아난에게만은 유독 100억 냥을 공양한 것으로 나타난다. 이는 올바른 가르침의 홍포(弘布)를 높이 산 것이다.

실제로 이 기록에는 깨달아 아라한이 되고도, 다른 이를 위해서 단 한 차례도 설법하지 않은 박구라 존자의 부도에 대해서도 나온다. 여기에 아소카왕은 단지 1전만을 공양한다. 이를 보고 신하들이 동일한 깨달음을 얻은 분인데 왜 그렇게 하느냐고 묻자, 왕은 "이 분이 세상에 무슨 이익을 주셨는가?"라고 대답한다. 이는 불교의 사회 포교와 관련된 매우 중요한 의미를 시사한다. 개인의 수행과 이익만을 위한 불교는 불교가 아닌 것이다.

그런데 왕이 떠나기 전 그 동전은 다시금 튀어 올라 왕에게로 되돌아간다. 1전도 받지 않으려는 청정한 원칙이 박구라에게는 존재했던 것이다.

_ "내 교단이 텅 빈 것 같다"

사리불과 목건련이 살아 계실 때 마하가섭과 아난은 이분들에게 결코 비견될 수 없다. 때문에 붓다는 이 분들이 돌아가시자 그 직후의 설법에서 "내 교단이 텅 빈 것 같다."(『잡아함경』 권24)라는 슬픔을 토로하셨다. 또 『증일아함경』 권19에는 붓다께서 사리불의 화장한 사리를, 사리불의 제자인 균두사미에게 받고는 제자들에게 "나는 (폭풍 속에서) 가지가 꺾인 큰 나무와 같다."라고 깊이 탄식하신다.

나는 이 말들이 불교 경전 전체를 통틀어 가장 서글프고 비통한 구절이라고 생각한다. 남은 제자들을 전혀 배려하지 않는 일상적이지 않은 언사는, 붓다의 당시 심정이 얼마나 비감했는지를 잘 나타내 준다.

공자 또한 수제자인 안회가 32세에 요절하자, "하늘이 나를 버리는구나, 하늘이 나를 버리는구나(天喪予 天喪予)."라며 오열했다고 『논어』는 전한다. 또 벗과 같이 가장 친밀했던 제자 자로가 죽자, 『춘추공양전』에는 "하늘이 나를 망치는구나(天祝予)."라고 크게 탄식했다고 한다. 이를 보면 인도와 중국의 두 성인은, 불교와 유교라는 서로 다름 속에서도 제자를 사랑하는 마음은 꼭 같았다는 것을 알 수 있다.

_ 목건련의 열반

목건련의 최후는 대단히 비극적이다. 평소에 신통을 떨치며 다른 종교나 철학자들을 굴복시키곤 했던 목건련에게는 많은 적이 있었다. 이들 중 지팡이를 가지고 다니는 수행자(執杖梵志)들이 있었는데, 이들의 계략에 의해 목건련은 타살

되고 만다. 소크라테스는 아테네를 계몽했으나, 논파당한 이들의 앙심에 의해서 결국 독배를 마시게 된다. 이와 같은 상황이 목건련에게도 발생하는 것이다. 우리는 이를 『증일아함경』권18을 통해서 살펴볼 수 있다.

목건련은 타살되면서도 평생의 지음(知音)이었던 사리불에게, 자신의 마지막을 알리고자 일종의 유체 이탈로 사리불을 찾아온다. 그러자 사리불은 깜짝 놀라면서 왜 신통으로 빠져나오지 않느냐고 묻는다. 그러자 목건련은 '숙업이 이미 무르익어서 신통을 전개할 수 없다'고 답한다. 제아무리 뛰어난 신통이라도 이미 정해진 인과법을 초월할 수는 없는 것이다. 이렇게 목건련은 순교로 열반에 들게 된다.

경전에는 목건련의 열반이 이때 이루어지지 않고, 치료된 후 사리불의 열반 뒤에 이루어진 것으로 적고 있다. 그러나 전후의 관계나 내용들을 고려해 본다면, 목건련은 이때 열반한 것이 맞다. 다만 신통제일 목건련이 타살당했다는 것을 인정할 수 없어, 후대에 종교적인 윤색이 작용한 것으로 판단된다. 불사신 같은 영웅 아킬레스도 시절 인연이 익으면 허무하게 죽는 것처럼, 목건련 역시 숙업을 피하지 못하고 죽은 것이다. 마치 천상의 신들도 인과에 의한 최후는 피하지 못하는 것처럼……

붓다라는 행복을 만나 평생을 붓다께 헌신하며 교단 발전을 위해서 노력한 목건련은, 결국 그 열정만큼이나 강력한 순교로 태양풍과도 같은 강렬한 생을 마감하게 된다.

사리불의 열반과 미스터리

사리불은 목건련이 열반한 뒤 얼마 지나지 않아 붓다께 고향에 돌아가 열반하겠다는 의사를 피력한다. 붓다는 이를 말리려고 했으나, 인연의 고리는 언제나 인정(人情)을 넘어서는 법이다. 평생의 지기인 목건련이 입적하자 사리불도 이를 따라 열반한다는 것은, 자기의 음악을 알아준 종자기가 죽자 거문고의 명인 백아가 거문고 줄을 끊었다는 백아절현(伯牙絶絃)의 고사를 생각하게 한다.

사리불은 균두사미와 함께 고향으로 돌아가 가벼운 질병 속에서 열반에 든다. 임종을 지킨 균두사미는 사리불을 화장한 사리와 가사 및 발우를 가지고, 붓다의 교단으로 돌아와 이를 붓다께 올린다. 그러자 붓다는 길게 탄식하며 탑을 세워서 공양할 것을 지시한다.

사실 사리불과 목건련의 최후와 관련해서는 석연치 않은 미묘함이 있다. 목건련의 타살도 그렇거니와 사리불의 최후를 균두사미만이 지켰다는 것도 이해하기 어렵다. 많은 제자들을 두어 제2의 붓다로까지 칭송받던 사리불의 쓸쓸한 최후는, 당시 교단에 있었던 어떤 난기류에 대한 측면을 나타낸다. 그러나 그것은 행간에 있고 또 여백 속에서만 살펴질 뿐이다.

불교 탑의 건립 주체

화장은 유목민의 문화다. 유목민들은 농경민과 달리 풀을 따라 이동하기 때문에 무덤을 지키며 기릴 수가 없다. 때문에 화장을 하고 이 과정에서 죽은 영혼은 연기를 타고 하늘로 올라간다고 생각한다.

사리불과 목건련의 고향
인근에 건립된 나란타 대학.
『서유기』로 유명한 현장은
이곳에서 계현(Śīlabhadra)에게
유식학을 수학했다. 손오공은
중앙아시아 고창국 출신의
실존 인물인데, 여기에
인도의 원숭이 신 하누만의
영향이 결합되어 우리가 아는
원숭이로 변하게 된다.

이러한 유목의 화장 문화가 인도의 농경문화와 습합되면서, 탑이라는 망자에 대한 기념물을 만드는 쪽으로 변모하게 된다. 무덤과 같은 망자를 상징하는 기념물은 정주라는 농경문화에 의한 것이다. 이 같은 농경의 기념물이 화장이라는 유목 문화와 만나면서 습합되어 문화적인 적절점을 찾은 것이 바로 탑인 것이다.

붓다 당시는 인도 문화에서 탑이 시작된 지 얼마 지나지 않았을 때이다. 그래서 탑을 세울 수 있는 대상에 대한 판단이 일정하지 않았다. 실제로 '다자탑전반분좌(多子塔前半分座)'에서의 다자탑처럼, 아들을 많이 낳아서 집안이 잘 된 경우의 일반인도 탑의 건립 대상이 된다. 그러나 불교에서는 탑의 대상을 붓다, 벽지불, 아라한, 전륜성왕이라는 성자(聖者)와 성군(聖君)으로만 제한한다.

_ 불교 사리탑의 시작

불교 탑의 시작은 붓다의 손톱과 머리카락을 모신 조발탑(爪髮塔)이다. 그러나 사리탑의 최초 기록은 사리불과 목건련의 열반과 관련된『사분율』「잡건도(雜揵度)」등에서 살펴진다. 이때 붓다는 탑의 위치와 관련해서 시내의 사거리와 같은 번화한 곳을 비정한다. 이는 불교 탑이 단순히 무덤의 역할뿐만 아니라 기념물의 관점을 강하게 내포하기 때문이다. 그로 인해 불교에서 탑을 세울 수 있는 주체가 일반적인 범부가 아니어야 하는 이유를 이해할 수 있다.

또 탑의 형태와 관련해서는 사각과 원형 및 팔각을 말씀하신다. 이는 현재 불교 탑의 형태에 두루 수용되어 있다. 그리고 재료로는 돌이나 벽돌 및 나무를 사용하고, 그 이음새는 진흙을 사용해 마감할 것을 지시하신다. 또 난간을 만들고 장엄용 깃발과 일산을 두고, 꽃과 향으로 장엄하는 것에 대해서도 가르침을 주신다. 따라서 체계적인 불교 탑의 시작은 『발지론』 권19에서 한 쌍의 현명한 제자, 즉 쌍현제자(雙賢弟子)로 칭해진 사리불과 목건련의 열반과 더불어 이루어진 것이라고 하겠다. _卍

나란타의 일몰.
지는 해가 아름다운
것은 그 속에 깊은
여운이 깃들어 있기
때문이다.

'자등명 법등명'을
아십니까?

_ 전쟁 상담의 딜레마

붓다의 최후 열반과 관련된 경전은 한문본 다섯 종에 팔리본과 산스크리트본 그리고 티베트본의 총 여덟 종이 전하는데, 내용적으로는 모두 대동소이하다. 불교권 전체에서 유사한 경전이 발견된다는 것은 붓다를 열반 중심으로 이해하려는 노력이 일찍부터 존재했다는 것을 의미한다.

여덟 종의 『열반경』은 바이샬리를 정복하려는 마가다국 아사세왕의 야망에서부터 시작된다. 부왕인 빔비사라를 시해하고 등극한 젊은 군주의 전쟁 욕망은 붓다의 고요한 열반과 비교해, 빛과 어둠처럼 극명한 대비를 이룬다.

당시 인도의 정세 속에서 마가다국은 떠오르는 태양과 같은 존재였다. 갠지스 강 이북의 바이샬리를 정복하면, 무게 균형이 급격하게 쏠리며 전 인도의 통일로 나갈 수 있는 상황이었다. 또 객관적인 전력에서 마가다는 바이샬리를 능가했다. 그러나 고대 전쟁은 현대와는 달라서 많은 불확실성을 내포한다.

이때 아사세는 대신 우사(雨舍, Varṣakāra)를 파견하여, 붓다께 전쟁의 승패를 묻는다. 붓다의 광범위한 정보력과 신통에 의지해 전쟁의 불확실성을 줄이려는 의도인 것이다. 그러나 인도의 수행 문화에서 수행자들은 전쟁 상담을 할 수 없었다. 붓다 만년 '불교 교단 최대의 후원자가 되는 아사세왕의 요구'와 '인도의 수행 전통' 속에서 붓다는 심각한 딜레마에 빠지게 된다. 아사세왕의 불교 지지는 거대 교단인 불교에 있어서 꼭 필요한 것이었으며, 동시에 수행자의 전통 역시 반드시 지켜져야만 하는 것이었기 때문이다.

_ 쇠퇴하지 않는 법을 말하다

붓다는 우사의 전쟁에 관한 물음에 아무런 반응을 보이지 않는다. 그리고는 문득 시자인 아난을 향해, '바이샬리 사람들은 상하가 서로 존중하며 화목한가?'와 같은 총 일곱 가지 물음(七不衰法)을 묻는다. 그때마다 아난이 그렇다고 대답하자, 붓다는 '그러면 바이샬리는 쇠퇴하지 않고 번성할 것'이라고 말한다. 이렇게 총 일곱 가지의 물음이 끝나자 우사는 붓다의 뜻을 알고서 물러간다. 붓다는 전쟁과 관련해서 직접 개입할 수 없다는 원칙을 지키면서, 왕의 마음도 상하지 않도록 배려한 것이다. 그 결과 마가다국과 바이샬리는 붓다가 열반에 들기 전에는 전쟁에 돌입하지 않게 된다.

'당신은 내일 죽지 않을 것이다'와 같은 예언은, 가장 정확한 예언인 동시에 일종의 사기이다. 그렇다면 우리는 전쟁을 하지 않게 된 상황에서, 붓다의 예언이 진실이라는 것을 어떻게 검증할 수 있을까?

붓다의 열반 후, 아사세왕은 결국 참지 못하고 바이샬리와 전쟁을 하게 된다. 이러한 내용은 아난의 열반과 관련된 기록을 통해서 확인해 볼 수 있다. 그 전쟁은 갠지스 강을 사이에 둔 채, 승패를 가릴 수 없는 장기전으로 전개된다. 전쟁에서 가장 경계해야 할 대상이 소모적인 장기전이라는 점을 고려한다면, 붓다의 예언은 적중했던 것이다.

_ 나는 교단의 지배자가 아니다

붓다는 바이샬리를 무척 좋아했다. 때문에 마지막 최후의 안거도 바이샬리에서 하게 된다. 그러나 당시 바이샬리에는 기근이 들어 환경이 좋지 못했다. 여기에 노쇠로 인한 발병으로 붓다는 극심한 고통을 겪게 된다. 그러나 붓다는 명상을 통해서 감관을 제어하여 고통을 이기고 기적같이 회복했다.

그런데 이러한 상황을 지켜보던 아난이 "저는 붓다께서 회복되시리라는 것을 알고 있었습니다."라는 충격적인 말을 한다. 당시 아난은 진리의 흐름에 들어선 예류과, 즉 수다원이었다. 그런 그가 붓다를 읽는다니, 이는 있을 수 없는 일이다. 그래서 붓다는 그렇게 판단한 근거를 묻는다. 그러자 아난은 "붓다께서 교단과 관련된 후계 문제를 언급하지 않았기 때문"이라고 말한다.

당시 인도의 수행 교단은, 천주교의 교황제처럼 교단의 책임자를 통해서 유전되는 것이 일반적이었다. 그러나 붓다의 생각은 달랐다. 수행 단체에 책임자가 있다는 것은 또 다른 구속이 되어, 개인의 발전을 장애한다고 판단했던 것이다. 이는 발상의 획기적인 전환으로 붓다의 가장 탁월한 위대성 중 하나이다. 그렇기 때문에 25년이나 붓다를 곁에서 모신 아난조차도 이러한 붓다의 의중을 전혀 간파하지 못했던 것이다. 붓다의 교단에 대한 혁명적인 발상 전환은, 이후 불교가 지방자치제와 같은 자유롭고 유연한 양상으로 전개되는 배경이 된다.

붓다는 아난에게 "나에게는 사사롭게 쥔 주먹[師拳]은 없다"라고 말씀하신다. 이는 모든 붓다의 가르침은 제자들에게 낱낱이 공개되었다는 의미이다. 또 붓다는 "나는 불교 교단의 지배자도, 명령자도 아니다."라고 단언하신다. 붓다는 교단의 지배자가 아닌, 바른 길로 인도하는 봉사자일 뿐이라는 말이다. 이는 오늘날 불교의 책임을 맡은 분들에게 적지 않은 시사가 된다.

＿ 자등명 법등명의 진실

사람들은 흔히 '자등명(自燈明) 법등명(法燈明)'이 붓다의 마지막 유언이자 핵심인 줄 안다. 그런데 실상 알고 보면, 이는 붓다의 유언이 아닌 3개월 전의 설법이며 또한 핵심적인 가르침도 아니다. 붓다께서 이 말씀을 하시는 것은, 아난이 교단의 후계자를 묻는 대목과 연관된다. 붓다는 불교 교단에는 후계자가 없으며, 모든 승려들은 '스스로를 등불로 삼고 진리를 등불로 삼아서 나가면 된다'고 하신다. 즉 자등명 법등명이란, 불교 교단에는 후계자가 없음을 못 박으며 그렇기 때문에 자기 자신과 진리에 의지하라는 가르침인 것이다.

또 자등명 법등명에는 번역과 관련된 왜곡의 문제도 있다. 여기에서 등불로 번역된 원어는 '디빠(dīpā)'로, 이는 '등불'과 '피난 섬'이라는 두 가지 의미를 내포한다. 이 중 등불로 번역하는 방식에 의한 것이 자등명 법등명이다. 그러나 그 본뜻은 등불이라기보다는 '피난 섬'을 의미한다. 그럴 경우 '자주(自洲) 법주(法洲)'라는 의미가 되며, 실제로 이렇게 번역되는 예도 많이 있다.

피난 섬이란, 인도와 같은 아열대 기후에만 있는 특이한 문화이다. 인도는 여름이 지나고 3개월간의 우기를 맞게 된다. 특히 인도는 평야 지대이기 때문에 물이 주거지와 농경지를 두루 폭넓게 침수시킨다. 이때 인도인들은 3개월간 고지대로 피난을 가게 되는데, 이를 피난 섬이라고 한다. 고지대를 피난 섬이라고 하는 것은, 본래 섬은 아니지만 물이 차면 섬처럼 되기 때문이다.

'이렇게 모든 주거 공간이 침수되면 어떻게 사느냐'고 반문할 수도 있다. 그러나 주기적인 침수는 생존에 큰 위협이 되지 않으며, 이는 역으로 풍부한 천연 비료가 되어 토양을 비옥하게 한다. 즉 피난 섬에 의지해서 살다가 다시 내려와 간단한 집을 짓고 사는 것이다. 이것이 인도의 피난 섬 문화이다. 그래서 이를 섬이라고 하지만 번역에서는 '도(島)'가 아닌, 대륙의 의미와 통하는 '주(洲)'로 한 것이다. 그러므로 붓다의 이 가르침은, 홍수 때의 긴요한 의지처가 되는 피난 섬처럼 자기 자신과 진리에 굳건하게 의지하라는 의미가 된다.

그런데 우기가 없는 중국에서는 당연히 피난 섬이라는 개념이 없다. 그렇기 때문에 중국인들에게는 보다 적합한 단어로 '등불'이 선택된 것이다. 이는 번역의 오류라기보다는 번역의 현지화라고 해야 할 것이다. 이를 통해서 피난 섬의 비유는 밤길의 등불로 바뀌게 된다. 그러나 이 또한 번역의 절묘한 아름다움이

아난의 반신탑과 아소카 석주.
이곳은 본래 대림·중각강당이
있던 곳이자 원왕봉밀의
장소이다. 아난의 반신탑이
무척 거대하기 때문에 흔히
불탑으로 오인해서 이곳을
8대 성지 중 한 곳이라고
하는데, 이는 잘못이다.

살아 있는 제2의 창작, 즉 위대한 걸작이라 이를 만하다.

바이샬리 성지에 대한 착각

붓다께서는 아난과 함께 차바라탑묘(遮婆羅塔廟, Cāpāla Cetiya)로 이동하신다. 붓다는 이곳에서 당신의 수명을 버리셨다. 깨달은 사람은 수행력에 의해 필요하다면 수명을 더 연장할 수도 있다. 그러나 붓다는 이때 모든 제자들이 충분히 성장했기 때문에, 당신의 과업이 완성되었다고 판단하신 듯하다. 이는 마왕 파순이 나타나서 붓다께 '가르침이 이미 성숙했으니 열반에 드시라'고 종용하는 대목을 통해서 유추해 볼 수 있다.

교화의 성숙과 열반의 결심을 통한 수명의 포기, 이것이 바로 바이샬리가 마지막 8대 성지가 되는 이유이다. 인도로 성지순례를 떠나는 사람들은 바이샬리가 8대 성지라는 것을 듣는다. 그러나 사람들이 방문하게 되는 곳은 대림·중각강당이다. 대림·중각강당에는 원숭이 왕이 붓다께 꿀을 바쳤다(猿王奉蜜)는 이적이 서려 있다. 또 그곳에는 아난의 반신탑(半身塔)이 붓다의 탑처럼 거대한 위용으로 아소카 석주와 함께 위치하고 있다. 덕분에 사람들은 이 탑을 붓다의 탑으로 착각하고, 이곳을 바이샬리 성지로 인식하고 만다. 그러나 이는 잘못이다.

아난은 붓다의 열반 후 교단을 지도하다가, 마가다와 바이샬리의 전쟁 중 배를 타고서 갠지스 강의 중간으로 들어가 열반한다. 요즘은 갠지스 강 주변의 언덕인 가트에서 화장을 하지만, 그 원형은 강의 중간에서 배와 함께 화장해서 잠기는 방식이었다.

아난이 강 위에서 열반에 들려 할 즈음, 강의 양편에서 서로 자기의 나라로 와 주십사 하는 강한 요구를 받게 된다. 그래서 아난은 신통으로 마지막 화장한 사리를 남쪽의 마가다와 북쪽의 바이샬리로 절반씩 떨어지도록 했다고 한다. 이 것이 바이샬리에 아난의 반신탑이 들어서게 되는 이유이다. 현재 마가다 쪽의 탑은 세월에 묻혀 그 자취를 찾을 수 없지만, 바이샬리의 탑은 붓다의 탑으로 오인될 정도로 늠름한 기상을 뿜어내고 있다. 이 때문에 이곳을 바이샬리 성지로 아는 오류가 더 심화된 것이다.

그러나 바이샬리 성지는 붓다께서 수명을 포기하신 차바라탑묘 자리이다. 이곳에는 후일 이를 기념하는 거대한 탑이 축조되었다고 『팔대영탑명호경(八大靈塔名號經)』은 전한다. 현재 이곳은 세월과 더불어 바이샬리의 어느 곳엔가 잠들어 있다. 그렇게 다시 깨워 줄 후인의 손길을 기다리고 있는 것이다.

붓다는 차바라탑묘에서 수명을 버렸지만 제자들을 모으기 위해 3개월의 유예를 두셨다. 인도 전역의 제자들을 운집시키기 위해서 붓다는 3개월의 수명을 연장한 것이다. 그리고는 열반의 땅인 쿠시나가라에 이르는 마지막 여로에 이르게 된다. ❀

위대한 낙조,
그 꺼지지 않는 등불

___ 춘다의 공양과 중생을 위로하는 마지막 여정

붓다의 마지막 여로는 파바성(波婆城, Pāvā)을 거쳐 쿠시나가라에서 끝을 맺는다. 파바에서 붓다는 금 세공업자인 춘다(純陀, Cunda)의 공양을 받게 된다. 이것이 붓다의 마지막 공양이다. 춘다는 요즘으로 치면, 금은방과 대장간을 겸하는 제법 큰 규모의 사업을 하던 사람이다.

춘다가 붓다의 일행을 대접한 음식이 바로, 두고두고 논란이 되는 수카라맛다바(sūkarāmaddava)이다. 이를 북방불교에서는 '전단향 나무 버섯'이라고 하고, 남방불교에서는 '부드러운 돼지고기'로 이해한다. 버섯과 돼지고기라는, 공통점이 전혀 유추되지 않는 이질성이 사람을 당혹스럽게 하기에 충분하다.

그런데 이러한 양자가 묘하게 연결되는 것이 바로 송로 버섯이다. 송로 버섯

4부 만년의 풍광, 영원의 빛으로 새겨지다

은 전 세계에서 가장 비싼 식재료다. 지난 2010년 이탈리아에서 열린 경매에서 900그램의 송로 버섯을 한국인이 1억 6,000만 원에 낙찰받아 화제가 되기도 했다. 송로 버섯이 귀한 것은 서식지와 개체가 적은 것도 있지만, 버섯이 부엽토 위로 나오지 않기 때문이다. 즉 육안으로는 존재를 식별할 수 없는 것이다. 그래서 이를 채취하기 위해 흥미롭게도 훈련된 돼지가 동원된다.

흔히 사람들은 돼지가 감각이 무딜 것이라고 판단한다. 그러나 실제로는 공항에서 마약 탐지견과 함께 마약 탐지 돼지가 활약할 정도로 후각이 좋고 영특하다. 때문에 송로 버섯 채취에도 훈련된 돼지가 사용되는 것이다. 이로 인하여 버섯과 돼지라는 전혀 엉뚱한 두 가치에 연결고리가 생겨난다. 즉 송로 버섯의 '돼지 + 버섯'이라는 관점이 각각 분리되어 전승되었을 수가 있는 것이다.

붓다는 춘다의 공양을 받고는 "이 음식은 붓다 이외에는 소화시킬 수 있는 이가 없으니, 아무에게도 주지 말고 버려라."라고 지시한다. 그것도 사람이나 동물이 접할 수 없도록 땅을 파고 묻으라고까지 하셨다. 내용인즉슨, 음식의 조리 과정에서 의도하지 않게 독버섯이 들어갔고, 붓다께서는 이를 곧바로 인지하신다. 그러나 이는 춘다의 의도가 아니었다. 그러므로 춘다의 신심 깊은 공양을 물리칠 수 없어 당신은 드시지만 다른 이들은 먹지 못하도록 한 것이다.

붓다는 이 음식을 먹고 중독 증세에 의한 극심한 복통과 설사에 시달리게 된다. 이때 불전은 '붓다께서 곧 돌아가실 것 같았다'고 증세의 위중함을 기록하고 있다. 그러나 붓다는 명상을 통해서 고통을 억눌러 극복하고는, 쿠시나가라에 이르는 최후의 여로에 오르게 된다.

춘다는 자신의 공양으로 말미암아, 붓다의 노구가 더욱 위태로워졌다고 판단해 후회하는 마음을 가진다. 이때 붓다는 춘다의 집으로부터 멀리 벗어나 있었지만, 춘다의 마음을 아시고는 시자인 아난을 보내 춘다를 위로하게 한다. "춘다의 공양은 붓다께서 수자타의 공양 끝에 정각을 성취한 것처럼, 열반이라는 완성을 이루는 공양으로 두 공양은 똑같은 공덕을 산출한다."라고. 이렇게 붓다의 중생을 위로하는 마지막 여정은 시작된다. 보통 사람들의 죽음은 위로를 받으면서 가는 길이지만, 붓다와 같은 경우는 위로를 하면서 가는 성스러운 걸음인 것이다.

_ 사라쌍수와 그물 침대

붓다는 히란야바티 강을 건너서 말라족의 땅 쿠시나가라로 간다. 이곳에서 최후의 열반에 들 것을 결정하고, 두 그루의 사라수 아래에 자리를 잡았다. 무우수나무 아래서 탄생한 붓다는 이렇게 사라수에서 당신의 최후를 맺으려는 것이다.

이때 불전과 붓다의 열반을 기록하고 있는 경전들은 공히 두 그루 사라수 사이에 머리를 북쪽으로 놓고 오른쪽으로 누웠다고 기록하고 있다. 이는 서쪽을 보고 누웠다는 것을 의미한다. 서쪽은 해가 지는 땅으로 죽음을 상징하는데, 이는 이집트의 '죽은 자의 도시'인 네크로폴리스에서도 발견되는 고대인들의 공통된 인식 중 하나이다.

그런데 이 기록들에는 붓다의 누운 곳과 관련해서 '승상(繩床)'이라는 그물 침대에 대한 기록을 전하고 있어 주목된다. 즉 이는 붓다가 두 그루의 사라수 사이에서 열반하는 이유가 바로 그물 침대를 매는 것과 관련된 것이라는 말이다.

새벽안개에 잠겨
있는 쿠시나가라.
우측에 사라수 두
그루가 사라쌍수를
연출하고 있다.

쿠시나가라의
열반당과 스투파.
열반당 안에는
열반에 잠긴 와불이
모셔져 있다.

동아시아의 불교 전승에서 붓다의 열반일은 2월 15일이다. 붓다의 열반일과 관련하여 법장부에 속하는 『장아함경』 「유행경」은 붓다의 탄생·출가·성도·열반을 공히 2월 8일로 기록하고 있다. 이에 반해 『반니원경』은 탄생·출가·성도·열반을 모두 4월 8일이라고 적시한다. 이와 달리 인도를 직접 견문하면서 상황을 적고 있는 현장은 『대당서역기』 권6에서, 열반일에 대한 일반론은 3월 15일이지만 설일체유부는 9월 8일을 사용한다고 밝히고 있다.

인도 문화는 이 세계를 영화 〈매트릭스〉에 나오는 것처럼 허상으로 본다. 때문에 허상의 세계를 기록하는 역사에 노력을 기울이지 않았다. 이것이 바로 인도가 '역사가 없는 나라'로 불리는 이유이다. 그러므로 붓다의 탄생·출가·성도·열반과 같은 기념일 부분들은 후일 종교적인 관점에서 부가된 것으로 이해하는 것이 옳다. 그러므로 이에 대해서는 종교적인 상징의 차원에서 접근해야만 한다.

4와 4의 배수인 8과 같은 경우는, 당시 인도의 진법 체계인 4진법의 내포 의미인 '완전성'과 관련된다. 또 2월과 4월은 농사를 중시하던 춘분(春分)과 관련된 것인데, 인도는 지역이 넓고 나라에 따라서 역법이 달랐기 때문에 해당 월에서 차이가 발생하는 문제이다. 이외에 15일은 농경 문화에 따른 달 숭배와 연관된다. '인도'나 '힌두'라는 말도 달을 의미하는 것이다. 이런 점에서 본다면, 15일인 보름을 통해서 붓다의 '완전성'과 '풍만'을 나타내려고 했다는 것을 우리는 인지해 볼 수 있다.

그런데 특이하게도 현장은 설일체유부의 9월설을 기록하고 있는 것이다. 이는 4진법 체계나 농사 문화와는 다른, 강한 이질성을 내포한다. 이 9월설이 주목되는 것은 그물 침대와 연관해서이다. 사실 쿠시나가라의 2월은 그물 침대를 쓸 수 있는 기온이 아니다. 또 붓다의 열반과 관련해서는 사라수가 붓다의 열반을 추모하여 철이 아닌데도 꽃을 피웠다는 기록이 있다. 그런데 이 또한 그물 침대의 사용 계절과 관련해 생각해 보면, 보다 높은 연관성이 확보된다. 즉 붓다의 열반일은 2월 15일이라는 상징적인 날짜와는 달리, 실질적으로는 9월의 더운 날이었을 개연성이 높은 것이다.

_ 아난의 울음과 말라족의 예배

붓다의 열반이 가까워지자, 아난이 조금 떨어진 나무 뒤에서 우는 사건이 발생한다. 이는 일반적으로는, 세속으로 사촌 형이자 출가로는 스승이 되는 붓다의 열반이 슬퍼서 우는 것으로 생각되기 쉽다. 그러나 사실은 자신이 붓다를 25년이나 모셨음에도 아직 깨달음을 얻지 못했는데, 이제 열반에 드신다니 그것이 슬퍼서 울고 있었던 것이다. 즉 붓다를 위해서 운 것이 아니라 자신을 위해서 울고 있었다는 말이다. 동아시아 집단주의 전통에서는 고개가 갸웃거려질 수도 있지만, 이것이 인도에서 유럽까지를 관통하는 개인주의적 문화의 모습이다.

붓다는 멀리서 들려오는 울음소리를 듣고 아난이 왜 우는지를 곧바로 인지하신다. 그리고는 아난을 불러 가까이 오게 하고는, "너는 내가 열반한 뒤에 머지않아 반드시 깨달음을 완성할 것이다."라는 확언의 수기를 준다. 그러자 아난은 신속하게 안정을 되찾게 된다. 실제로 아난은 1차 결집 이전에 깨달음을 성취한다. 아난의 울음은 인도인의 개인주의적인 관점 속에서, 붓다가 최후까지도 주변

붓다의 유해를 화장한 곳에
건립된 라마바르 스투파.

이곳은 본래 말라족이
대관식을 거행하던
천관사(天冠寺)가 있던
곳이다.

인을 위로하는 모습을 잘 나타내 준다.

그리고는 당신의 장례법과 탑을 세우는 위치와 주관자까지 세심하게 지시하여, 열반 후에 혹여나 있을 혼란이 없도록 배려한다. 그런 뒤에 아난에게, 말라족 사람들에게 가서 '오늘밤 수행을 완성한 위대한 성인이 열반에 든다'는 점을 고지해 주도록 한다. 당시 말라족 사람들은 마침 일이 있어 공회당에 모여 있다가, 이 소식을 듣고 구름같이 몰려나와 붓다의 발에 예배를 올렸다. 이때 사람들이 너무 많아서 번거롭자, 아난은 한 사람씩 인사하지 말고 가족끼리 나와서 할 수 있도록 규칙을 수정하여 처리하였다.

_ 마지막 제자, 수바드라

붓다에 대한 말라족의 예배가 모두 끝나고 겨우 번잡함을 넘어선 안정이 찾아왔을 때, 수행자 수바드라(須跋陀羅, Subhadra)가 붓다의 친견을 요구한다. 수바드라는 당시 120세나 되었다는 말라족의 이름난 수행자였다. 그러므로 이전에 이미 붓다에 대해서 알고 있었지만, 붓다를 찾아가서 묻는 것에 부담을 느끼고 있었다. 그러다가 붓다가 열반에 든다고 하자, 더 이상 자신을 속이는 허울을 벗고 진실한 무지의 모습을 드러내면서 붓다를 찾은 것이다.

그런데 아난이 보기에 수바드라는 예배자라기보다는 논쟁하러 온 사람 같았다. 그래서 "당신은 너무 늦었소."라는 말로 친견을 차단하였다. 붓다가 열반하면 더 이상 물을 사람이 없을 것이라는 절실한 판단 속의 수바드라, 그리고 이를 막으려는 아난 사이에 자연 언성이 커지는 일이 발생한다. 그러자 붓다는 이를 듣고는 아난에게, "나에게 묻고자 하는 것이니 막지 마라. 그가 내 마지막 제자가 되리라."라고 하셨다.

수바드라에게는 사실 아난의 판단처럼 논쟁하려는 부분이 있었던 것 같다. 왜냐하면 붓다를 만난 수바드라는 자신이 알고 경험한 수행의 가치들을 장황하게 얘기하기 시작했기 때문이다. 이때 붓다는 평생 없었던 행동을 하신다. 수바드라의 말을 중간에 끊고는, "네가 말하려는 것을 안다. 다만 지금은 시간이 없으니 네가 부족한 것만을 지시해 주도록 하겠다."라고. 수바드라가 이를 받아들이자, 붓다는 녹야원의 첫 설법에서 했던 것과 같은 주제의 사성제와 팔정도의 가르침을 준다. 이는 붓다 가르침의 본령이 사성제와 팔정도를 통해서 수미일관된다는 것을 의미한다.

수바드라는 거의 완성되었던 수행자였기 때문에, 붓다의 가르침을 듣자 곧장 깨달음을 얻게 된다. 그리고 이제는 가장 신실한 제자로 변모하여, 붓다의 열반을 차마 볼 수 없다고 하면서 스스로 먼저 열반에 들기를 희망한다. 붓다가 뜻대로 하라고 하자, 수바드라는 바로 그 자리에서 열반에 든다. 제자의 슬픔의 무게는 이렇게 또다시 붓다라는 대해로 옮겨간 것이다.

_ 최후의 유언, "방일하지 마라"

모든 일을 마치고 붓다는, 제자들에게 최후로 더 질문할 것이 없는지를 묻는다. 그러나 대중은 그저 숙연할 뿐이었다. 그러자 "'붓다가 살아 계실 때 물어볼걸' 하면서 나중에 후회하지 말고, 지금 물어보라."라고 재차 종용하신다. 그럼에도 아무도 묻는 이가 없자, 붓다는 기상천외한 발언을 하신다. "내가 현재 열반에 가까웠다고 부담스러워서 못 묻는 것이라면, 친구의 일이라고 하면서 물어보라."라고 말한 것이다. 마지막 순간까지도 제자들을 위하는 깊은 연민이 느껴지는 대목이다.

그러나 당시 제자들은 궁금한 것이 없었다. 그때는 제자들이 붓다와 함께하던 시절이었으므로, 바로바로 문제를 해결했기 때문이다. 그래서 아난이 대중의 이와 같은 뜻을 수렴하여, "이 대중 가운데는 따로 궁금한 이가 없습니다."라고 사뢰게 된다. 그러자 붓다는 이 세상 최후의 유언을 말씀하신다.

그대들이여, 방일하지 말지어다.
나는 방일하지 않음으로써 스스로 정각에 이르렀나니,
나의 한량없는 모든 올바름도
또한 방일하지 않음에서 연유하였을 따름이다.
일체의 모든 존재들은 끊임없이 변화하는 무상일 뿐이나니,
그대들이여, 이것을 언제나 유념할지어다.
이것이 나의 마지막 당부이니라.

붓다의 유언은 너무나도 평범한, 그러면서도 가장 현실적이고 절실한 가르침이다. 이 말을 끝으로 붓다는 영원의 고요 속으로 잠겨, 마침내 전 우주라는 하나의 등불이 된다. 🏵

아잔타 제26번 석굴의 열반상.
가단에 오열하는 제자들의 모습이
사실적으로 묘사되어 있다.

「붓다 탄생의 예언에 관한 고찰 – 漢譯佛傳을 중심으로」, 『佛敎學研究』 제12호(2005-12).

「中國哲學的 思惟에서의 '理通氣局'에 관한 考察」, 『東洋哲學研究』 제50집(2007-5).

「佛國寺 進入 石造階段의 空間分割的 意味」, 『建築歷史研究』 제53호(2007-8).

「Kailas山의 須彌山說에 관한 종합적 고찰」, 『佛敎學研究』 제17호(2007-8).

「破法輪僧의 원인에 관한 고찰 – 佛傳과 律藏의 관점차이와 화해를 중심으로」, 『東洋哲學研究』 제52집(2007-11).

「佛國寺 大雄殿 영역의 二重構造에 관한 고찰 – 華嚴과 法華를 중심으로 – 」, 『宗敎研究』 제49집(2007-12).

「'4男8子'의 順序에 관한 고찰」, 『佛敎學研究』 제18호(2007-12).

「提婆達多의 5法 고찰 I – 5법 중 '衣'와 '住'의 항목을 중심으로」, 『韓國佛敎學』 제50집(2008-2).

「禪宗과 繪畵의 南北宗論에 관한 同·異 고찰 – 繪畵史의 南北宗論에 대한 명화성을 중심으로」, 『東洋哲學研究』 제53집(2008-2).

「董其昌 南北宗論의 내원과 의의 – 중국문화적 배경과 禪宗의 南北分宗을 중심으로」, 『韓國學』 제19호(2008-2).

「佛國寺 '3道16階段'의 이중구조 고찰 – 極樂殿 영역과 大雄殿 영역을 중심으로」, 『新羅文化』 제31집(2008-2).

「破僧伽에 대한 불교교단사적 관점에서의 고찰 – '進步와 保守'의 충돌양상을 중심으로」, 『宗敎研究』 제50집(2008-3).

「佛敎宇宙論과 寺院構造의 관계성 고찰」, 『建築歷史研究』 제56호(2008-2).

「阿難의 나이에 관한 고찰」, 『佛敎學研究』 제19호(2008-4).

「佛國寺 靑雲橋·白雲橋의 順序 고찰」, 『建築歷史研究』 제57호(2008-4).

「提婆達多에 대한 逆罪의 타당성 고찰」, 『東洋哲學研究』 제54집(2008-5).

「觀無量壽經』 「序分」의 來源과 의의 고찰」, 『大同哲學』 제44집(2008-9).

「〈善德王知幾三事〉 중 第3事 고찰」, 『史學研究』 제91호(2008-9).

「破僧事의 阿闍世에 대한 僧團認識 고찰」, 『東洋哲學研究』 제56집(2008-11).

「提婆達多의 5法 고찰 II – 5법 중 '食'의 항목을 중심으로」, 『韓國佛敎學』 제52집(2008-11).

「提婆達多의 비범성 고찰」, 『佛敎學研究』 제21호(2008-12).

「제바달다의 붓다 弑害시도에 관한 두 가지 관점 – 律藏을 중심으로」, 『宗敎研究』 제53집(2008-12).

「玉蟲廚子의 原本像像에 관한 내적인 타당성 검토 – 옥충주자 내의 相互反響을 중심으로」, 『大同哲學』 제45집(2008-12).

「提婆達多 破僧伽의 지지세력 고찰 I – 핵심동조자 4人을 중심으로」, 『韓國禪學』 제21호(2008-12).

「抅術爭婚 구조의 타당성 고찰」, 『東洋哲學研究』 제57집(2009-2).

「善德王의 轉輪聖王적인 측면 고찰」, 『史學研究』 제93호(2009-3).

「『樓炭經』계통과 『大毘婆沙論』계통의 須彌山 宇宙論 차이 고찰 – '忉利天의 구조'와 '地獄의 문제'를 중심으로」, 『哲學論叢』 제56집(2009-4).

「提婆達多 破僧伽의 지지세력 고찰 II – 비핵심동조자를 중심으로 – 」, 『韓國禪學』 제22호(2009-4).

「法隆寺 玉蟲廚子'의 이중적인 상징성 고찰」, 『溫知論叢』 제22집 (2009-5).

「불교 숫자의 상징성 고찰 – '4'와 '7'을 중심으로」, 『宗敎研究』 제55집(2009-6).

「아난의 출가문제 고찰」, 『佛敎學研究』 제23호(2009-8).

「頻婆娑羅와 阿闍世에 관한 승단인식의 딜레마 고찰」, 『大同哲學』 제48집(2009-9).

「提婆達多 5法의 성립배경 고찰 – 5법의 내포의미와 관점차이를 중심으로」, 『哲學研究』 제112집(2009-11).

「玉蟲廚子 須彌座部의 繪畵에 관한 고찰 – 所依經典 문제를 중심으로」, 『宗敎研究』 제57집(2009-12).

「高麗〈觀經序分變相圖〉의 내용과 의미 고찰 I – '觀經序分'의 내용분석과 역사적 배경을 중심으로」, 『溫知論叢』 제24집(2010-1).

「佛國寺의 毘盧殿과 觀音殿 영역에 관한 타당성 고찰 – 伽藍配置의 상호관계성을 중심으로」, 『佛敎學研究』 제25호(2010-4).

「伽藍配置의 來源과 중국적 전개양상 고찰」, 『建築歷史研究』 제69호(2010-4).

「한강의 시원 정립에 관한 불교적인 영향 고찰」, 『韓國禪學』 제25호(2010-4).

「한국〈毘藍降生相圖〉에서의 右手와 左手의 타당성 고찰」, 『溫知論叢』 제25집(2010-5).

- 「梵鐘 타종횟수의 타당성 고찰 - 佛國寺의 須彌梵鐘閣을 통한 이해를 중심으로」, 『韓國佛教學』 제57호(2010-8).
- 「破僧事의 구가리에 관한 고찰」, 『韓國禪學』 제26호(2010-8).
- 「釋迦塔과 多寶塔의 명칭적인 타당성 검토」, 『建築歷史研究』 제71호(2010-8).
- 「月精寺의 寺名에 관한 동양학적인 검토」, 『新羅文化』 제36집(2010-8).
- 「한국 전통가사 양식의 의미와 상징 분석 - 紅袈裟를 중심으로」, 『韓國佛教學』 제58호(2010-11).
- 「釋迦塔의 경전적인 건립시점 고찰」, 『建築歷史研究』 제73호(2010-12).
- 「靈山會上圖에 관한 상징과 의미 분석」, 『佛教學研究』 제27호(2010-12).
- 「髻珠에 관한 사상적 관점에서의 재조명」, 『宗教研究』 제61집(2010-12).
- 「提婆達多와 붓다의 나이차이 고찰」, 『韓國禪學』 제27호(2010-12).
- 「破僧事 구가리의 최후에 관한 문제점 고찰」, 『佛教學報』 제57호(2011-2).
- 「동양사상에서의 물에 대한 관점과 한강의 시원에 관한 전통인식 고찰 II」, 『哲學研究』 제117집(2011-2).
- 「『三國遺事』 五臺山 관련기록의 내용분석과 의미 I - 慈藏의 文殊信仰을 중심으로」, 『史學研究』 제101호(2011-3).
- 「佛教袈裟의 기원과 내포의미 고찰 - 律藏과 인도문화의 특수성을 중심으로」, 『佛教學報』 제58집(2011-4).
- 「한강의 시원으로서 于筒水와 金剛淵의 타당성 고찰」, 『溫知論叢』 제28집(2011-5).
- 「高麗〈觀經序分變相圖〉의 내용과 내포의미 고찰 II - 〈觀經序分變相圖〉의 내용표현과 해법제시를 중심으로」, 『宗教研究』 제63집(2011-6).
- 「『五臺山事跡記』의 「第1祖師傳記」의 수정인식 고찰 - 閔漬의 五臺山佛教 인식」, 『國學研究』 제18집(2011-6).
- 「律藏에 있어서 袈裟의 변천과 의미」, 『韓國佛教學』 제60호(2011-08).
- 「多寶塔의 경전적 건립시점 고찰 - 多寶塔과 法華思想의 의미구현을 중심으로」, 『韓國禪學』 제29호(2011-8).
- 「동양사상에서의 물에 대한 관점과 한강의 시원에 관한 전통인식 고찰 I - 도가와 유교사상을 중심으로」, 『哲學論叢』 제66집(2011-10).
- 「한국 傳統袈裟 日月光의 양식과 특징 분석」, 『韓國佛教學』 제61호(2011-12).
- 「「五臺山西臺水精菴重創記」에 관한 내용분석과 의미 - 信仰體系의 변화와 于筒水를 중심으로」, 『韓國禪學』 제30호(2011-12).
- 「불교 宇宙論 日月光의 상징 분석」, 『國學研究』 제19집(2011-12).
- 「율의 개변 가능성과 〈승려법〉의 당위성 검토」, 『佛教學報』 제61집(2012-4).
- 「한국 전통가사의 장식과 日月五嶽圖의 관계성 고찰」, 『佛教學研究』 제31호(2012-4).
- 「한국 전통가사 天王紋貼의 발생과 내포의미」, 『溫知論叢』 제31집(2012-4).
- 「刺繡9條袈裟貼屛風을 통한 (傳)普照國師 袈裟의 내포의미와 타당성 고찰」, 『國學研究』 제20집(2012-6).
- 「五臺山 文殊華嚴 신앙의 특수성 고찰」, 『韓國佛教學』 제63호(2012-8).
- 「毘沙門天의 塔持物과 몽구스지물의 성립배경과 의미 분석」, 『溫知論叢』 제33집(2012-10).
- 「慈藏 戒律思想의 한국불교적인 특징」, 『韓國佛教學』 제65호(2013-2).
- 「한국불교의 계율적인 특징과 현대사회」, 『佛教學研究』 제35호(2013-6).
- 「붓다의 화합정신 강조와 그 현대적 의의 - 율 제정의 의미와 정신을 중심으로」, 『大覺思想』 제19호(2013-6).
- 「한국불교 戒律觀의 근본문제 고찰 - 중국문화권의 특수성을 중심으로 -」, 『宗教研究』 제72집(2013-9).
- 「탄허스님의 미래인식과 현대사회의 다양성」, 『韓國佛教學』 제66호(2013-9).
- 「慈藏의 五臺山 開創과 中臺 寂滅寶宮」, 『韓國佛教學』 제66호(2013-12).
- 「한국 전통가사 日月光紋의 來源 고찰 - 日本 知恩院所藏 刺繡9條袈裟貼屛風의 문제를 중심으로」, 『震旦學報』 제119호(2013-12).
- 「法住寺 喜見菩薩像과 石蓮池에 대한 사상적 고찰」, 『大同哲學』 제66집(2014-3).
- 「指空의 家系주장에 대한 검토」, 『震旦學報』 제120호(2014-4).
- 「佛教塔의 기원과 탑돌이 문화의 성립」, 『韓國禪學』 제36호(2014-4).
- 「懶翁에게서 살펴지는 '五臺山佛教'의 영향 - 나옹의 五臺山行과 文殊華嚴을 중심으로」, 『溫知論叢』 제39집(2014-4).
- 「石顚과 漢岩을 통해 본 불교와 시대정신」, 『韓國佛教學』 제70호(2014-5).

붓다 순례

©자현, 2014

2014년 5월 27일 초판 1쇄 발행
2025년 4월 23일 초판 7쇄 발행

글 자현 스님 • 사진 하지권
발행인 박상근(至弘) • 편집인 류지호 • 편집이사 양동민
편집 김재호, 양민호, 김소영, 최호승, 정유리 • 디자인 쿠담디자인 • 제작 김명환
마케팅 김대현, 김대우, 이선호, 류지수 • 콘텐츠국 유권준, 김희준 • 관리 윤정안

펴낸 곳 불광출판사 (03169) 서울시 종로구 사직로10길 17 인왕빌딩 301호
      대표전화 02) 420-3200 편집부 02) 420-3300 팩시밀리 02) 420-3400
      출판등록 제300-2009-130호(1979. 10. 10.)

ISBN 978-89-7479-059-2 03220

값 21,000원